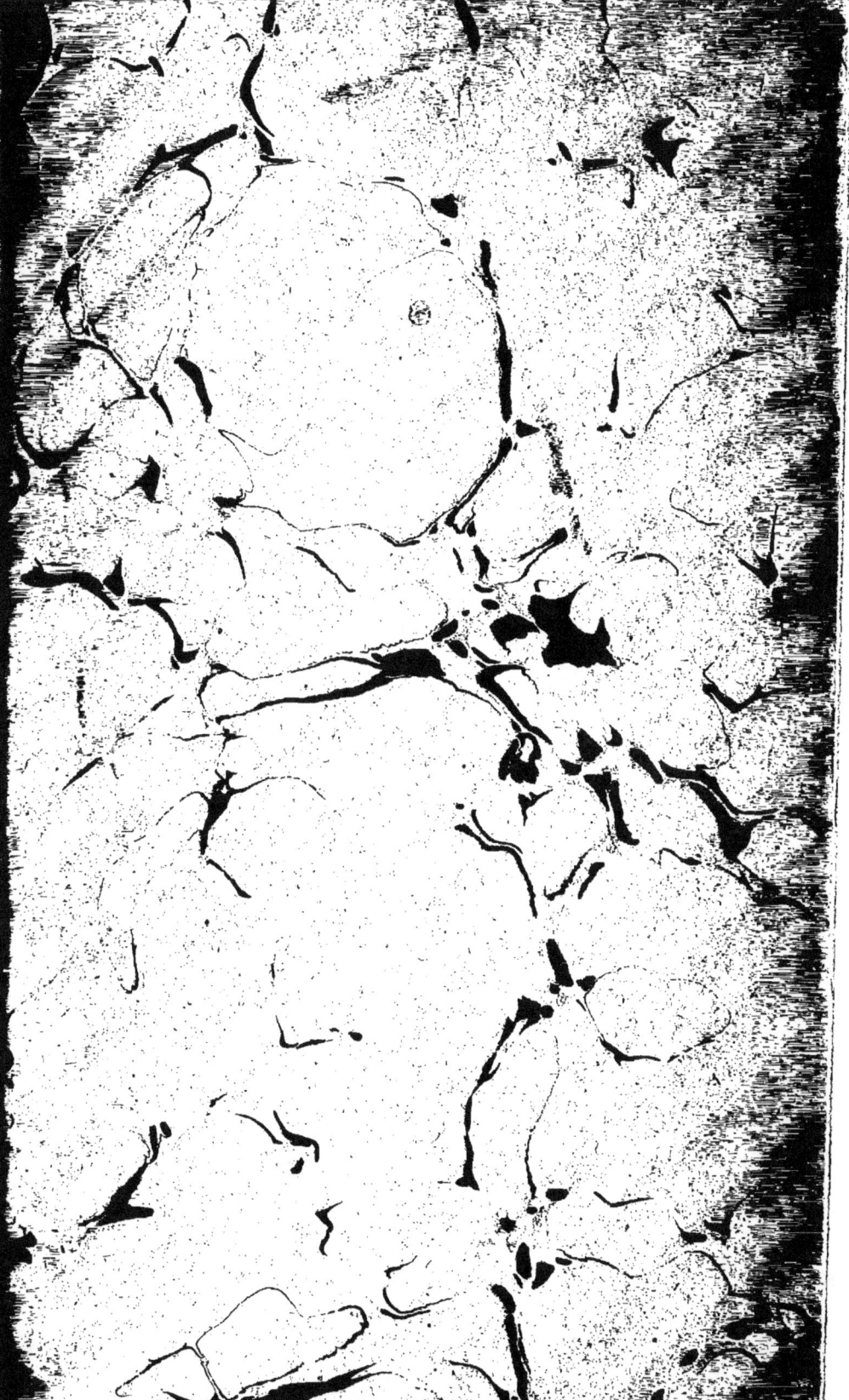

ESSAI HISTORIQUE

SUR LA VILLE

D'EMBRUN,

Par M. l'abbé A. SAURET,

CHANOINE HONORAIRE, SUPÉRIEUR DU PETIT SÉMINAIRE
D'EMBRUN,
PRÉSIDENT DE L'ACADÉMIE FLOSALPINE,
PRÉSIDENT D'HONNEUR DE L'ACADÉMIE UNIVERSELLE DE PARIS.

GAP,
DELAPLACE P. ET F., IMP.-LIBRAIRES DE L'ÉVÊCHÉ.
—
1860

ESSAI HISTORIQUE

SUR

LA VILLE D'EMBRUN.

Gap. — Imp. Delaplace.

ESSAI HISTORIQUE

SUR LA VILLE

D'EMBRUN,

Par M. l'abbé A. SAURET,

CHANOINE HONORAIRE, SUPÉRIEUR DU PETIT SÉMINAIRE
D'EMBRUN,
PRÉSIDENT DE L'ACADÉMIE FLOSALPINE,
PRÉSIDENT D'HONNEUR DE L'ACADÉMIE UNIVERSELLE DE PARIS.

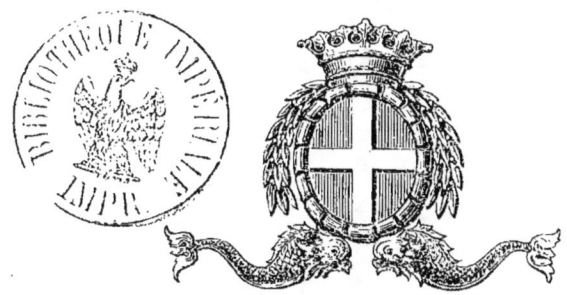

GAP,
DELAPLACE P. ET F., IMP.-LIBRAIRES DE L'ÉVÊCHÉ.

1860.

A MONSEIGNEUR J.-I. DEPÉRY,

ÉVÊQUE DE GAP,

Grand maître de l'Académie flosalpine, Prélat assistant au trône Pontifical, Officier de la Légion d'honneur, Commandeur de l'ordre des SS. Maurice et Lazare.

Monseigneur,

Je livre timidement à la publication cet Essai historique sur la ville d'Embrun. Illustre par ses anciens souvenirs, la noble capitale des Alpes Maritimes reçoit, en notre temps, une nouvelle gloire, de l'ardeur avec laquelle vous vous appliquez à hâter la restauration de son temple fameux et à faire revivre ses traditions et ses grands hommes. Puisse mon modeste ouvrage faire comprendre à tous, ce culte de vénération que vous avez voué à la seconde Eglise de votre diocèse! C'est dans ce but et sous vos auspices, que je l'ai composé. Daignez en agréer la dédicace. S'il a quelque valeur, le mérite vous en revient à vous, Monseigneur, dont les savants conseils m'ont constamment éclairé et guidé dans mes recherches. Mais s'il renferme de trop nombreuses imperfections, elles ne doivent être imputées qu'à moi seul qui n'ai pas su faire mieux. Dans ce cas, j'éprouverai, pour me consoler, l'intime satisfaction de m'être appliqué loyalement à entrer dans les vues du digne fondateur de l'Académie flosalpine, et aussi d'avoir essayé de répondre à l'honorable bienveillance que j'ai toujours rencontrée dans la bonne ville d'Embrun.

Je suis avec le plus profond respect,

De votre Grandeur,

Monseigneur,

Le très-humble et très-obéissant fils,

L'abbé A. SAURET.

ESSAI HISTORIQUE

SUR LA

VILLE D'EMBRUN.

CHAPITRE PREMIER.

Antiquité et origine d'Embrun. — Embrun sous les Romains. — Inscription tumulaire trouvée à Embrun. — Prospérité et tranquillité de la ville d'Embrun. —Saint Nazaire et saint Celse, premiers apôtres des Alpes. — Saint Marcellin, saint Vincent et saint Domnin à Embrun. — Miracles de saint Marcellin. — Saint Albin. — Embrun assiégée par les Vandales.

Les origines de la ville d'Embrun se dérobent à l'investigation sous d'épaisses ténèbres. L'Histoire ne peut nous apprendre qui l'a fondée. Tout ce que nous savons, c'est qu'elle avait déjà une grande importance sous les premiers empereurs romains, puisque Néron lui donna le droit d'entrée dans les charges et magistratures de l'empire; et Galba, son successeur, celui de ville alliée. On n'est pas plus fixé sur l'étymologie de son nom. Les historiens se sont perdus en conjectures pour l'expliquer. Les uns disent qu'il vient d'un mot (1) de la vieille langue des Celtes; il signifierait, élévation *d'Hébris*, divinité révérée autrefois dans le pays, et qui présidait, à ce qu'on croit, aux forêts. Suivant quelques autres, une seconde ville qui s'élevait en face de l'antique cité, sur la colline dite aujourd'hui *Saint-Privat*, ayant été détruite, ses habitants vinrent demander un asile à nos pères, et les noms des deux villes réunies *Am-Brun* n'en formèrent plus qu'un seul.

Les plus anciens géographes font mention d'Embrun : — Strabon la nomme Επεβροδύνον; Ptolémée, Εβοροδύνου Κατύριγων; l'itinéraire d'Antonin, *Eburodunum*; l'itinéraire de Jérusalem, *Mansio Hebriduno*; et la table de Peutinger, *Eburuno*. Enfin Pline appelle ses habitants *Ebroduntios populos*, et ils sont inscrits sous la même désignation sur le fameux Trophée des Alpes.

(1) *Dunum* qui veut dire montagne. Ce nom se donnait souvent à des villes situées sur des hauteurs. *Lugdunum, Noviodunum, Augustodunum.*

Sous les empereurs romains, Embrun prenait le titre de capitale des Alpes Cottiennes. Le grand Constantin en fit la métropole des Alpes Maritimes; et quand, au ve siècle, les Alpes Maritimes furent devenues la Viennoise IVe, en vertu d'une nouvelle division des provinces des Gaules adoptée par l'empereur Honorius, la station militaire d'Embrun conserva son rang et ses prérogatives de métropole.

Les Romains ont laissé généralement des traces de leur grandeur dans les villes soumises à leur domination. Quelquefois on y découvre aussi des souvenirs du cœur; loin de les dédaigner, l'Histoire aime à les constater. Un des plus touchants recueillis à Embrun, est l'inscription suivante, gravée sur un piédestal d'albâtre de Boscodon qu'une dame romaine avait élevé à la mémoire de sa fille (1).

---

(1) Ce superbe piédestal, transporté à Gap par les soins du préfet Ladoucette, se voit aujourd'hui dans le jardin de l'Évêché, devant la grande pièce d'eau, à l'extrémité opposée de la porte d'entrée. L'inscription est intacte, et parfaitement conforme à notre fac-simile. On la lit facilement.

♡ V ♡ F ♡

ALLIAE · VERA
NAE · FIL
CARISSIMÆ
VLATTIA · VALERINA

♡ MATER ♡

Embrun florissait à l'ombre de la protection romaine. L'originalité de son site sur les bords de ce roc diluvien d'où l'œil aperçoit les horizons les plus pittoresques et les plus magnifiques; la douceur relative de son climat; la fertilité de ses campagnes; et surtout, la nécessité de son passage pour se rendre de l'Italie dans les Gaules et en Espagne: tout cela avait contribué à en faire la ville la plus importante et la plus agréable des Alpes Cottiennes et Maritimes.

Ce n'était plus comme au temps d'Annibal, où les habitants de nos montagnes causèrent tant d'embarras à ce général et faillirent détruire son armée à quelques lieues au-dessus d'Embrun; comme au temps de Jules César, où toutes les tribus des Caturiges combattirent noblement pour lui défendre l'entrée des Gaules. Le dernier de ces rudes et fiers montagnards, qui n'avaient jamais supporté la sujétion sur nos sommets, Cottius, s'était laissé gagner par l'or d'Auguste; celui-ci avait fait graver le nom des *Ebroduntiens* sur l'arc triomphal de Suze. Embrun, gouvernée et administrée par des officiers romains, vivait dans la soumission et jouissait en paix de son heureuse prospérité, quand, sous le règne de Néron, deux étrangers arrivèrent tout à coup dans ses murs pour y prêcher une doctrine inconnue et y opérer une révolution.

Nos pères accueillirent, sans se soulever, ces conquérants d'un nouveau genre. C'étaient saint Nazaire et saint Celse, justement honorés, dans la mémoire des peuples, comme les deux premiers apôtres des Alpes. Ils opérèrent à Embrun de nombreuses conversions et y édifièrent une Eglise au vrai Dieu. Néanmoins leur parole ne produisit pas des fruits durables; elle fut une semence qui ne devait bien germer que trois siècles plus tard.

Durant cet intervalle, la ville retomba dans le paganisme; elle continua à être soumise pacifiquement aux Romains, et l'Histoire n'a enregistré aucun fait important qui la concerne. Mais, avec les premières années du ive siècle, commence à se dérouler une longue chaîne de noms célèbres et d'événements mémorables qui font du passé d'Embrun l'un des plus glorieux et des plus intéressants à étudier.

Le temps était venu où la vieille cité païenne devait embrasser enfin d'une manière définitive le christianisme. Trois jeunes hommes, partis des rivages lointains de l'Afrique, le lui apportèrent. L'un était Marcellin, illustre par sa naissance et, plus encore, par son savoir. Il avait suivi, en compagnie de Lactance et du grammairien Donat, les leçons de l'éloquent rhéteur Arnobe. Les deux autres étaient Vincent et Domnin, deux fervents amis que Dieu rapprocha providentiellement de Marcellin, leur inspirant à tous les trois, le dessein de quitter leur patrie pour aller, dans les Gaules, travailler au salut des idolâtres.

Tout était païen dans Embrun quand saint Marcellin y arriva, et il ne restait pas une seule âme qui ne fût chrétienne quand il mourut (1). On sait comment il convertit le dernier infidèle qui s'obstinait à vénérer Apollon. Dans un repas où il l'avait invité, le saint l'avait déjà séduit par sa douceur; mais le païen voulait voir un miracle. Tout à coup, Dieu permet qu'une coupe en verre s'échappe des mains de l'échanson, tombe à terre et se brise. « Ordonnez, dit aussitôt l'infidèle en se « tournant vers l'apôtre, ordonnez à cette « coupe de revenir en son entier. » Marcellin fait un signe de croix, et aussitôt les éclats du verre brisé se réunissent. Le païen, frappé d'étonnement devant cette merveille, tombe aux pieds de l'homme de Dieu et demande instamment le baptême.

Le thaumaturge ne se borna pas à ce seul prodige. Après saint Martin de Tours,

---

(1) L'histoire de saint Marcellin nous offre deux dates certaines; il fut sacré évêque en 353, dans Embrun même, par saint Eusèbe, évêque de Verceil, assisté d'Emilien, évêque de Valence; il mourut le treize avril et fut enseveli le vingt du même mois de l'année 374.

nul, dans tout l'Occident, n'eut peut-être, à un pareil degré, le don des miracles. Les plus célèbres sont celui du baptistère merveilleusement empli d'eaux pures et limpides qui rendaient la santé aux infirmes (1); et celui du torrent sanctifié, la rivière débordée d'Ubaye, dont il traversa le lit à pied sec, avec toute sa suite, après

---

(1) A l'approche des fêtes de Noël, un nombre considérable de catéchumènes se préparaient à recevoir la grâce du baptême ; et comme on se disposait à remplir d'eau l'ancien baptistère où l'on baptisait encore, celui que Marcellin avait fait construire avec la nouvelle Église se remplit insensiblement d'eaux vives et limpides. Le miracle dura sept jours, après lesquels, les eaux se retirèrent peu à peu comme pour permettre que le prodige pût se renouveler chaque fois qu'il plairait à Dieu de manifester ainsi sa puissance. Les malades qui burent de cette eau furent guéris de leurs infirmités. Le peuple, dans l'admiration et dans la joie la plus vive, fit éclater sa reconnaissance envers le Seigneur, qui bénissait et les travaux de saint Marcellin et les généreux efforts de la ville d'Embrun, en agréant l'édifice qui venait d'être solennellement consacré à sa gloire. Mais la joie ne connut plus de bornes, lorsqu'on vit, au samedi saint de la même année, la merveille éclater de nouveau et durer pareillement sept jours. Il devait en être ainsi pendant plus de cinq cents ans, c'est-à-dire, autant de temps que le monument demeurerait debout. Saint Grégoire de Tours et saint Addon de Vienne attestent ce fait ; et ce dernier ajoute qu'il se renouvelait encore de son temps. (Histoire Hagiol. du diocèse de Gap, pag. 69.)

que, comme un nouveau Josué, il en eut refoulé les eaux sur elles-mêmes. La tradition populaire montre aussi l'endroit élevé du roc d'où saint Marcellin, poursuivi par les ariens, fut précipité par eux dans la plaine et ne reçut aucune blessure en faisant cette chute qui est toujours mortelle. Avant l'inondation de 1856, les habitants des gorges de Crévoux où il s'était réfugié, montraient encore une empreinte de pieds quatorze fois séculaire, à la base du rocher sous lequel le saint s'abritait et passait les nuits, exposé, dit Monseigneur Depéry, aux attaques des bêtes farouches, moins à craindre pour lui que celles des ariens furieux.

La mort n'arrêta pas le cours des prodiges de saint Marcellin. Longtemps ils s'opérèrent sur sa tombe, en aussi grand nombre que durant sa vie. Dieu permettait toutes ces merveilles pour glorifier son serviteur, et aussi pour affermir la foi chrétienne dans cette ville d'Embrun qui allait traverser, pendant cinq siècles consécutifs, les phases les plus douloureuses et les plus désolantes.

Elles commencèrent l'an 435, sous le pontificat de saint Albin, deuxième successeur de saint Marcellin (1). Les Vandales, accourus des rives de la Baltique pour se jeter sur les Gaules, firent le siége d'Embrun. Aucun peuple barbare n'eut jamais une plus grande réputation de cruauté et ne mérita, à si juste titre, l'emprunt vengeur qu'on fera toujours de son nom pour désigner une œuvre humaine de destruction et de ruine.

La consternation la plus profonde régnait dans la cité; la résistance paraissait impossible; le carnage des habitants, le sac et le pillage de toutes les maisons étaient chose imminente. L'archevêque Albin convoque son peuple au glorieux tombeau de saint Marcellin, et là, prosternés, ils implorent, avec larmes, son puissant se-

(1) Les ariens avaient mis un de leurs sectateurs à la place de saint Marcellin. De leur côté, les catholiques élurent un évêque, nommé Artémius. Celui-ci bâtit une église dans Embrun, et la dédia à la sainte Vierge. On pense qu'elle était située à l'endroit même où s'éleva plus tard la grande église de Notre-Dame. Artémius y recueillit une partie des reliques de saint Nazaire et de saint Celse, dont saint Ambroise venait de faire l'invention dans un jardin près de Milan.

cours. Cette touchante manifestation ne fut point vaine : déjà l'ennemi gagnait le haut des remparts, lorsque saint Marcellin se montre tout à coup dans les airs, tenant en main une croix flamboyante dont les feux planent au-dessus des Vandales comme pour les consumer; les flèches que ces barbares continuent à lancer, se retournent contre eux; l'épouvante se met dans leurs rangs; ils s'enfuient en désordre et se hâtent de lever le siége d'une ville ainsi gardée par le ciel lui-même.

CHAPITRE II.

Armentaire. — Sa déposition par le concile de Riez. — L'évêque d'Embrun a toujours été métropolitain.— Ingénuus. — Chute de l'empire romain. -- Les Bourguignons règnent dans nos contrées. — Rois ariens. — L'archevêque Catulin et le jeune Pélade. — Saint Galican I. — Saint Pélade. — Saint Galican II. — Saint Donat. — Saint Véran et le dragon.

Armentaire succéda à saint Albin (437-39). Quoique élu contrairement aux canons par une faction et dans un âge où l'on n'est point mûr encore pour le fardeau de l'épiscopat, sa personne et son malheur intéressent, parce qu'il sut reconnaître l'irrégularité de son ordination, et parce que ses mœurs étaient pures et ses vertus bien sincères. Le concile de Riez, composé de treize évêques et présidé par saint Hilaire d'Arles, dut le déposer ; mais, respectant son caractère, il lui laissa le titre de chorévêque et déclara qu'il devrait toujours être honoré au-dessus des prêtres.

« Ce concile, selon Monseigneur De-
« péry, en disant que les suffragants
« de la province n'avaient pas été con-
« sultés pour l'élection d'Armentaire,
« proclame, par là même, hautement,
« qu'Embrun était métropole; car dans
« l'élection d'un simple évêque, les autres
« suffragants n'avaient pas droit d'intervenir (1). »

Mais ce point de savoir si Embrun a été métropole ecclésiastique dès les temps de saint Marcellin, ou si elle ne le devint qu'en 794, lors du concile de Francfort, comme on l'a écrit, s'éclaircit parfaitement par l'histoire du pontificat d'Ingénuus, qui fut élu en 440, après la déposition d'Armentaire. De cette histoire, il résulte, d'une manière évidente, que l'évêque d'Embrun a toujours été métropolitain, et que cet antique siége, vide, hélas! aujourd'hui, n'a jamais été subordonné à aucun autre qu'à celui de Rome, depuis saint Marcellin, son fondateur, jusqu'à Pierre-Louis de Leyssin, le dernier de

---

(1) Hist. Hagiol. du diocèse de Gap, pag. 104.

cette longue suite de pontifes de chacun desquels il nous serait doux de pouvoir, dans cet Essai, évoquer le souvenir, afin de consoler le veuvage et la solitude de notre glorieuse église.

Avant saint Albin, un évêque arien avait occupé le siége épiscopal d'Embrun. Les évêques comprovinciaux, refusant de communiquer avec lui, s'étaient adressés à Proculus, évêque de Marseille, pour toutes les affaires qui ressortaient du métropolitain. Le concile de Turin, tenu en 404, approuva leur conduite. Mais il régla que la primauté serait personnelle à ce prélat et ne passerait point à son successeur. Auxanius, qui remplaça Proculus, voulut jouir des mêmes droits. L'archevêque Ingénuus se plaignit au pape Hilaire, et revendiqua les prérogatives de son siége. Le souverain pontife, séduit, un instant, par les arguments de l'évêque de Marseille, revint bientôt sur son erreur. Dans une lettre solennelle, écrite à Léonce, à Véran et à Victor, évêques des Gaules, il déclara formellement que la dignité métropolitaine devait être rendue à l'église d'Embrun, nonobstant toute décision contraire (1). Auxanius se soumit, et, depuis cette époque, les évêques de Marseille ne prétendirent jamais plus à un honneur que l'un d'entre eux avait momentanément possédé.

Sous l'archevêque Ingénuus, l'empire romain, ce géant depuis longtemps agonisant, expira sans bruit (476). Le roi d'une des peuplades barbares les moins importantes, Odoacre, prit Rome et chassa le prince infortuné qui, par une sorte de dérisoire coïncidence, réunissait sur sa tête les noms du premier roi et du premier empereur, Romulus-Augustule. L'empire fut partagé en une foule d'Etats, et Embrun se trouva compris dans la portion occupée par les *Burgondes* ou Bourguignons.

(1) Nolumus, fratres charissimi, ecclesiarum privilegia, quæ, semper, sunt servanda, confundi; nec in alterius provincia sacerdotis (*le mot* sacerdos *signifie évêque en cent endroits des conciles; le simple prêtre y est désigné par le mot* presbyter) alterum jus habere permittimus.... cum expectatio fructus nostri ministerii, non in latitudine regionum, sed in acquisitione ponatur animarum. Habeat itaque pontificium frater et coepiscopus noster Ingenuus provinciæ suæ..... (Extrait de la lettre du pape Hilaire en faveur d'Ingénuus. P. Fournier, siècle 5°, section 3°.)

Gondicaire, leur roi, résidait dans la ville de Vienne. « Initiés aux mystères du
« christianisme, ils en avaient reçu des
« mœurs plus douces, un caractère moins
« farouche que celui des autres peuples
« du Nord. Leurs conquêtes n'étaient pas
« accompagnées de massacres, d'incen-
« dies, de pillage; ils se faisaient aimer des
« peuples chez lesquels ils pénétraient ;
« on les accueillait avec joie là où les au-
« tres peuplades d'origine germanique
« ne rencontraient qu'une soumission
« forcée ou une opposition armée qui les
« fit reculer plus d'une fois. Ils proté-
« geaient au lieu de ravager; ils conser-
« vaient au lieu de détruire ; aussi n'est-
« ce point en conquérants farouches qu'ils
« s'annoncèrent dans les Gaules, mais ils
« y pénétrèrent par une marche lente, ils
« y vinrent en amis. Chrétiens, braves et
« humains, semblables sous ce triple rap-
« port aux peuples auxquels ils venaient
« se mêler, ils durent bien être accueillis
« par eux (1). »

(1) *Histoire du Dauphiné* par M. J. Taulier, ch. IV, pag. 113.

Malheureusement le successeur du roi Gondicaire, Gondebaud, était arien et favorisait de tout son pouvoir l'arianisme. Théodoric, roi des Ostrogoths, qui venait de s'emparer de la Provence dont faisaient partie presque toutes les Alpes Maritimes, était arien aussi. L'appui et la faveur de ces deux princes donnèrent de l'audace à tous ceux qui partageaient leurs erreurs; le diocèse d'Embrun entra dans une grande effervescence, tout y fut bouleversé, et le clergé orthodoxe eut tellement à souffrir, que l'archevêque Catulin (1) dut sortir de la ville métropolitaine et prendre le chemin de l'exil. Mais tant était grande la confiance qu'on avait en la douceur des Bourguignons, que le vénérable confesseur de la foi ne craignit pas de se rendre à Vienne même, pour y trouver un refuge.

Il avait emmené avec lui un noble enfant de la cité Embrunaise, le jeune Pélade, qui, comme un autre Laurent, était prêt, en lévite pieux et en fils dévoué, à suivre

---

(1) Ingénuus mourut en 487. Catulin ne fut élu qu'en 507. On pense qu'un évêque arien gouverna l'église d'Embrun pendant cet intervalle.

jusqu'au martyre son évêque et son père dans la foi. Elevé à l'école de l'adversité, fortifié et mûri dans la vertu par les beaux exemples de Catulin et de saint Avit, archevêque de Vienne, qui les avait reçus avec une tendre charité, Pélade employa les loisirs de l'exil à l'étude des sciences ecclésiastiques et à la pratique de toutes les œuvres de la sainteté. Puis, quand furent venus pour Embrun, sa ville natale, les jours heureux où il fut élevé sur le siége archiépiscopal, Dieu se plut tellement à glorifier par le don des miracles le fidèle serviteur, qu'on put se croire revenu au temps du thaumaturge saint Marcellin. Aussi, quand même saint Pélade serait le seul dont la ville d'Embrun aurait fourni le nom au catalogue de ses pontifes, elle aurait assez fait pour avoir le droit d'être fière et de s'enorgueillir.

Saint Pélade ne succéda pas immédiatement à Catulin. Après la mort de Gondebaud, fauteur des ariens, Sigismond, son fils, converti sincèrement au catholicisme, s'attacha à réparer les maux que les Eglises de son royaume avaient eu à souffrir; le concile d'Epaone (517), où saint Pélade représenta Salutaris, évêque d'Avanches, en Suisse, prit de sages mesures touchant la discipline ecclésiastique, et la pacification religieuse fut pleinement opérée.

Néanmoins, à Embrun, on n'osa point élire pour archevêque l'ami fidèle qui, après avoir toujours suivi la fortune de Catulin, avait eu la douleur de lui fermer les yeux sur la terre étrangère. Le choix tomba sur Galican I, prêtre vertueux, qui est inscrit dans nos diptyques sous le nom de *saint* Galican I (522) (1). Saint Pélade lui succéda (... 538), et après celui-ci, le siège archiépiscopal fut possédé par saint Galican II (538-54).

Sous ces trois pontificats, que nous pourrions appeler l'âge d'or de l'Eglise d'Embrun, la paix la plus profonde régna

---

(1) Nous n'avons pu fixer d'une manière certaine l'année de l'élection de saint Pélade. « On ne connaît point l'époque « précise de la mort de saint Galican I, dit Monseigneur « Depéry; tout ce qu'on peut avancer, c'est que le nom de « Galican qui figure encore parmi ceux des Pères du concile « de Vaison, en 529, avec cette humble souscription : *Gal-« licanus peccator*, *Galican le pécheur*, ne paraît plus dans « aucun concile jusqu'en 541 et 549 ; mais alors il s'agissait « de saint Galican II, dont l'épiscopat est séparé du « premier par celui de saint Pélade, qui mourut vers 538. »

dans la cité ; la fin du royaume des Bourguignons, détruit par les fils de Clovis en 532 ou 534, n'y causa aucune perturbation, et la religion y fleurit dans tout son éclat le plus glorieux.

Outre les trois saints archevêques dont les exemples contribuèrent si puissamment à affermir la foi dans les cœurs, deux hommes parurent alors dans Embrun, prodiges aussi de sainteté et tout-puissants dans la perpétration des miracles. Tous les deux venaient de la solitude ; l'un, pour y retourner après avoir édifié nos pères par le doux spectacle de ses vertus ; l'autre, pour partir bientôt, avec le bâton de voyageur, de la maison hospitalière de saint Galican II, et aller, humble devancier de tant d'illustres pèlerins du moyen âge, vénérer dans la ville éternelle les cendres sacrées des apôtres et la personne auguste du Vicaire de Jésus-Christ.

Le premier, était ce saint Donat d'Orléans, le solitaire de la montagne de Lure en Provence, dont Monseigneur Depéry a décrit la vie avec un style qui emprunte au cœur et à la poésie un charme inexprimable (1). Le second, était saint Véran, alors simple prêtre, devenu plus tard évêque de Cavaillon; saint Véran dont le nom attaché au point habité le plus élevé des Alpes Embrunaises, rappelle l'histoire de ce fameux dragon qui infestait les plaines de Vaucluse. L'homme de Dieu avait, dit-on, dompté le monstre, en lui ordonnant, au nom de Jésus-Christ, de sortir de sa caverne; il l'avait ensuite garroté et mené soumis jusque sur le mont Lébéron. De là, la bête cruelle, ayant été déliée, mais ayant reçu l'injonction de disparaître à jamais, s'était élevée dans les airs en poussant d'horribles sifflements, et était venue périr à l'ouest du mont Viso, sur la hauteur précisément où est bâti le village actuel de *Saint-Véran*. Pieuse légende!

(1) Monseigneur Depéry a reçu la prêtrise dans la cathédrale d'Orléans. Cette circonstance lui a fait retracer la vie de saint Donat avec un attrait tout particulier. « Par « sa naissance, dit le vénérable écrivain, saint Donat ap- « partient à l'Eglise d'Orléans, qui est notre mère à nous « aussi dans le sacerdoce; c'est pourquoi nous écrivons « cette vie du pieux solitaire comme la vie d'un frère et « d'un ami, charmé que nous sommes de le retrouver, « honoré d'un culte spécial dans notre diocèse. (Hist. « Hagiol. pag. 145.) »

CHAPITRE III.

Salonius, archevêque d'Embrun, et Sagittaire, évêque de Gap. — Invasion des Lombards. — Le patrice Mummol. — Bataille de Musties-Calmes. — Invasion des Saxons. — Nouvelle invasion des Lombards. — Bataille d'Embrun. — Origine de Tour-Brune.

Après la mort de saint Galican II, la protection du roi Gontran fit monter sur le trône archiépiscopal d'Embrun un pontife bien différent de ses vénérables prédécesseurs, l'impie Salonius (554-79). Il a laissé, avec son frère Sagittaire, évêque de Gap, un triste et scandaleux souvenir dans nos annales. Ces deux indignes prélats quittant, selon l'expression d'un historien, le bâton pastoral pour la framée des Francs, et la mitre pontificale pour le casque des Burgondes, prirent la part la plus active à la défaite des Lombards qui, en 572, avaient franchi le mont Genèvre et ravagé leurs diocèses. L'impartiale Histoire n'ose les blâmer d'avoir pris eux-mêmes les armes dans le danger suprême où l'invasion jetait le pays (1); mais l'Église gémit des désordres de leur vie licencieuse et des crimes dont ils souillèrent leurs mains consacrées. Deux fois ils méritèrent d'être déposés de l'épiscopat, et, lorsqu'ils se furent échappés du monastère de Saint-Marcel à Châlons, où on avait dû les enfermer, la colère de Dieu les poursuivit, permettant qu'ils mourussent misérablement (2), après avoir, complices du patrice Mummol, terni, par la trahison, la gloire dont ils s'étaient cou-

(1) « J'oseray bien dire que leur résolution et leur cou-
« rage méritent quelque louange, puisqu'ils l'employèrent
« en une nécessité si pressente contre les ennemis de la
« Religion, qui avoient porté le pillage, le fer, le feu et le
« sacrilége dans les villes et dans les églises.... Certes la
« conduitte des Prélats dans les croisades, semble fere
« l'apologie de ces deux Evesques, en cette occasion.....
« Ainsi ie suis obligé de dire que i'ay un grand panchent
« pour les excuser en cette rencontre. »
(P. Fournier, partie 4e, section 5e.)

(2) « ... On les enferma dans le monastère de Saint-
« Marcel, proche de Châlon, d'où ils échappèrent et
« feurent errants de part et d'autre, sans que l'on scache
« ce que devint Salonius. Et pour Sagittarius, un soldat
« lui couppa la teste dans une forest où il se sauvoit,
« s'estant couvert de son camail. »
(P. Fournier, partie 4e, section 5e.)

verts, sous la conduite de ce grand général, dans la guerre contre les Lombards.

Nous devons parler avec quelque détail de cette guerre, parce que Embrun et ses environs en furent souvent le théâtre. L'eunuque Narsès ayant appelé les Lombards en Italie pour se venger d'une odieuse injure que l'Impératrice Sophie avait fait subir à son grand cœur, ces barbares ne se contentèrent pas de la facile proie offerte à leur avidité; ils jetèrent les yeux sur les Gaules qu'ils espéraient soumettre avec la même rapidité que l'avaient fait naguère les Francs et les Bourguignons. Mais ils comptaient sans ceux-ci, qui n'étaient pas prêts à abandonner leur conquête; ils comptaient sans les montagnards de nos Alpes, qui avaient résisté, jadis, si vaillamment à Annibal.

Cependant, les Lombards obtinrent d'abord le succès qu'ils désiraient (575); ils ravagèrent le Dauphiné et la Provence, tuèrent, dans une bataille, le patrice Amatus ou Peritius, qui était venu pour les empêcher de descendre les Alpes, firent alors, dit Grégoire de Tours, un tel massacre des Bourguignons, qu'on ne saurait compter le nombre des morts, et retournèrent en Italie, chargés de butin. « Et voilà, dit un vieil historien (1), la « première saillie des Lombards en Pro- « vence qui leur fut voirement autant « heureuse, comme les suivantes leur « seront malheureuses. »

L'année d'après (576), enhardis par leur victoire, ils revinrent; mais cette fois, les Bourguignons et les montagnards étaient commandés par Ennius Mummol qui, après la mort de Pericius, avait reçu du roi Gontran la dignité suprême du patriciat (2). Les Lombards s'étaient déjà avancés dans la plaine de *Musties-Calmes*, aujourd'hui *Plan-de-Phasi* (3). Mummol s'y porte; il enveloppe les barbares avec son armée, fond sur eux, les met en déroute et en fait un

---

(1) H. Bouche. Histoire de Provence, livre V^e, pag. 666.

(2) Grégoire de Tours appelle cette charge à quoy Mummol fut élevé, le *Patriciat* de la Bourgogne, qui estoit un nom qui restoit en France de la domination romaine, et dont l'authorité approchoit de celle de connestable ou chef des armées du royaume de Bourgogne.
(P. Fournier, partie 4e, section 5e.)

(3) Ce lieu s'appelle aussi plaine de Barben ou de Barbery ; nom qui lui a été donné en souvenir de la défaite des barbares Lombards. (*Id. loc. cit.*)

si grand carnage, qu'un très-petit nombre seulement purent échapper à la mort et aller annoncer leur déroute à leurs frères en Italie.

C'est dans ce combat que se trouvèrent les deux évêques Salonius et Sagittaire qui, dit Grégoire de Tours, « non pas munis
« de la croix céleste; mais armés du cas-
« que et de la cuirasse du siècle, tuèrent,
« ce qui est pis encore, plusieurs enne-
« mis de leur propre main (1). »

Après les Lombards, ce furent les Saxons, leurs compagnons, qui vinrent porter la désolation dans nos contrées, (577-78). Embrun, qu'ils traversèrent plusieurs fois, eut beaucoup à souffrir de leurs déprédations. On peut en juger par les violents reproches et par les menaces que leur adressa Mummol, lorsqu'il les arrêta sur les bords du Rhône. « Vous ne
« passerez pas ce torrent, leur dit-il.
« Comment! vous avez dévasté les con-
« trées du roi mon maître, enlevé les
« moissons, pillé les troupeaux, incendié
« les maisons, coupé les oliviers et les

(1) Grég. Tur. lib. 4. cap. 3.

« vignes! Vous ne passerez pas outre,
« avant d'avoir fait satisfaction à ces
« peuples que vous avez entièrement dé-
« pouillés : sinon, vous n'éviterez pas
« mon bras; je ferai passer mon glaive
« sur vous, sur vos épouses et sur vos
« petits enfants; et je vengerai ainsi l'in-
« jure faite au roi Gontran mon maî-
« tre (1). » Les Saxons, épouvantés,
payèrent au poids de l'or le passage du
fleuve, et obtinrent enfin du roi d'Aus-
trasie, Sigebert, une province où ils purent
fixer leur vie aventureuse.

Mais le Dauphiné allait subir une nouvelle invasion des Lombards, plus redoutable que les premières; et, cette fois, les
champs d'Embrun devaient être le théâtre
d'une bataille aussi mémorable que celle
de Musties-Calmes.

Trois, des trente ducs qui s'étaient partagé le pouvoir après la mort du roi

---

(1) Non transibitis torrentem hunc ; ecce res Domini mei Regis depopulastis, collegistis, Regis pecora devastatis, trucidastis; non ascendetis nisi satisfaciatis prius his quos exiguos reliquistis : — alioquin non effugietis manus meas, nisi ponam gladium super vos et uxores et parvulos vestros, et ulciscar inimicum Domini mei Gunthramni.   (Greg. Tur. *loc. cit.*)

Cleph en 575, Amon, Zaban et Rhodan, conduisaient eux-mêmes les trois corps de l'armée d'invasion (578). Amon passa par Embrun et s'avança jusqu'à Marseille, entraînant après lui un grand nombre de prisonniers et les troupeaux de la contrée. Mummol fit alors des prodiges de valeur ; il vainquit Rhodan près de Grenoble, et gagnant quelques défilés, il vint se poster à Embrun pour couper la retraite au barbare. Celui-ci, après avoir fait part de sa défaite à Zaban, qui assiégeait Valence, reprenait avec lui la route d'Italie. Les habitants d'Embrun avaient saisi les armes pour prêter main-forte à Mummol.

Ce général se présenta donc devant les ducs Lombards avec une armée imposante (1), et il leur fit essuyer le plus sanglant désastre; leurs phalanges furent

---

(1) « Ils feurent poursuivis par Mummol, qui les battit
« premièrement dans la pleine qui est entre les Crottes et
« Ambrun, puis dans celle de Barben proche de Guilles-
« tre, où il fut fait un si grand carnage de ces barbares
« que Zaban et Rhodan eurent toutes les peines du monde
« de se sauver avec un fort petit nombre de leurs gens. »
(P. Fournier, *loc. cit.*) — D'après ce passage, les Lombards auraient donc essuyé deux différentes défaites dans la plaine de Barben ou Musties-Calmes.

entièrement détruites, et les chefs repassèrent presque seuls les Alpes. Quant à Amon, dit Grégoire de Tours, lorsqu'il eut appris ces nouvelles, il partit en ramassant tout ce qu'il put trouver de butin sur sa route ; mais, arrêté par les neiges, il abandonna sa capture et put à peine s'échapper avec peu de monde.

Ainsi finirent ces terribles invasions des Lombards qui, jointes au fléau non moins redoutable de la lèpre, répandirent la consternation dans nos contrées et y occasionnèrent de si grands ravages, que des vallées entières se trouvèrent dépeuplées.

C'est à l'époque de la guerre des Lombards que la tradition fait remonter la construction de l'antique Tour Brune, ce sombre monument qui s'élève dans Embrun, vers le nord de la cour d'honneur du palais archiépiscopal (1). Le roi Gontran l'aurait fait édifier pour s'opposer

(1) Le Père Fournier, après avoir dit que les soldats Lombards, échappés à la mort dans la bataille de Musties-Calmes, furent tous faits prisonniers, ajoute : « Sans « doute que la Tour-Brune qui est un ancien ouvrage des « Bourguignons, ou au moins des anciens archevesques « d'Ambrun auparavant ce temps-là, en fut toute remplie. »
(Siècle 6e, sect. 5e.)

aux Lombards et aux autres barbares dont les incursions venaient si fréquemment désoler le pays. Que si cette tradition est vraie, ne semble-t-il pas que le petit-fils de Clovis, en plantant ainsi, sur nos montagnes, une tour destinée à survivre à tant de siècles et à tant d'orages, avait voulu marquer que ces contrées devaient toujours appartenir à la monarchie des Francs, et qu'Embrun devait être à jamais une ville française? Quoi qu'il en soit, la curiosité s'attache à ce vestige des temps reculés, comme le lierre aux vieux murs, et, quand l'Histoire se tait sur les événements dont il fut le témoin, l'imagination se plaît à l'entourer d'aventures étranges.

CHAPITRE IV.

Confusion dans la succession chronologique des archevêques d'Embrun au viie et au viiie siècles. — Malheur de ces temps. — Charlemagne et l'archevêque saint Marcel. — Le pape Léon III passe à Embrun et va consacrer l'église d'Aniane. — Saint Marcel chez les Saxons. — Il est envoyé en ambassade à Constantinople. — Testament de Charlemagne. — Saint Bernard Ier. — Construction de l'église de Notre-Dame d'Embrun.

L'Histoire, silencieuse sur les origines de Tour-Brune, va, depuis la déposition de Salonius jusqu'au xe siècle, nous offrir une grande confusion dans la succession des archevêques d'Embrun. Pendant ces temps de perturbation, dit Monseigneur Depéry, elle ne put tenir la plume pour nous transmettre en détail les faits qui intéressent notre Eglise (1). Cependant, il paraît résulter des recherches de ce savant prélat, que l'ordre suivant doit être établi dans la série des pontifes du viie et du viiie siècles : Emerit, qui fut élu quatre ans après la tenue de l'assemblée de Châlons

(1) Hist. Hagiol. pag. 372.

(583), et qui convoqua lui-même, dans sa ville métropolitaine, un concile compté pour le premier d'Embrun ; saint Pierre dont on ne sait rien de particulier, sinon qu'il fut saint; saint Ethère Ier, célèbre par les soins qu'il prit pour reconnaître et glorifier les reliques des trois martyrs Vincent, Oronce et Victor; Ethère II; saint Jacques, qui vit les commencements de l'invasion musulmane (1); Valchin, frère de Symphorien, évêque de Gap; et enfin saint Alphonse (740), dont le cœur pieux eut vivement à souffrir de l'état déplorable dans lequel avait été jeté l'Occident par l'invasion des Arabes et par la conduite de Charles-Martel, qui abandonna les évêchés

---

(1) Nous n'avons pas de détails sur les ravages que les Arabes exercèrent dans l'Embrunais, pendant cette première invasion que le génie de Charles Martel fit échouer. Voici seulement ce que nous lisons à ce sujet dans le P. Fournier, *siècle 8e, section 1re*. « Nul n'ignore de « quelle manière ils feurent deffaits à Tours, par Charles « Martel; lequel marcha encore contre eux pour leur « fere quitter Arles qu'ils tenoient : ce prince estant « déia en ce siége, Luitprend, roy des Lombards accou-« reut ; il passe les Alpes en diligence ; traverse par Am-« brun, et il s'alla ioindre à Martel à Arles. Je ne doute « pas que ce Mayre, n'eut chassé devant soy les Sarrasins « de toutes les Alpes, qui se ramassèrent tous à Arles ,

et les monastères à ses officiers. Temps de deuil et de ruine que l'illustre auteur de l'Histoire Hagiologique du diocèse de Gap a caractérisé avec éloquence dans les lignes suivantes qui terminent la biographie de saint Alphonse : « Heureux « alors le diocèse où quelque évêque errant accomplissait les fonctions épisco« pales, pendant que l'usurpateur laïque « dévorait les revenus des clercs et des « pauvres! L'Eglise gallicane semblait prise d'assaut; l'on eût dit que les derniers « rayons de l'intelligence chrétienne allaient s'éteindre, et que le monde était « livré aux hasards de la force bru« tale (1). »

« pour fere un dernier effort, pour se conserver cette
« place si importante que Maurice, duc de Provence,
« leur avoit livrée entre les mains. L'an 739, ces infidèles
« avec Maurice feurent défaits entièrement; l'Ambrunois
« et le Gapençois leur feurent enlevés, et tous ces pays
« feurent réduits sous l'obéissance de Martel. Néanmoins,
« il est constant qu'il n'y eut aucune réformation dans la
« discipline ecclésiastique, parce que ce Mayre donna aux
« officiers de ses armées les principaux bénéfices en ré« compense : les autres qui estoient moindres s'estoient
« affectés les petits; et il n'y en avoit pas un qui n'eut
« des prélats ou des bénéficiers à gages. »

(1) Histoire Hagiol. du dioc. de Gap, pag. 403.

Mais, par bonheur, Dieu préparait à la France, dans la personne de Charlemagne, un prince aussi jaloux de protéger l'Eglise que de se signaler par de magnifiques conquêtes, et la vieille métropole des Alpes Maritimes était destinée à avoir pour archevêque, sous son règne, un prélat qui devait passer à la postérité, couronné de la double auréole de la sainteté et de la grandeur humaine. C'était saint Marcel, le confesseur, le confident et l'ami de Charlemagne.

Saint Marcel succéda à saint Alphonse en 774. Il eut l'honneur de recevoir, dans Embrun, le pape Léon III et de l'accompagner en Languedoc où il se rendait pour consacrer l'église d'Aniane. Charlemagne assista à cette auguste cérémonie; il s'y trouva plus de treize cents prélats ou abbés portant crosse, et saint Marcel fut appelé à apposer son contre-seing, avec les personnages les plus éminents, sur l'acte commémoratif de cette fête incomparable.

Le grand empereur ayant soumis les Saxons après trente-trois ans de guerre et leur ayant donné des évêques et des prêtres pour les convertir, voulut députer dans leur pays, un prélat distingué par ses mérites et par ses vertus, chargé de lui rendre compte des progrès du christianisme ; son choix tomba sur l'archevêque d'Embrun. Il n'entre point dans notre but de raconter les travaux apostoliques de saint Marcel dans la Saxe ; il y réalisa de tout point la confiance du monarque. Charlemagne le témoigna hautement en l'envoyant encore, après cette mission, en ambassade à la cour de Constantinople, auprès de l'empereur Nicéphore. Nicéphore et Charlemagne étaient depuis longtemps divisés ; mais saint Marcel sut faire entendre des paroles si conciliantes, que la paix et l'harmonie la plus complète régnèrent dès lors entre les deux maîtres du monde. Quelle gloire pour l'Eglise d'Embrun d'avoir eu un tel pontife !

Charlemagne ne faillit pas à la dette de reconnaissance qu'il avait contractée envers cette illustre Eglise, en employant, au profit de la religion et de l'Etat, la profonde capacité de son humble archevêque. Il lui légua une large part de ses trésors pour qu'il fût à même de construire, sur le roc de l'antique métropole, un temple digne de sa renommée. Mais, quand les dispositions testamentaires du prince furent connues, l'archevêque Marcel venait de mourir, et un autre pontife, saint Bernard Ier, fut appelé à recueillir le bénéfice de l'impériale générosité.

Ni les constatations de l'archéologie, ni la bulle du pape Victor II, à l'archevêque Viminien, dont nous parlerons en son temps, ne s'opposent à ce que, conformément à la tradition du pays, nous fassions remonter à saint Bernard Ier et à Charlemagne (1), la construction primitive de ce sanctuaire fameux de Notre-Dame d'Embrun contre lequel se sont acharnés les siècles, la guerre, la foudre, les orages et

---

(1) La libéralité que Charlemagne fit à l'Eglise d'Ambrun par son testament m'oblige de dire que c'est ce monarque vraisemblablement qui est le fondateur de l'église de Notre-Dame de cette ville, puisque l'on employa cette largesse à la construction de ce bel édifice que l'on voit encore à son entier, et qui ne peut estre qu'un ouvrage d'une puissance telle qu'estoit celle de cet incomparable prince. A quoy il faut aiouter que la tradition ancienne de la ville d'Ambrun tient pour constant que Charlemagne a esté le fondateur de cette église : ce qui est encore appuyé par ce qui est dit dans une charte de 1490, du temps de Charles VIII, et parce que les autres églises voisines qui ont des ouvrages approchant à celuy-cy sont persuadées

le mauvais goût. Auguste monument qui, malgré toutes ses cicatrices, s'élève encore sur le point culminant de la cité, victorieux, couronné, triomphant, selon l'expression d'un artiste et d'un écrivain bien capable d'en décrire les magnificences ! Puisse, bientôt, le prince magnanime qui nous gouverne, nouveau Charlemagne, attacher son nom à la restauration d'une église si digne de son intérêt! Un empereur l'a fondée; la reine Jeanne de Provence l'a comblée de ses dons; Charles VII et Louis XI, l'ont eue en singulière vénération; Charles VIII, Louis XII, François Ier, Henri II, Louis XIII, l'ont visitée et se sont assis

qu'ils ont esté construits du fonds de ce don que cet empereur avoit fait par son testament. . . . .
. . . .
. . . mesme ie pense qu'on luy donna le nom de Notre-Dame des Roys comme pour un monument de la victoire que cette reine des roys avoit fait obtenir à cet empereur sur le dernier roy des Lombards. Aussi l'on a touiours veu sur le portail de cette église l'image de la sainte Vierge tenant le Sauveur entre ses bras que les trois roys adorent. Ce portail a esté appelé pour cette considération le grand Real de toute ancienneté, et à l'imitation l'on void que dans tout le diocèse les portaux des églises sont nommez le Real.

(P. Fournier, siècle 9e, section 2e.)

dans sa stalle d'honneur, en leur qualité de premiers chanoines de cette métropole; les rois d'Angleterre lui ont envoyé de leur île lointaine de riches présents. Elle était réellement *Notre-Dame des Rois ;* elle espère avec confiance d'un monarque non moins illustre par ses sentiments religieux que par sa sagesse ; elle espère avec confiance qu'un jour viendra, où son antique parure lui sera restituée, où sa flèche gigantesque ira encore percer la nue, et où sa triste viduité sera respectée et entourée de tous les égards dus à la plus noble, à la plus sainte des infortunes.

CHAPITRE V.

Nouvelles incertitudes dans la succession des archevêques d'Embrun. — Bertemond prend le titre d'archevêque. — Fondation du royaume de Bourgogne cisjurane. — Les Sarrasins dans les Alpes. — La trahison les rend maîtres d'Embrun. — L'archevêque saint Benoît et l'évêque de Maurienne, saint Odilard, martyrisés. — Cruautés des Sarrasins. — Etat déplorable de l'église d'Embrun. — L'archevêque saint Libéral. — Douloureuses épreuves de son pontificat. — La captivité de saint Mayeul devient le signal de la délivrance. — Exploits de Bérald de Saxe. — Les populations des Alpes lui décernent le titre de *Père de la Patrie*. — Amédée et Humbert *aux blanches mains*. — Radon. — Donation faite par Bertrand, comte de Forcalquier, au monastère de la Couche.

Après saint Bernard Ier, mort en 826, la succession des archevêques d'Embrun, pendant tout le neuvième siècle, présente encore quelques incertitudes. Nous croyons pouvoir les classer de la manière suivante : Agéric ; Gertuman ; Bertemond ; Aribert ou Aripert ; Ermauld ; Arnauld et Théodulphe qui aurait occupé le siége archiépiscopal de 900 à 912.

Nous savons peu de chose de ces prélats.

Bertemond assista au grand concile national de Ponthyon (concilium Pontigonense) convoqué par Charles le Chauve en 876. « Au quel concile, dit l'historien
« de la Provence (1), il fut approuvé tout ce
« qui avait été résolu à celui tenu à Pavie,
« le mois de février précédent, touchant
« le couronnement de l'empereur Charles,
« et fut encore fait de très-belles ordon-
« nances ecclésiastiques, par cinquante
« prélats de France, outre les légats du
« pape, entre lesquels il y en avait trois ou
« quatre de cette province, savoir : Bert-
« mvndus ecclesiæ Ebredunensis archie-
« piscopus (d'Embrun); Rostagnus sanc-
« tæ Arelatensis ecclesiæ archiepiscopus
« (d'Arles); Birico Vvapincensis ecclesiæ
« episcopus (de Gap). »

C'est la première fois qu'on voit un de nos pontifes prendre la qualité d'archevêque. Car, quoique l'Eglise d'Embrun, comme nous l'avons déjà remarqué, ait toujours été à la tête de plusieurs évêchés suffragants, la dénomination d'*archevêque*, pour désigner le prélat métropolitain,

---

(1) H. Bouche, Histoire de Provence, livre V, sect. 2e.

n'est devenue d'un usage général dans l'Occident qu'au neuvième siècle.

Quelques historiens placent l'archevêque Aripert entre Agéric et Gertuman. Il nous paraît plus probable qu'il ne vint qu'après Bertemond, successeur de Gertuman. Voici nos motifs : Bertemond aurait tenu le siége depuis 870 jusqu'à 877 ou 878. Le pape Jean VIII a exercé le souverain pontificat de 872 à 882, c'est-à-dire qu'il a commencé de régner alors que Bertemond était déjà archevêque d'Embrun, et qu'il lui a survécu quatre ou cinq ans. Or, nous trouvons, dans le Père Fournier, une lettre adressée par ce pape à l'archevêque Aripert. Il le blâme de ce qu'il avait ordonné un évêque pour l'église de Vence contrairement aux canons ; puis, il lui prescrit de venir à Rome, pour rendre compte de sa conduite et assister au jugement que le saint-siége devra porter sur cette affaire. Ainsi, la lettre est postérieure à l'épiscopat de Bertemond. Aripert n'a donc pas été un des prédécesseurs de ce pontife ; mais bien son successeur immédiat.

Nous donnons cette lettre traduite par

Juvénis. Outre l'intérêt qu'elle présente au point de vue de l'histoire locale, elle montre encore combien grande était, à cette époque, l'autorité du souverain pontife sur les évêques des Gaules :

« Au très-révérand et très-saint Arche-
« vesque d'Ambrun, Aripert.

« Si vous eussiez pris soin de garder
« les constitutions canoniques quy ont esté
« establies pour la consécration des éves-
« ques, vous n'auriez pas donné lieu au
« différent que nous avons appris estre
« survenu, et quy a obligé un certain
« diacre appelé Waldenne de recourir de
« ce que vous luy avez refusé de le sacrer
« évesque, quoyqu'il eut esté éleu cano-
« niquement par le clergé et par le peuple
« de Vence; ce quy vous a rendu certai-
« nement blamable, mon bien-aîmé frère:
« mais, à présent, parce que vous ne vous
« estes pas mis en devoir de sacrer ce
« prestre, après la mort de l'évesque de
« Vence, bien que, comme ie viens de dire,
« il eut esté choisi par le clergé et par le
« peuple de cette mesme ville, et que
« l'empereur Charles de pieuse mémoire
« eut confirmé cette élection par son con-

« sentement; vous estes accusé d'en avoir
« ordonné, après la mort de ce prince, un
« autre, comme vous avez vouleu, quoy-
« qu'il n'eut pas esté éleu suivant les rè-
« gles canoniques, qu'il ne vînt pas par
« la bonne voye, et qu'il fût entré dans
« le bercail de J. C. d'ailleurs que par la
« porte. En quoy nous voyons que vous
« n'avez pas fait un petit manquement à
« cause que suivant la parole du pape
« Célestin nostre prédécesseur (en l'épis-
« tre 1re) l'on ne doit iamais donner un
« évesque contre le gré de ceux quy le
« doivent recevoir; vous avez deu con-
« sulter le consentement et le désir du
« clergé, du peuple, et de l'ordre; que
« par l'authorité de ce pontife le clergé a
« la faculté de résister quand il voyt qu'on
« entreprand sur les droits quy luy sont
« acquis, pouvant reietter sans crainte
« ceux qu'on luy veut donner pour éves-
« ques d'une manière aussy irrégulière;
« car comme ils ne peuvent pas espérer de
« récompense de celuy quy les doit gou-
« verner, aussy doivent-ils avoir le iuge-
« ment libre dans leur élection; ce quy a
« fait dire à saint Léon qu'il n'y avait pas

« apparence de tenir pour évesques ceux
« quy n'ont pas esté choisis par le clergé,
« et quy n'ont pas esté demandés par le
« peuple. Et parce qu'il arrive souvent des
« disputes touchant les promotions des
« prélats quy ont esté faites contre l'ordre,
« quy doute qu'il ne faut pas accorder
« cette dignité à ceux quy ne iustifient pas
« d'y avoir esté canoniquement appellés :
« attendu mesme que par le 35e ch. des
« constitutions de ce pontife, nul ne peut
« estre ordonné évesque à ceux quy ne
« l'ont pas demandé, de peur qu'il ne
« tombe dans le mépris, ou dans la haine
« d'une ville quy ne l'avoit pas souhetté,
« et que ce ne luy soit un suiet de n'estre
« pas dans le respect et dans la vénération
« qu'elle doit avoir pour son prélat, quand
« elle se verra privée de celuy qu'elle avoit
« désiré. Cela estant de la sorte, afin qu'il
« ne reste de scandale ny de schisme
« dans l'Eglise que Dieu vous a commise,
« nous vous ordonnons, très-cher frère,
« de vous rendre à Rome, et d'y fere
« venir et celuy que vous avez consacré
« évesque, et celuy quy asseure avoir esté
« éleu canoniquement, afin qu'en nostre

« présence et du siége apostolique, l'on
« examine avec toute sorte d'exactitude
« le mérite d'une cause aussy considéra-
« ble, et qu'avec l'aide de Dieu elle puisse
« estre terminée par un iugement iuridi-
« que. Vous ne scauriez doncque vous dis-
« penser d'obeyr à cet ordre que nous
« vous envoyons pour que la paix règne
« dans l'Eglise de Dieu : car si vous fai-
« siez le contraire, scachez que nous ne
« laisserions nullement impunie une pré-
« somption aussy illicite. »

L'Histoire ne fait pas connaître si Aripert obéit à la sommation du souverain pontife, et lequel des deux évêques fut rétabli sur le siége de Vence, de l'intrus ou de celui que le clergé et le peuple désiraient.

Charles le Chauve avait nommé gouverneur de la Provence et du Dauphiné son beau-frère Boson, comte d'Autun. Deux ans après la mort de Charles, c'est-à-dire en 879, Boson, qui aspirait au titre de roi, l'obtint de la noblesse et d'un certain nombre de prélats réunis au château de Mantailles. Onze ans plus tard, en 890, Louis, fils de Boson, reçut d'une manière définitive la même dignité; elle lui fut conférée par les évêques assemblés à cet effet dans la ville de Valence, sur l'invitation du pape lui-même. L'archevêque d'Embrun, Arnaud, se trouvait à cette réunion qui consacra la formation du second royaume de Bourgogne, dit de *Bourgogne cisjurane*, provoquée moins par l'ambition de Boson que par le malheur des temps.

En effet, l'heure des grandes douleurs était arrivée pour nos malheureuses contrées. Les Arabes, écrasés autrefois dans les plaines de Tours par la bravoure de Charles-Martel, reparaissaient plus terribles que jamais dans le Midi de la Gaule, tandis que les Normands portaient la désolation et l'effroi dans le Nord. « *Quo-*
« *niam ex una parte Nortmanni cuncta*
« *penitus devastantes insistebant : ex alia*
« *vero parte Saraceni Provinciam depo-*
« *pulantes, terram in solitudinem redige-*
« *bant; his et aliis ejusmodi causis ab eo*
« (l'archevêque de Vienne) *auditis, Reve-*
« *rendus Domnus Stephanus Apostolicus*
« *ad lacrymas usque compunctus, tam ver-*
« *bis quam scriptis generaliter ad omnes*
« *Galliarum cisalpinarum tam archiepisco-*

« *pos quam et reliquos venerabiles antis-*
« *tites directis suo sanctissimo commonuit*
« *hortatu, ut unanimes atque concordes*
« *in Ludovico* (le fils de Boson) *consen-*
« *tientes, hunc super populum Dei Regem*
« *constituerent.* » (Paroles du concile de Valence.)

Le flot montait de la Provence jusqu'aux Alpes. Les noms de Montmaur, Puy-Maure, Malmor, Montmaurin, donnés à plusieurs localités du diocèse actuel de Gap, attestent encore aux générations combien cette invasion dut être redoutable et prolongée. L'Italie, envahie à son tour par les hordes Sarrasines, était dans la terreur. Neuf cents moines avaient eu la tête tranchée par ces barbares dans le monastère des Fontaines de Vulturne ; en une seule nuit, toute sorte d'excès avaient été commis dans Turin. Partout les couvents et les villages étaient dévastés et les églises livrées aux flammes.

Par suite de ces événements, Embrun, ville fortifiée et, de plus, généreuse et hospitalière, voyait, tous les jours, affluer du Midi et de l'Est, des fuyards qui venaient chercher un asile dans ses murs. C'était en l'an 916. L'archevêque saint Benoît avait accueilli comme un frère, dans son palais, l'évêque fugitif de Maurienne, saint Odilard, et une partie de son peuple.

Bientôt les Barbares arrivent devant la place. Elle leur oppose une vigoureuse résistance et ils désespèrent de s'en rendre maîtres. Mais des hommes sans honneur et sans foi trahissent leur pays et y introduisent, à la faveur des ténèbres, les ennemis du nom chrétien. Les deux prélats sont massacrés; le palais, les maisons, les églises sont livrés au pillage; les titres et les archives deviennent la proie des flammes; le sang coule à grands flots, car les barbares égorgent sans pitié tout ce qui se rencontre sous leurs coups, sans distinction d'âge ni de sexe. Terribles devanciers de ce sauvage baron des Adrets qui devait, six siècles plus tard, attacher à son nom une si triste célébrité, en faisant précipiter du haut des tours ou des roches les catholiques vaincus, les Sarrasins commettent cette atrocité dans Embrun. Un nombre considérable de victimes roulent du haut du roc dans la plaine, et la vieille capitale des Alpes Maritimes, déshonorée, ce jour-là, par la trahison de quelques-uns de ses enfants, conquiert, d'autre part, le glorieux surnom de *Cité des Martyrs*.

Après saint Benoît, l'Église d'Embrun resta quelque temps sans pasteur; les Sarrasins, toujours maîtres du pays, avaient converti la cathédrale en mosquée; la désolation, la guerre intestine, la dissolution des mœurs, tel était le douloureux spectacle que l'œil affligé rencontrait partout. La population chrétienne des Alpes était foulée par les barbares comme le grain sous le pressoir. « Des montagnes
« dont ils avaient fait leur repaire, ils
« descendaient dans les vallées, enlevaient
« les troupeaux, coupaient les récoltes,
« arrachaient les jeunes filles des bras de
« leurs mères désolées et regagnaient,
« chargés de leur butin, les positions for-
« tifiées d'où ils bravaient l'impuissante
« colère de leurs ennemis (1). »

Cependant, après quelques années d'oppression, les Sarrasins, occupés à défendre les abords des Alpes contre de nouveaux

---

(1) Hist. Hagiol. du dioc. de Gap, pag. 449.

envahisseurs, les Hongrois (924), firent peser un joug moins rigoureux sur la population indigène. Embrun put un peu respirer, et le clergé catholique songea à donner un successeur au martyr saint Benoît.

Or la Providence elle-même avait envoyé celui qui devait être l'élu du peuple fidèle. Des rives lointaines de la Corrèze, saint Libéral apportait au milieu de nos pères un zèle à toute épreuve, un ardent désir de travailler à la conversion des âmes, dans une contrée corrompue par le souffle empesté du mahométisme. Tous furent unanimes pour acclamer comme archevêque ce prêtre vertueux, et son sacre qui se fit sans éclat, à cause de la présence de l'homme ennemi dans Embrun, fut salué, néanmoins, par tous les vrais chrétiens, comme une aurore de bonheur et d'espérance.

Mais, hélas! le pontificat du saint apôtre ne devait être marqué que par des douleurs. Pendant vingt ans environ, semblable à ces papes de Rome obligés, sous les empereurs païens, de cacher, au fond des catacombes, une dignité et des mystères qui portaient ombrage, étalés au grand jour, Libéral fut contraint de boire à la coupe amère des persécutions. Il se mêlait tantôt avec les prêtres, tantôt avec les simples fidèles, pour n'être pas si aisément reconnu et pouvoir raffermir son troupeau, dont la fidélité chancelait. Enfin une recrudescence de rage et de fureur de la part des barbares vint mettre le comble à la désolation de son âme. Le magnanime prélat fut contraint de reprendre le chemin de sa patrie, demandant en route le pain de l'aumône et emportant avec lui, pour le dérober à la profanation, le corps du premier archevêque, saint Marcellin, qui avait été, pendant tant de siècles, le palladium vénéré de la sainte Eglise d'Embrun.

Un cœur d'évêque, avec des accents attendris, a dépeint les malheurs de ces temps affreux. Nous ne pouvons résister au désir de citer quelques-unes de ces lignes si touchantes. A propos des années 916 et 936, dans l'intervalle desquelles, il constate la disparition des reliques de saint Marcellin, Monseigneur Depéry s'exprime ainsi :

« Ces dates qui paraissent insignifian-

« tes, jettent cependant un jour nouveau
« sur l'une des plus tristes époques
« qu'aient traversées les Eglises d'Em-
« brun et de Gap. Elles coïncident, hélas!
« avec l'épiscopat de saint Libéral et de
« saint Benoît, archevêques d'Embrun.
« Elles nous rappellent l'accablante jour-
« née où saint Libéral, cassé de vieillesse,
« sortit de cette ville pour s'en retourner
« à Brives en Auvergne, mendiant son
« pain; elles nous rappellent saint Odi-
« lard, évêque de Maurienne, et saint
« Benoît impitoyablement massacrés avec
« une multitude de prêtres et de fidèles
« par les Sarrasins. — C'est pourquoi,
« nous n'avons pu faire, dans notre esprit,
« le rapprochement de ces faits lamenta-
« bles sans sentir notre cœur s'émouvoir
« et sans verser d'abondantes larmes. Le
« sang de deux peuples martyrs sanctifia,
« dans cette horrible nuit, l'antique ville
« d'Embrun (1). »

Le pontife Libéral mourut bientôt dans son pays, laissant un nom doublement consacré par la sainteté et par le malheur,

(1) Hist. Hagiol. du diocèse de Gap, pag. 91.

et la ville d'Embrun continua, pendant un demi-siècle encore, à subir le joug des Sarrasins. Les archevêques Boson et Pontius eurent le même sort que saint Libéral. Cependant Pontius dut mourir avec le doux espoir que ses chères ouailles ne tarderaient pas à être arrachées des serres du vautour oppresseur, et peut-être même eut-il la consolation de saluer, avant sa dernière heure, le jour béni de la délivrance (1).

La captivité de saint Mayeul, abbé de Cluny, enlevé par les barbares dans la vallée du Drac, à son retour d'un pèlerinage à Rome, en fut comme le signal (972).

Ce saint homme était vénéré dans toute la France. Quand on apprit qu'il était tombé entre les mains des ennemis de Dieu, ce ne fut partout qu'un long cri d'indignation. Conrad le Pacifique, roi de Bourgogne, songea enfin à prendre des mesures énergiques pour purger son royaume de ces cruels envahisseurs. Bérald de Saxe fut le guerrier auquel s'a-

(1) On met l'épiscopat de Pontius de 960 à 993.

dressa le monarque pour cette importante mission. Les exploits de Bérald furent si prodigieux et suivis de succès si nombreux et si rapides, que plusieurs historiens ont cru devoir les révoquer en doute. Toutefois, il est bien certain que l'entière expulsion des Maures de nos montagnes, date de l'époque où nous sommes arrivés.

Le vaillant Bérald aurait d'abord emporté par la ruse le fort retranché de la Garde-Frainet en Provence, regardé, à juste titre, comme le plus puissant boulevard des Arabes dans nos contrées. Après cet événement, le héros libérateur aurait parcouru la Provence et serait remonté vers les Alpes, chassant, avec un égal bonheur, les Sarrasins consternés, de toutes leurs positions, même les plus redoutables. Gap, Seyne, Embrun, tous les châteaux dont l'ennemi était maître furent successivement évacués. Enfin, dans la plaine de Barben, aujourd'hui Plan-de-Phasy, dans ces mêmes lieux de Musties-Calmes, où le grand Mummol avait jadis battu les Lombards, une victoire décisive de Bérald anéantit les dernières espérances des Arabes; leur sang impur alla grossir les flots de la Durance, et ceux qui survécurent au carnage, poursuivis par le vainqueur jusque dans les Etats du marquis de Saluces, leur allié, qui avait assisté à la bataille, périrent misérablement sous le tranchant du glaive où furent vendus comme esclaves. Les populations des Alpes reconnaissantes, décernèrent à Bérald le glorieux titre de *Père de la patrie*, et l'Eglise d'Embrun, unissant ses actions de grâces à ce concert unanime, offrit son trône archiépiscopal à Amédée, l'un des fils du valeureux guerrier, tandis que son deuxième fils, *Humbert aux blanches mains*, ayant obtenu des fiefs en Maurienne et la main de la fille du marquis de Suze, devint la souche de la royale maison de Savoie.

Chorier et, après lui, le docteur Albert, ne mentionnent pas l'épiscopat d'Amédée. Il paraît constant néanmoins que ce prince a été réellement archevêque d'Embrun. Au temps du docteur Albert, on voyait encore sa statue au village de Villeneuve dans le Briançonnais, avec ce reste d'inscription : *Pio Principi Amedæo hanc statuam fieri.*

Radon succéda à Amédée. Nous estimons qu'il dut siéger au moins de 1016 à 1027, car trois chartes authentiques qui remontent à son pontificat, portent ces deux dates et celle de l'année 1025. La charte de 1027 est une donation faite, avec le consentement de l'archevêque Radon, par Bertrand, comte de Forcalquier, à l'abbaye de St-Michel de la Cluse, dans la Marche d'Italie, en faveur du monastère de la Couche, une de ses dépendances, dans le diocèse d'Embrun.

Ce document est important pour notre histoire (1). Le comte de Forcalquier y prend le titre de comte de l'Ambrunois. La maison de Forcalquier exerçait donc déjà la souveraineté dans nos contrées avant le démembrement effectif du royaume de Bourgogne cisjurane, dont nous parlerons dans le chapitre suivant.

« Ayant appris de l'Ecriture sainte,
« dit le comte Bertrand, que si quelqu'un
« emploie ses biens temporels pour enri-
« chir les lieux où les saints sont hono-
« rés, et que ceux qui établissent des

---

(1) Voir le texte latin aux Pièces justificatives, n° 1.

« revenus pour l'entretien des personnes
« qui administrent les sacrements, seront
« récompensés dans l'autre vie par Notre-
« Seigneur Jésus-Christ, ie, Bertrand
« comte de Forcalquier, de Montfort et
« de l'Ambrunois, avec Geoffroy et Guil-
« laume mes frères, de l'advis de notre
« mère, dame Adelayre, comtesse de
« Die, afin que Notre-Seigneur ait la
« bonté de nous faire miséricorde en ce
« monde et en l'autre, nous donnons
« à Dieu et à l'Archange saint Michel,
« intendant du Paradis, ou au monastère
« de la Cluse, qui est situé dans la
« Marche de l'Italie, une partie de notre
« héritage, dans notre comté de l'Am-
« brunois, au lieu qu'on appelle le Vil-
« lard-de-Meyffred..... Donnant à
« Dieu, à l'Archange saint Michel et au
« monastère ci-dessus mentionné, tout
« ce qui est contenu dans ces limites,
« avec tous les hommes et l'entière iuri-
« diction. Ce que nous faisons par le con-
« seil de Radon, archevêque d'Ambrun,
« qui a confirmé cette donation..... Et
« parce que le sieur Abbé me reçoit à la
« participation de ses prières et de celles

« de ses frères, ie lui promets d'assister
« son monastère de mon conseil, de mon
« aide, de mon secours et de ma faveur.
« Et ie prends les lieux que i'ai indiqués
« plus haut, sous ma sauvegarde spé-
« ciale et particulière. Nous ne voulons
« pas aussi que Jacques, prieur de la
« Couche, ni les hommes dont il a déjà
« été parlé, soient obligés, à l'avenir,
« de reconnoître nostre Bailly et nostre
« Cour de Chorges. Nous défendons en-
« core à nos frères, à nos Barons et à
« nos Officiers présents ou à venir, sous
« peine de cinquante livres d'or fin, de
« leur causer aucun trouble dans ces
« mêmes lieux ou dans leurs Mande-
« ments.......

« Cette Charte, dit le P. Fournier, iustifie
« qu'il y avait des comtes de Forcalquier
« au temps mesme et auparavant le Ro-
« dolphe de Bourgogne, quy mourcut en
« 1027, au mesme moys de novembre (1).
« Elle iustifie aussy qu'il y avait, en ce
« temps là, un archevesque d'Ambrun

---

(1) L'acte de donation à l'abbaye de St-Michel est du cinq novembre.

« appelé Rado, quy confirma le don de
« ce comte et de ses frères. Et i'ose croire
« que ce prélat estoit l'un de ces pasteurs
« mercenaires, quy, après les Sarrasins,
« tinrent longtemps cette église sous une
« seconde oppression, ainsi que parle la
« Bulle de Victor II, qui indique que
« cette usurpation avoit continué iusqu'à
« la Bulle (1).

(1) P. Fournier. Siècle 11e, Section 3e.

CHAPITRE VI.

Saint Ismide succède à Radon. — Fin du second royaume de Bourgogne. — La souveraineté de l'Embrunais passe aux comtes de Forcalquier sous la suzeraineté des Empereurs d'Allemagne. — Orgine des prérogatives temporelles des archevêques d'Embrun. — Saint Ismide ou le Néhémie d'Embrun. — Mort de Renaud, évêque d'Angers. — L'archevêque Hugues et le légat Hildebran. — La bulle du pape Victor II, et l'archevêque Viminien. — Saint Guillaume II, fondateur de l'abbaye de Boscodon. — Son zèle contre les Pétrobusiens. — Ses relations avec Pierre le Vénérable. — Il est maltraité au retour du concile de Pise et meurt de ses blessures.

Les historiens ne sont pas d'accord sur le successeur de l'archevêque Radon. Mais Monseigneur Depéry a démontré, ce nous semble, d'une manière indubitable, que ce fut saint Ismide (1027-45). Nous adoptons cette opinion et nous croyons aussi, avec le savant prélat, d'après les frères Sainte-Marthe, qu'il faut rapporter à un seul, tout ce qui est dit dans nos annales, sur Ismidus, Ismidas, Ismidius, Ismondus, Ismido, Ismodo, Hismido et

Rismodo. Ce ne sont là, évidemment, que des altérations du même nom.

Rodolphe III, dernier roi de Bourgogne, venait de mourir quand saint Ismide fut appelé à remplacer Radon sur le trône archiépiscopal d'Embrun. Quelques jours avant son trépas, ce prince avait envoyé son sceptre et sa couronne à l'empereur Conrad II, le Salique, qu'il instituait son héritier (1027).

Conrad fut obligé de faire bien des concessions aux grands seigneurs du royaume de Rodolphe. Ces concessions furent l'origine d'une foule de petits Etats indépendants dont les chefs avaient soin seulement de renouveler leur serment de fidélité, à l'avénement de chaque empereur. Toutefois, le haut domaine de la ville d'Embrun, les régales et le glorieux titre de prince et de tricamérier ou chambellan du saint Empire ne furent donnés à nos prélats qu'un peu plus tard. En attendant, le pays, sous le nom de Comté *d'Ambrunois*, devint tout à fait l'apanage des comtes de Forcalquier. Mais, dès ce moment déjà, les archevêques se trouvèrent investis d'une portion des droits de la souveraineté.

Saint Ismide s'en servit; il se servit surtout de la tranquillité et de la paix dont jouissait enfin son diocèse, pour réparer de tout son pouvoir les maux effroyables qu'y avait occasionnés l'invasion des Arabes et la peste, ce terrible auxiliaire de mort. On l'a comparé à Néhémie, d'une part, réparant, au retour de la captivité, les désastres de la patrie, et, de l'autre, ramenant, par de saintes exhortations, le peuple du Seigneur à l'obéissance et au devoir.

On cite de saint Ismide quelque chose de bien touchant : c'est son empressement à faire les honneurs de sa ville métropolitaine aux pèlerins qui affluaient plus que jamais, se dirigeant vers Rome où ils allaient vénérer le tombeau des saints apôtres. Que de pauvres gens y couraient dans les larmes, pour demander la rémission de leurs péchés, la guérison d'un malade, la délivrance d'un captif! Saint Ismide était ému de leur foi; il les accueillait avec respect; souvent on le voyait lui-même leur laver les pieds. Dans ses visites épiscopales, on l'entendait sans cesse recommander à ses diocésains d'être bien hospitaliers envers les pèlerins ; il décida plusieurs églises à consacrer une partie de leurs revenus au soulagement de ces pieux voyageurs. Une vigne, dans le territoire de Saint-Clément, rappelle encore le souvenir d'une aussi charitable institution. Elle porte le nom de *Vigne des Pèlerins* et le produit en est distribué aux pauvres.

« Du temps d'Ismidas, dit le docteur
« Albert, un évêque d'Angers, nommé
« Renaud, mourut à Embrun. Il avait en-
« trepris, par un esprit de piété et de péni-
« tence, le voyage de Rome et de la Pales-
« tine, avec Foulque, comte d'Angers. Son
« corps fut enterré sous l'autel de la Vier-
« ge, dans l'église de Saint-Marcellin (1).
« — Grand exemple, ajoute Monseigneur
« Depéry, de la charité fraternelle à exer-
« cer envers les étrangers, même après
« leur mort; car saint Ismide fit déposer
« le corps de l'évêque Renaud dans une
« des églises les plus vénérées du diocèse,
« tant pour son antiquité que par les mi-
« racles qui s'y opéraient par l'invocation

(1) Hist. Eccl. du diocèse d'Embrun, tom. 2, pag. 88.

« de saint Marcellin, et dans le même
« caveau où l'on avait coutume d'inhumer
« nos pontifes (1). »

A saint Ismide succéda Guinervinaire (1045-54); et, à celui-ci, le simoniaque Hugues, l'un de ces rares pontifes qui ont déshonoré la sainte Eglise d'Embrun (1054-55). Notons néanmoins, sous son épiscopat, le passage dans nos murs d'un pauvre moine qui fut, sans contredit, la plus grande figure du onzième siècle et peut-être de tout le moyen âge. Nous voulons parler du légat Hildebrand envoyé par le pape Victor II, dans les Gaules, pour mettre un terme au scandale que causait la honteuse souillure de la simonie dont plusieurs prélats étaient entachés.

Hildebrand, arrivé à Embrun, y convoque un concile où la conduite de l'archevêque est juridiquement examinée. Hugues était éloquent; il essaye par d'artificieuses paroles, de prouver son innocence, après avoir eu soin de distribuer, en secret, de l'argent à ceux qui l'accusaient. Mais l'esprit de Dieu était avec

---

(1) Hist. Hagiol. du diocèse de Gap, pag. 478.

Hildebrand : Récitez, dit-il au coupable pontife, récitez à haute voix le *Gloria Patri*. Hugues tente vainement par trois fois ; il ne parvient pas à nommer le Saint-Esprit qui est l'ennemi de la simonie. Honteux, confus de ce prodige, il tombe à genoux, confesse son crime et implore la clémence du légat et la miséricorde de Dieu. Le ferme Hildebrand a pitié de cet infortuné : mais pour lui, le devoir passe avant tout ; il oblige Hugues à le suivre jusqu'à Lyon, et là, dans un concile plus solennel, il le dépose avec les autres évêques simoniaques.

Viminien succéda à Hugues (1056....). L'auteur des Annales ecclésiastiques du diocèse d'Embrun, contrairement à ce qu'il avait écrit dans l'Histoire des Alpes Maritimes, veut qu'il y ait eu, de 1055 à 1057, un Raymond Viniman, archevêque avant Viminien, et que l'épiscopat de celui-ci ne se soit pas prolongé au delà de l'année 1066. Sur ce dernier point cependant, il est moins affirmatif. Mais les deux assertions sont également fausses (1).

(1) 1° Viminien a été sacré par Victor II. Or, le cartulaire de l'abbaye de St-Barnard de Romans, publié depuis

Viminien ou Guiniman était chanoine et élève de l'Eglise de St-Barnard de Romans *(sancti Barnardi alumpnus et canonicus).* Devenu archevêque d'Embrun, il joignit souvent à ce nouveau titre son ancienne qualité de chanoine de St-Barnard, aimant toujours à reporter son cœur vers cette généreuse abbaye où il avait reçu, dès son bas âge, les principes solides de science et de vertu qui le firent appeler par le clergé et par le peuple de

peu par le savant M. Giraud de la Drôme, lui donne le nom de Guiniman. Il est appelé Winiman dans la copie de la bulle de Victor II, extraite des archives ducales de Turin et reproduite dans nos Pièces justificatives sous le n° II. Il est donc évident, que les noms de Viminien, Winiman, Guiniman et même de Guitmond et Guiraman qu'on trouve dans diverses chartes du temps se rapportent au même personnage. — Un acte du cartulaire d'Oulx de l'année 1056, où figure Viminien, n'offre pas une difficulté plus sérieuse quoique la bulle de Victor II n'ait été donnée qu'en 1057. En effet, le grand *Monumenta Patriæ* assigne à l'acte en question la date de 1065. Il y avait donc eu transposition des chiffres *cinq* et *six* dans le texte que le P. Fournier avait vu. Ajoutons qu'une autre erreur s'y était glissée au même endroit sur le nombre de l'indiction de l'année 1056, qui est *neuf* et non pas *deux* suivant l'observation de M. Giraud de la Drôme. D'ailleurs, il est probable que Viminien était déjà élu archevêque en 1056 et en remplissait les fonctions. Tout le monde sait qu'il faut presque toujours un intervalle de plusieurs mois aux évêques nommés, pour obtenir leurs bulles et se faire sacrer.

2° Grâce à la publication de M. Giraud de la Drôme, il

la cité Embrunaise à la tâche difficile de réparer les ruines de cette malheureuse Église. Ruines morales et ruines matérielles occasionnées par la double oppression des Sarrasins et des pasteurs mercenaires ! C'est ce qui résulte d'une bulle célèbre que le pape Victor II, après avoir sacré lui-même Viminien, lui adressa d'Asti, pour lui confier l'administration du diocèse d'Embrun (1).

Cette bulle, jointe aux deux circon-

---

est constant que Viminien vivait encore en 1069. Son nom figure, cette année-là, parmi les signataires de l'acte d'élection de Varmond à la dignité abbatiale de St-Barnard, vacante par la démission de Léger, archevêque de Vienne. La plupart des autres actes du cartulaire auxquels prend part notre prélat, sont antérieurs à 1069 ; mais il en est deux qui n'ont pas de date précise et que M. Giraud croit de la fin du XIe siècle ; ce qui porterait la mort de Viminien aux environs de 1080 et justifierait ce qu'écrivait le P. Fournier dans son Hist. des Alpes Maritimes « J'au-« rois quelque raison de croire que Lantelme (qui a com-« mencé en 1080) et Benoit II ont succédé à Viminien « immédiatement et sans entre deux, eu égard aux con-« firmations qu'ils firent des concessions par lui faites, et « que Viminien a esté près de trente ans archevesque « d'Ambrun (siècle XIe, sect. 7e). » Il est à remarquer que, pour changer d'opinion, le P. Fournier n'a eu d'autre motif que l'autorité d'un catalogue souvent menteur, « inconditus archiepiscoporum elenchus multis locis men-« dosissimorum compertus lapsuum. » (Annales Eccl. 540.)

(1) Voir aux Pièces justificatives, n° II et n° II bis, la bulle de Victor II et un acte de Viminien.

stances dont nous parlons en note, des funérailles de l'évêque Renaud d'Angers et de la donation du chevalier Agnus ou Agnel (1), sert à établir un point, depuis longtemps débattu, de notre histoire : l'origine du sanctuaire de *Notre-Dame d'Embrun.* Bâti, il est vrai, sous l'archevêque saint Bernard Ier, au moyen des largesses de l'empereur Charlemagne, cet auguste monument était, au temps de Viminien, tellement déchu de ses splendeurs, qu'il ne méritait presque plus le nom d'église et n'étalait encore à l'œil désolé

(1) La bulle de Victor II nous apprend qu'il existait à cette époque dans notre ville, mais dans un bien déplorable état, une *Basilique principale*, dédiée à la Sainte Vierge. Le pape la désigne pour église cathédrale. Elle avait probablement cessé de l'être depuis l'occupation des Sarrasins ; car, à l'occasion de la mort de Renaud d'Angers, nous avons vu que les pompes du culte et la sépulture des prélats avaient lieu dans l'église de Saint-Marcellin. Un acte de 1211 par lequel le chevalier *(miles)* Agnus ou Agnel, remit les dîmes du *Puys* à l'église de Notre-Dame d'Embrun, sera signé dans la *nouvelle église.* « C'estoit possible, dit le P. Fournier, celle de Nostre-« Dame, qui estoit *nouvelle* en comparaison de celle de « Saint-Marcellin ; à moins qu'en ce temps là on en eût « construit fraîchement quelqu'une. » Ce qui est une hypothèse inadmissible, attendu que l'acte n'aurait pas manqué de mentionner le titre de la *nouvelle église*, et que, d'ailleurs, cet acte est fait en faveur de celle de Notre-Dame.

que d'affligeantes ruines. L'église a donc été primitivement édifiée au temps de saint Bernard Ier ; mais presque entièrement détruite par les Sarrasins barbares, elle fut réparée sous les successeurs de l'archevêque Viminien, et, dès lors, l'archéologie, en lui assignant pour date de sa restauration le onzième et le douzième siècles, cesse d'être en opposition avec l'antique croyance répandue dans nos contrées, que Notre-Dame d'Embrun remonte à Charlemagne.

Les quatre premiers successeurs de l'archevêque Viminien n'ont presque pas laissé de trace dans l'Histoire. Ce furent Guillaume Ier (1066-77), Pierre II (1077-80), Lantelme ou Nanthelme (1080-1100) et Benoît II (1100-20). Après eux, vint Guillaume II, l'ami et peut-être même le disciple de Pierre le Vénérable, ce moine de Cluny qui tient une place si éminente parmi les grands hommes du douzième siècle (1120-80).

Guillaume II ou plutôt saint Guillaume II, car il est inscrit sous ce titre dans nos diptyques, fut élu archevêque en 1120. Il travailla de tout son cœur à l'extinction de l'hérésie de Pierre de Bruys, sectaire fameux de nos montagnes, qui prêchait déjà, dans le monde, la plupart des fatales doctrines dont Luther devait être un jour le plus éloquent propagateur. Pierre le Vénérable, par une puissante réfutation de ces erreurs, joignit le secours de son génie aux efforts apostoliques de l'archevêque Guillaume, et celui-ci n'eut un moment de tranquillité que lorsque son troupeau bien-aimé eut été mis entièrement à l'abri de la contagion.

Ce furent probablement les souvenirs de Cluny et de Pierre le Vénérable qui portèrent ensuite ce prélat à entreprendre aussi, dans son diocèse, la fondation d'une abbaye, celle de Boscodon. Quoique moins illustre que la maison dont Pierre était le chef, Boscodon a laissé dans nos annales une trace lumineuse; elle est restée l'œuvre capitale de Guillaume II, œuvre qui suffirait, à elle seule, pour illustrer son nom. Il la vit naître, cette sainte communauté, grandir et étendre au loin ses rameaux comme un grand arbre. Sous les auspices du saint archevêque et sous la conduite du premier abbé Guillaume de Lyonne, « le désert, « cultivé par des mains pures, germa, fleu- « rit et jeta une odeur qui embauma les « Alpes. Dans ce champ hérissé de ron- « ces et de buissons sauvages, naquirent « les myrtes ; à la place des épines crû- « rent les lis (1). »

Monseigneur Depéry a décrit les origines de Boscodon. Une curiosité bien légitime s'attache à ses ruines et attend avec impatience qu'on lui donne une histoire complète de cette nouvelle Thébaïde où tant de ferventes générations de solitaires, en dignes enfants de saint Benoît, consacrèrent leur vie à défricher les terres incultes, à étudier les saintes lettres et à chanter les louanges du Seigneur.

Nous allons trouver encore une fois la conduite de saint Guillaume II mêlée à celle de Pierre le Vénérable. Le schisme de l'antipape Anaclet désolait l'Eglise, et le vrai pontife, Innocent II, avait dû fuir devant son superbe rival. Guillaume II, comme le grand abbé de Cluny, se hâte

---

(1) Fénelon. Sermon pour la fête de saint Bernard.

d'accourir au concile de Pise (1134) où tout l'Occident, d'une seule voix, dit Fénelon, excommunia l'antipape. Mais, au retour, les deux saints amis se trouvèrent du nombre de ces prélats français qui furent arrêtés et cruellement maltraités dans le diocèse de Lune en Toscane, par les partisans de l'Empereur Conrad III. On rapporte que, parmi les assassins, se trouvait un gentilhomme embrunais (1) qui en voulait personnellement à saint Guillaume II, et que ce chevalier félon s'acharna avec rage contre le vénérable pontife. Pierre parvint à se tirer sain et sauf du danger ; mais l'archevêque Guillaume reçut des contusions et des blessures si graves, qu'il succomba peu de jours après, ajoutant, il n'en faut pas douter, par cette mort, la palme du martyre aux autres mérites de sa sainte vie. « Guil« lelmus II, probabiliter martyr, Ebredu« nensis archiepiscopus. Vix mihi dubium « relinquitur, quin martyribus, eo casu « defunctum annumerem » a dit l'auteur des Annales ecclésiastiques du diocèse d'Embrun.

(1) Arnaud de Flotte.

CHAPITRE VII.

Guillaume III de Champsaur. — L'archevêque d'Embrun obtient presque tous les pouvoirs d'un prince temporel. — Reymond II, légat du Saint-Siége. — Pierre III *Romain*. — Guillaume IV de Bénévent. — Reymond III. — Guigues André, Dauphin de Viennois, acquiert l'Embrunais du chef de son épouse Béatrix de Sabran. — Il promet de rendre hommage à l'archevêque. — Episcopat de saint Bernard II *Chabert.* — Concile de Montpellier. — Bernard à Rome et au Concile œcuménique de Latran. — Fondation de la ville de Barcelonnette. — Liens touchants qui ont toujours existé entre la métropole et la colonie. — Mariage d'Amaury de Montfort avec la fille de Guigues André. — Formule de l'hommage rendu par les Dauphins aux archevêques d'Embrun.

Un troisième archevêque, du nom de Guillaume, succéda au martyr de Pise (1134-69). Guillaume III était de l'illustre famille qui gouvernait le comté du Champsaur, l'une de ces petites souverainetés indépendantes, écloses à la dissolution du royaume d'Arles, sous l'Empereur Conrad le Salique. La puissance temporelle de nos archevêques date, surtout, de Guillaume de Champsaur. Sa haute noblesse, jointe à un mérite réel et à de grandes vertus, lui attira l'estime et la considération de tous. Le pape, l'empereur, le comte de Provence et d'autres seigneurs s'empressèrent de lui former un véritable Etat dont il fut le maître souverain.

Nous devons rapporter ici les paroles de la Bulle d'or, par laquelle l'empereur Conrad III (1) cède à Guillaume de Champsaur les prérogatives et les droits les plus étendus. Elles sont le titre authentique de la grandeur de nos archevêques et de notre ville. Ce titre est important, et si

---

(1) Il est nécessaire de donner une explication sur le nom de l'auteur de cette Bulle. Elle est bien de Conrad III, quoique les anciennes histoires l'attribuent, ainsi que les autres actes de ce souverain, à Conrad II. Le couronnement de Othon le Grand, en 963, ayant été l'inauguration d'un état de choses, appelé depuis le *Saint Empire romain*, en vertu duquel il fallait avoir été couronné par le pape pour prendre le titre d'Empereur, Conrad Ier de Franconie, élu antérieurement à cette époque, en 913, ne figurait pas dans le catalogue des empereurs. C'est Conrad II le Salique (1024) qui ouvrait la série des Conrad, et Conrad III, chef de la maison de Souabe (1138), n'était plus que Conrad II.

illusoire que fût déjà à cette époque l'autorité de l'empereur sur les villes et comtés de l'ancien royaume de Bourgogne, un merveilleux prestige d'honneur n'en était pas moins attaché à tout ce qui émanait de la munificence vraie ou nominale d'un prince dont le sceau était le portrait d'un roi, tenant le sceptre d'une main et le globe de l'autre, avec ces mots à un revers : *Conrad II (III) Dei gratia Romanorum rex,* et à l'autre le vers suivant :

Roma caput mundi regit orbis forma rotundi.

Voici donc les paroles de la Bulle d'or (1) :
« Conrad, par la grâce de Dieu, roi des
« Romains, désirant donner des marques
« de notre affection et de notre bonté à
« Guillaume, archevêque d'Embrun, et au
« clergé et au peuple de cette ville, à
« l'exemple de nos ancêtres, nous vous ac-
« cordons, vénérable Guillaume, archevê-
« que de ladite ville, à vous et à vos suc-
« cesseurs, savoir : « les régales de notre
« ville d'Embrun, la juridiction, le droit
« de faire battre monnaie, le droit de
« péage, tant sur terre que sur la rivière

---

(1) Voir le texte latin aux Pièces justificatives, n° III.

« de la Durance, et généralement tous les
« autres droits que nos prédécesseurs ou
« quelque autre prince que ce puisse être,
« auraient accordés, par un esprit de pié-
« té, à votre Eglise et à vos devanciers. »

Le pape Eugène III confirma avec joie tous ces priviléges et y en ajouta encore. Entre autres faveurs, il mit l'église d'Embrun sous la protection de saint Pierre et du siége apostolique, en sorte qu'elle ne reconnut dès lors d'autre primat que le souverain pontife lui-même (1). En même temps, Raymond Béranger III, comte de Provence, céda à Guillaume III toutes les prérogatives seigneuriales qu'il avait à Breziers, à Beaufort et au Sauze, exhortant en même temps les habitants de ces lieux à regarder désormais l'archevêque comme leur unique seigneur. Nous avions donc raison de faire partir de Guillaume de Champsaur cette ère glorieuse pour nos prélats, où leur bâton pastoral devint en même temps un sceptre de souverain, sceptre dont ils abusèrent rarement et

---

(1) Voir la bulle d'Eugène III aux Pièces justificatives, n° IV.

qui rappelle presque toujours ces temps heureux des rois-pasteurs, aux premiers âges du monde, quand le chef vénéré d'une famille n'était investi de l'autorité suprême que pour entourer ses enfants et ses serviteurs d'une garde sûre et fidèle.

Guillaume III tint, à Embrun, un concile dont le but était de régler un partage de biens entre l'évêque de Nice et son chapitre. L'archevêque lui-même eut aussi, avec le chapitre de la métropole, au sujet des mines de l'Argentière, des démêlés qui devaient durer cinquante ans ; mais, dit l'historien Albert, dans cet intervalle, le prélat mourut et alla dans le ciel, posséder des trésors plus durables.

Raymond II ou Bermond (1169-77) continua la lutte de son prédécesseur contre le chapitre. Après de longues disputes, l'affaire se termina à l'amiable par l'entremise de l'évêque de Digne et de Raymond Béranger IV, comte de Provence. L'archevêque Raymond obtint un titre bien honorable, celui de *Légat du Saint-Siége*. Il le dut à son savoir et à ses talents. Le trône archiépiscopal d'Embrun fut occupé après lui par Pierre III, surnommé *Romain* (1177-84), que quelques-uns, mais à tort, ont cru avoir été le même que Pierre de Poitiers, chancelier de l'Université de Paris et docte théologien. Pierre Romain assista au troisième concile œcuménique de Latran en 1179. Il eut pour successeur Guillaume IV de Bénévent (1182-1208), prélat d'une grande vertu, qui, à sa mort arrivée en 1208, fut remplacé par Raymond III (1208-13).

Sous Raymond III, le pays passa de la domination des comtes de Forcalquier à celle des Dauphins de Viennois, et ceux-ci, augmentant encore la puissance de nos archevêques, leur donnèrent, par acte authentique, le souverain domaine de tout ce qui avait appartenu aux Seigneurs de Forcalquier dans l'Embrunais, et s'engagèrent à leur rendre hommage comme à leurs suzerains. Voici à quelle occasion ces événements eurent lieu.

Guigues VI, dit Guigues André, chef de la deuxième race des Dauphins, épousa Béatrix de Claustral de Sabran, petite-fille de Guillaume VI, comte de Forcalquier. Elle eut pour dot les comtés du Gapençais et de l'Embrunais. L'intérêt se porte sur cette femme infortunée, notre ancienne souveraine, à qui, en retour d'aussi importantes possessions, le Dauphin ne sut pas attacher son cœur. Il la répudia sans lui rendre ses biens, et elle, avec une douleur amère, mais résignée, alla finir ses jours dans un couvent, tandis que, pour comble de malheur, elle voyait son ancien époux uni à une autre Béatrix, fille du marquis de Montferrat.

C'est alors que Guigues André, pour mieux s'assurer la possession de l'Embrunais, en céda le haut domaine à l'archevêque Raymond III et à ses successeurs; et s'engagea à le tenir d'eux en fief perpétuel, à leur rendre hommage par la prestation du serment de fidélité, et à veiller constamment à la conservation des droits archiépiscopaux (1). Il pensait, avec raison, que ses bons procédés feraient toujours incliner nos prélats du côté des Dauphins, au cas où les princes de Provence revendiqueraient l'incorporation de notre pays à leur souveraineté.

(1) Voir l'acte de cette cession aux Pièces justificatives, n° V.

Le règne de Guigues André devait être long. Commencé en 1192, il dura jusqu'en 1236. L'archevêque d'Embrun, Raymond III, mourut sur ces entrefaites en 1213, et un grand homme, le dernier des successeurs de saint Marcellin qui ait reçu le titre de Saint, Bernard II, surnommé *Chabert*, monta sur le trône archiépiscopal (1213-35).

Né, dans le diocèse même d'Embrun, à la Salle, village du Briançonnais, Bernard, enfant d'une noble famille, avait reçu une brillante éducation. Le surnom de *Chabert*, tiré d'une terre appartenant à sa mère, lui avait été donné à l'Université de Paris où c'était l'usage de désigner les élèves par leur nom de baptême et par celui de leur pays natal. Il y avait remporté d'éclatants succès et obtenu rapidement les grades académiques. C'est de lui qu'il est souvent fait mention dans les chartes de l'Université, par ces mots : *Magister Bernardus*. Son mérite le fit élever sur le siége épiscopal de Genève, et là, sa réputation de sainteté et d'éloquence alla tous les jours en grandissant et en se répandant au loin.

Après la mort de l'archevêque Raymond III, le clergé et le peuple d'Embrun, fiers de la renommée de leur compatriote Bernard Chabert, le demandèrent unanimement pour leur premier pasteur. Mais l'humble prélat refusait cette dignité ; il fallut que le pape Innocent III lui intimât l'ordre d'accepter.

Jamais, peut-être, aucun archevêque ne reçut, dans son diocèse, un accueil aussi enthousiaste. Pour comble d'honneur, saint Bernard fut à peine installé à Embrun, qu'il vit le Dauphin Guigues André lui prêter spontanément serment de fidélité et lui rendre hommage avec les démonstrations du plus affectueux respect.

Cela se passait au temps de la guerre contre les albigeois, en 1213, l'année même où l'héroïque victoire de l'armée catholique à Muret, quelles que soient les opinions sur l'ensemble de la croisade, mérita de compter toujours, selon l'expression d'un célèbre écrivain, parmi les beaux actes de foi qu'aient faits les hommes sur la terre (1).

(1) P. Lacordaire. Vie de saint Dominique.

Au mois de décembre de l'année suivante, 1214, Pierre de Bénévent, légat du pape, appela en concile, à Montpellier, tous les évêques du midi de la France, pour délibérer sur ce qu'il convenait de faire des villes et des pays enlevés au comte de Toulouse. Il fut décidé que la souveraineté en serait donnée à Simon de Montfort, et l'archevêque d'Embrun fut chargé de partir pour Rome afin de solliciter du pape son assentiment à cette résolution. Bernard Chabert s'acquitta de sa mission avec tout le succès qu'on devait attendre de sa sagesse. Il rapporta des lettres d'Innocent III, par lesquelles Sa Sainteté donnait au vainqueur de Muret la garde de toutes les conquêtes faites par les croisés, jusqu'à ce qu'il en fût plus amplement ordonné par le concile œcuménique, qui devait se tenir prochainement dans le palais de Latran.

Selon quelques historiens, l'archevêque d'Embrun aurait assisté au concile même de Latran et aurait éloquemment plaidé la cause de Simon de Montfort devant cette imposante assemblée où figurèrent soixante et onze primats et métropolitains, quatre cent douze évêques, plus de huit cents abbés et une foule de procureurs des prélats absents et d'ambassadeurs des rois, présidés par le souverain pontife en personne (1). Vainement, d'habiles défenseurs s'élevèrent, avec force, pour soutenir les intérêts du comte de Toulouse. Leurs arguments ne prévalurent pas contre l'entraînante parole de Bernard Chabert, et les suffrages du concile ratifièrent définitivement la décision des

(1) « Les historiens de ce temps-là disent que Bernard
« Chabert estoit un personnage qui estoit doué de toutes
« les grandes qualités quy peuvent rendre recommenda-
« ble un prélat. C'estoit, dit Antoine Noguier, en l'his-
« toire de Tholose, un homme de grande érudition ;
« enfin il avoit, avec un profond scavoir, une éloquence
« singulière, une gravité dans ses actions, une pureté
« et une sainteté quy le rendoient l'objet de l'amour et
« de la vénération de tous ceux quy le connoissoient. Cet
« archevesque doncque, ayant pris le chemin de Rome,
« suivy de quelques ecclésiastiques que le concile luy
« avoit donnés pour l'accompagner, il suivit la route
« d'Ambrun pour fere, en passant, une reveue sur cette
« vigne que Dieu avoit confiée à sa garde. Dès qu'il fut
« arrivé à Rome, il exposa à Innocent III l'ordre qu'il
« avoit receu de l'assemblée, et le supplia de sa part de
« vouloir confirmer tout ce qu'elle avoit résolleu. Le pon-
« tife proposa la chose au concile qu'il avoit convoqué à
« Latran ; Bernard y fut appelé, et il y parla avec tant de
« véhémance contre les albigeois, et tant d'affection pour

Pères de Montpellier et d'Innocent III.

Saint Bernard Chabert, occupé à l'extérieur d'affaires aussi graves, ne négligeait pas les soins de son diocèse; il y revenait toujours avec amour, et c'est chose touchante que ce que nous ont transmis les historiens, de la persévérante affection dont il fut constamment l'objet de la part de ses ouailles chéries. Les uns le prenaient pour arbitre de leurs querelles; les autres se dessaisissaient de leurs biens pour les

« le comte de Montfort, qu'il y obtint la confirmation de
« tout ce que le concile de Montpeiller avoit resolleu.

« Ce prélat estant revenu par Ambrun, il alla trouver
« les croisés à Saint-Gilles, où Louis, fils aîné du roy
« de France Philippe, s'estoit rendu à son absence avec
« l'évesque de Beauvais, Philippe, comte de Saint-Paul,
« Gautier, comte de Pontis (ie ne veux pas déterminer
« qu'il fût de la famille des Pontis, du diocèse d'Am-
« brun), le comte de Savoye, Robert, comte d'Alençon,
« Guichard de Beaujeu, Matthieu de Montmorency, le
« vicomte de Melun et quantité d'autres seigneurs. Le
« légat ayant appris de Louis l'arrivée de l'archevesque,
« il se rendit d'abord à Saint-Gilles avec toute sa compa-
« gnie, et on y fit la lecture de la bulle de confirmation,
« que ce pontife avoit donnée à Latran, le 16e de son
« pontificat et le 14e jour avant les nones d'avril...... Et
« Montfort demeura maistre des conquestes par la déli-
« bération du concile de Montpeiller, et par la confirma-
« tion que Bernard lui avoit procurée. »

(P. Fournier, siècle 13e, section 3e.)

lui léguer; tous les cœurs étaient à lui.

Il existe encore un monument de sa bonté. C'est la ville de Barcelonnette elle-même. Etienne Gran, Rostan de Faucon et Guillaume Eyssautier, ayant entrepris de bâtir une ville au lieu des Bérards qui appartenait à l'archevêque, en obtinrent la permission de Raymond Bérenger, comte de Provence et de Barcelone en Espagne, à condition que la nouvelle cité aurait nom Barcelonnette. Bernard Chabert, au lieu de se prévaloir de ses droits sur le quartier des Bérards, consentit à cette construction, « se sentant heureux, dit
« Monseigneur Depéry, de pouvoir, au
« moyen de cette adhésion, procurer à
« des familles nombreuses, disséminées
« dans la campagne, une demeure plus
« salubre, plus commode et un site plus
« agréable (1). »

Aussi, malgré les hautes montagnes qui séparent les vallées de Barcelonnette et d'Embrun, y a-t-il toujours eu, entre ces deux cités, comme un lien de famille et de parenté qui survit encore aujourd'hui

(1) Histoire Hagiol. du diocèse de Gap, page 556.

à toutes les révolutions et à tous les âges. Et la ville métropolitaine, si fertile en hommes illustres, s'est toujours fait un point d'honneur d'inscrire dans son glorieux catalogue les noms célèbres de saint Jean de Matha, du cardinal Hugues de Saint-Cher et de François de Maironis, surnommé le *Docteur éclairé* (1), les trois plus nobles enfants de la colonie, nés, le premier aux portes de Barcelonnette, à Faucon; le deuxième à Barcelonnette même, au hameau de la Maure, et le troisième au village voisin de Meyronnes.

(1) François de Maironis, frère mineur, disciple du fameux *docteur très-subtil* Duns Scot, est l'inventeur de l'acte célèbre, connu dans l'Ecole sous le nom de *Grande Sorbonique*, qui obligeait le soutenant d'une thèse à tenir tête à ses adversaires, depuis cinq ou six heures du matin, jusqu'à six ou sept heures du soir, sans interruption. On dit que François de Maironis s'était offert lui-même à subir une pareille épreuve, afin de donner un témoignage éclatant de son savoir et de son esprit aux professeurs de l'Université de Sorbonne qui avaient refusé de lui conférer le grade de docteur, malgré la recommandation du pape Jean XXII, son ami. Sa proposition fut acceptée. Il réussit d'une manière admirable; ses juges le couvrirent d'applaudissements, et, depuis cette époque, tous les candidats aux grades théologiques durent se soumettre à ce rude combat qu'on n'aurait pas cru possible avant lui.

Avant de terminer cet aperçu sur le pontificat de saint Bernard Chabert, nous devons mentionner encore un événement politique auquel eut part ce grand prélat, et qui eut pour résultat de transférer, momentanément, à un autre seigneur les droits du Dauphin sur l'Embrunais. Nous voulons parler du mariage de la Dauphine Béatrix, fille de Guigues André et de cette première Béatrix si tristement répudiée, avec Amaury de Montfort, fils aîné du héros de la croisade. Ce mariage était sur le point de se terminer, quand la mort de Simon, tué d'un coup de pierre au siége de Toulouse, en 1218, vint y apporter des obstacles. Mais l'archevêque d'Embrun, toujours fidèle à la cause des Montfort, fit renouer les négociations et eut la satisfaction de les voir heureusement aboutir deux ans après. L'union d'Amaury et de Béatrix fut célébrée avec une grande pompe dans la ville d'Avignon ; et le nouvel époux rendit hommage à Bernard Chabert pour toutes les terres situées dans l'Embrunais que Béatrix avait reçues en dot.

Il nous paraît intéressant de donner

ici la teneur d'une charte qui contient cet hommage du seigneur de Montfort à l'archevêque d'Embrun. Elle donne une idée du genre de soumission auquel les Dauphins d'abord, puis les premiers rois de France, leurs héritiers, consentaient envers nos prélats : « Almaricus Dei Providentia
« Dux Narbonæ, Comes Tolosæ, Vice-
« comes Biterris, et Dominus Montisfortis.
« Salutem in auctore salutis nostræ. Præ-
« sentibus innotescat quod ego feci fideli-
« tatem venerabili patri et domino meo
« *Bernardo* Ebredunensi archiep. de
« omnibus illis quæ habeo in Ebredu-
« nensi civitate, et in Caturicis, et Mon-
« tegardino et in aliis locis in Ebredunensi
« archiepiscopatu, ratione *vercheriæ* uxo-
« ris meæ filiæ comitis Dalphini, scilicet
« Andreæ; in cujus testimonium præsen-
« tes litteras curavi, sigilli mei munimine
« roborari. Actum apud Avenionem,
« anno ab Incarn. Dom. milles. ducentes.
« vigesimo secundo in festo S. Luciæ.

CHAPITRE VIII.

L'Embrunais revient au Dauphiné pour n'en être plus distrait. — Ligue entre Embrun et Savines. — Régence de Béatrix de Monferrat. — Episcopat d'Aimar. — Fréquentes insurrections des Embrunais au treizième siècle. — Explication qu'en donne un historien moderne. — Episcopat du cardinal Henry de Suze. — Eclatante renommée de ce prélat. — Le château de Crévoux. — Missions diplomatiques de Henry de Suze. — Guillaume de Hollande augmente encore les priviléges de nos archevêques. — Révolte dans Embrun. — Injustice de Chorier. — Attachement du cardinal pour son diocèse d'Embrun. — Concile de Seyne. — Les Guelfes et les Gibelins. — Mort de Conradin. — Lettre de Henry de Suze à l'archevêque Melchior, son successeur. — Désaccord entre les archevêques d'Embrun et les Dauphins.

Amaury de Montfort ne resta pas longtemps en possession des nombreuses terres dont la mort de son père l'avait rendu souverain. Se sentant incapable de porter un héritage aussi périlleux, et voyant la fortune toujours favorable à Reymond le Jeune, comte de Toulouse, il abandonna tous ses droits aux rois de France; puis, devenu connétable sous saint Louis, il alla épuiser son courage, contre les infidèles, en Orient, et y verser un sang généreux. Quant aux domaines qu'il avait en Dauphiné, du chef de sa femme Béatrix, ils retournèrent à son beau-père, Guigues André, et, dès ce moment, l'Embrunais ne fut jamais plus distrait de la domination des comtes de Viennois.

C'est ici le lieu de mentionner une ligue offensive et défensive qui fut conclue, en 1255, entre les consuls d'Embrun et les seigneurs et habitants de Savines. « L'acte
« de cette ligue, dit le P. Fournier, fut
« passé le 14e avant les kal. de mars,
« c'est-à-dire, le 18e d'avril, sous ces
« conditions : premièrement, que la ville
« d'Ambrun fourniroit les armes au sei-
« gneur de Savine, à charge que les con-
« suls de Savine en auroient la garde, et
« qu'ils tiendroient sous leur main l'arse-
« nal et la place d'armes, afin que le
« seigneur de ce lieu ne s'en peut jamais
« prévaloir, n'y se fortifier au préjudice
« de la ville d'Ambrun ; — en second
« lieu, qu'aux guerres qu'ils feroient en
« commun, ils partageroient entr'eux
« également les profits et les dépouilles ;

« — en troisième lieu, qu'en cas que
« ceux d'Ambrun et de Savine eussent
« quelque différant ensemble, il seroit
« choisy six personnes pour chaque lieu,
« quy termineroient ce différant à l'amia-
« ble ; — 4° ils réglèrent la faculté et
« usage du bois de la montagne de
« Mourgon ; — et finalement, qu'il seroit
« fait trois expéditions origineles de ce
« traité, dont l'une demeureroit aux archi-
« ves de la maison de ville d'Ambrun,
« l'autre dans celles de la maison commu-
« ne de Savine, et la 3e dans celles de
« l'abbaye de Boscaudon, quy (ce traité)
« monstre dans ceux quy le firent une
« prudence civile et une conduitte tout à
« fait régulière et politique (1). »

On se demande quel put être le motif
déterminant de cette confédération entre
Embrun et Savines. Le P. Fournier l'in-
sinue sans l'affirmer. « Il n'y avoit enco-
« re en ce temps là, dit-il, qu'une seule
« aveneue pour aborder Ambrun, à sca-
« voir le grand chemin au deça de la
« Durance.... Cet ancien chemin estoit

(1) P. Fournier, siècle 13e, section 3e.

« fermé par le haut et fort chasteau de
« Savine, quy est demeuré presque
« seul de ce grand nombre de fortes pla-
« ces quy estoient en ce pays. Ce fut
« sans doute la considération de ce chas-
« teau quy porta W. Raibalon, Jean
« Chabassol, Bertrand Cornet et W.
« Abrivant, consuls d'Ambrun, de fere
« cette ligue avec Remond de Savine,
« seigneur de Savine, W. de Chadaron,
« son frère, Berald et Rodolphe ou Raoul
« de Savine, André de Savine, son neveu,
« et Arnoux de Meys, tous conseigneurs
« de Savine, et les consuls et habitants
« de ce lieu, pour la seureté de leur
« ville (1). »

Guigues André et saint Bernard Chabert moururent la même année, en 1236. Un enfant, Guigues VII, dit le jeune, succéda au premier, sous la tutelle de Béatrix de Montferrat, et Aymar ou Aimont, évêque de Saint-Jean-de-Maurienne, fut appelé à remplacer le second. Les habitants d'Embrun se soulevèrent contre la régente, et, peu de temps après,

(1) P. Fournier, loc. citat.

contre l'archevêque, le plus doux des hommes. Bientôt l'insurrection menacera le cardinal Henry de Suze, deuxième successeur d'Aymar. Or, à propos des troubles de la ville d'Embrun, au treizième siècle, un historien moderne du Dauphiné a écrit, pour nous en donner l'explication, les lignes suivantes :

« A mesure que l'on s'éloigne des
« temps primitifs de la féodalité pure,
« ces mouvements des villes et des sujets
« deviennent plus fréquents. Le joug pe-
« sant commence à lasser ceux qui le
« portent, et des aspirations vers la liberté
« se révèlent de toute part. Louis le
« Gros avait affranchi les communes
« de ses domaines ; de l'autre côté
« des Alpes, les cités italiennes se gou-
« vernaient elles-mêmes librement, pro-
« tégées par l'Empire ; et leur indépen-
« dance, loin de nuire à leur situation, la
« rendait, au contraire, plus florissante.
« Les habitants du Dauphiné n'ignoraient
« pas ce qui se passait autour d'eux, et
« l'influence que les élections municipales
« exerçaient sur la prospérité de leurs
« voisins. Ils commençaient à désirer de

« vivre sous le même régime. Les luttes,
« que les rivalités continuelles des évê-
« ques et des seigneurs provoquaient
« continuellement, affaiblissaient peu à
« peu les uns et les autres. Les peuples
« en profitaient pour obtenir de nouvelles
« immunités qui étaient autant de pas
« vers une liberté qui devait être accor-
« dée plus tard, mais au prix de bien
« du sang et de bien des souffrances (1). »

L'archevêque Aymar fut appelé, en 1245, par le pape Innocent IV, au premier concile œcuménique de Lyon. Il y mourut comblé d'honneur de la part du souverain pontife (2), et la ville de Vien-

(1) Jules Taulier. Histoire du Dauphiné, page 161.

(2) Il en obtint deux bulles qu'on conserve encore. L'une lui confère l'insigne privilége de ne pouvoir être excommunié par les délégués ou subdélégués du Saint-Siége, à moins d'une dérogation expresse du Pape à cette prérogative. Le dévouement d'Aymar pour l'Eglise romaine lui valut une distinction si honorable : « Ut igitur ex
« devotione quam ad nos et Romanam habes Ecclesiam
« favorem apostolicum tibi sentias accrevisse.... tibi
« auctoritate præsentium indulgemus, ut nullus delegatus,
« seu subdelegatus conservator vel etiam executor in
« personam vel terram tuam possit excommunicationis
« sententiam aut interdicti sententias promulgare absque
« licentia sedis apostolicæ, faciente plenam de hac indul-
« gentia mentionem. » — Voir le texte complet des bulles d'Innocent IV, aux Pièces justificatives, n° VI.

ne, qui avait été jadis hospitalière pour la cendre de Catulin, reçut encore, pour la conserver jusqu'au grand jour de la résurrection générale, la dépouille mortelle de son quarante-troisième successeur.

Il fut enseveli dans l'église du monastère de Saint-Pierre où il avait été abbé. « Son épitaphe, dit Chorier, lui donne
« la louange d'avoir possédé trois qualités
« qui se rencontrent rarement en une
« même personne, l'éloquence, la libé-
« ralité et la chasteté. Ce tombeau, qui
« est d'un marbre fort poli et bien tra-
« vaillé, est entre deux des principaux
« piliers qui soutiennent le lambris de
« cette église. L'archevêque Jérôme de
« Villars l'ayant fait ouvrir, le corps de ce
« prélat y parut si entier, que l'on n'osa
« point passer outre au dessein que l'on
« avait. Cette inscription remplit des deux
« côtés le marbre qui le couvre : »

† Anno DN̄I MºCCºXLV nono K̄L ivnii ob' felicis memorie Domn' Aymar' qvi fvit Abbas istivs monasterii inde assvmpt' fvit in ēpm Mavrianne qve episcopatv rexit feliciter XIIII annis postmodvm fvit vocat' in archiēpm Ebredvni cvi prefvit lavda-

BILITER X ANNIS. EST EJVS CORPVS RECONDI-
TVM IN PRESENTI SARCOFAGO ANNO ET DIE
QVO SVPRA.

> EXORET XPM TITVLVM QVI LEGERIT ISTVM
> VT SIT CVM XPO LOCVLO QVI PAVSAT IN ISTO AMEN. †
> ARCHOS PONTIFICV LVX CLERI DVX POPVLORVM
> AYMAR' SVBIT HAC FVNERIS VRBE THORV
> HVNC ORNAVERVT TRIA COCVRRENTIA RARO
> LINGVA PERITA MANVS LARGA PVDICA CARO
> MORS DVM MORDET EV MORTI CONTRARIA VITA
> REDDITVR ET XPO PERPETVATVR ITA
> SPERANTI SOLVIT SCE CONCLVSIO FINIS
> QD DVDVM MERVIT RAPTVS AB ORBE CINIS
> SPLENDVIT IN CLERO DIVINE LVMINE LEGIS
> CLARA SACERDOTVM GEMMA LVCERNA GREGIS
> LÆTICIE FVLGOR CONFECTOR PACIS EGENIS
> PORTA PATENS PIETAS CLAVSTRALIS REGVLA LENIS (1).

Un moine de Saint-Benoît, Humbert, fut élu archevêque d'Embrun (1245-50). Il faisait concevoir d'heureuses espérances ; mais la mort l'enleva prématurément en 1250.

C'est alors que la vieille capitale des Alpes Maritimes vit monter sur son trône archiépiscopal le plus grand de tous les prélats qui l'ont illustré au moyen âge :

(1) Chorier. Recherches sur les antiquités de la ville de Vienne, Livr. III, chap. XVII.

Henry de Bartholoméi de Suze (1250-74), depuis cardinal et évêque d'Ostie, regardé comme le plus habile jurisconsulte de son siècle et surnommé *la source et la splendeur du droit, fons utriusque juris.* Les deux ouvrages qui lui ont acquis cette juste renommée, sont une Somme de droit canonique, connue sous le nom de *Somme dorée* ou de *Summa ostiensis*, et des expositions sur les épîtres décrétales. Dante, dans le *Paradis*, les mentionne comme étant le manuel d'étude le plus célèbre à son époque, dans ces vers où saint Bonaventure dit de saint Dominique :

> Non per lo mondo per cui mo s'affana
> Diretro ad Ostiense ed a Taddeo
> Ma per amor della verace manna

« Il ne se passionna pas pour le monde,
« comme quiconque étudie celui d'Ostie
« et Thadée ; mais il chercha la manne
« véritable. »

Or, à l'Orient d'Embrun, au delà de la colline de Saint-Privat et de la Durance, s'ouvre une gorge étroite et profonde. Si l'on s'engage dans l'affreux torrent, seul chemin par lequel on y pénètre, on se trouve vraiment au plus horrible de ces Alpes majestueuses, tant maltraitées par les poëtes :

I, demens, sævas curre per Alpes.

Mais, au fond, dans la commune de Crévoux, l'aspect change complétement. L'œil est ravi par les sites les plus pittoresques et l'on respire l'air le plus pur, un air tout embaumé des parfums de la montagne.

Les archevêques d'Embrun, seigneurs temporels de ces lieux, y avaient élevé, sur une hauteur toute verdoyante, un château fort, d'où l'on apercevait la sombre tour brune de l'archevêché, avec qui l'on communiquait au moyen de signaux. Des ruines marquent encore aujourd'hui l'emplacement du vieux manoir. Quand nous les avons visitées, en éprouvant l'invincible émotion que causent toujours de pareils débris, nous ignorions une glorieuse particularité qui s'y rattache.

C'est dans cette solitude que le grand Henry de Bartholoméi aimait à se retirer pour composer ses œuvres ; c'est de ce désert qu'a jailli, sous sa plume savante, cette source fameuse où allaient puiser les docteurs les plus renommés du moyen âge; témoin le fameux Guillaume Durand, évêque de Mende et disciple de notre cardinal, qui retira de cet utile commerce la gloire de devenir l'un des plus illustres commentateurs du droit et le titre honorable de *spéculateur*. Les habitants de Crévoux doivent garder ce souvenir comme un héritage précieux qu'ils continueront de transmettre avec fierté aux générations futures.

Guidés par le même sentiment, les archevêques conservèrent pendant cinq cents ans, avec un religieux respect, la chaire ou stalle que le célèbre Henry avait occupée dans le chœur de l'église métropolitaine, se faisant un honneur d'y siéger, quoiqu'elle fût des plus simples et sans aucune trace de sculptures. On ne la remplaça qu'au dix-huitième siècle, sous le cardinal de Tencin, parce qu'elle tombait de vétusté.

Dès le début de son épiscopat, Henry de Suze joua un rôle important dans les affaires de l'empire. Le pape Innocent IV et Guillaume de Hollande l'employèrent, avec succès pour leur cause, contre les intérêts de Frédéric II et de Conrad IV. En reconnaissance, Guillaume augmenta les priviléges des archevêques d'Embrun, dans des lettres où il appelle Henry, son prince bien-aimé, *Dilectus priuceps noster Henricus ebredunensis ecclesiæ* (1); il les exempta formellement de toute autre suzeraineté que de celle des empereurs.

Mais l'autorité trop grande qu'au dire de l'historien Chorier, Henry de Suze crut pouvoir s'arroger sur ses sujets, en vertu des bulles impériales, provoqua, de la part des consuls et des habitants d'Embrun, une violente insurrection, contre laquelle il prit des mesures qui feraient peu d'honneur à son esprit de douceur et de modération.

Ce n'est point ici le lieu d'entreprendre la justification du prélat, contre les imputations d'un écrivain trop souvent convaincu d'inexactitude, pour ne pas dire d'injustice et de partialité. Remarquons seulement qu'il serait bien difficile d'expliquer la vénération dont la mémoire du

---

(1) Voir ces lettres aux Pièces justificatives, n° VII.

grand cardinal d'Ostie a toujours été l'objet parmi ses successeurs, si le portrait qu'en trace l'historien du Dauphiné était véridique. Combien plus nous trouvons de vraisemblance dans ces lignes du docteur Albert ! « Il faut avouer
« que ce cardinal réunissait dans sa per-
« sonne toutes les vertus et toutes les
« belles qualités : un esprit pénétrant,
« une prudence consommée, une fermeté
« inébranlable, une patience à toute
« épreuve, une charité dont les effets se
« manifestaient chaque jour, une piété
« tendre, un mérite distingué que les
« gens de bien admiraient, que les méchants craignaient, que les dévots
« aimaient et que les savants ont loué,
« comme Bellarmin, Canisius, Browics,
« etc. (1). »

Henry de Suze avait une tendresse paternelle pour son peuple, et le séjour des pauvres montagnes de l'Embrunais était pour lui plein de charme. Il le prouva bien lorsque, ayant été créé cardinal et

---

(1) Histoire ecclésiastique du diocèse d'Embrun, tom. 2, page 137.

évêque d'Ostie, dignité qui lui conférait le droit de sacrer le pape, au lieu d'aller recueillir avec empressement, sous le beau ciel de l'Italie, les honneurs qui l'attendaient, il continua à résider, pendant plusieurs années, dans nos climats, administrant, avec la plus profonde sagesse au spirituel et au temporel, l'humble diocèse, objet de ses plus chères prédilections. Outre les ouvrages immortels qui font la gloire du cardinal d'Ostie, la postérité possède encore deux témoignages remarquables de sa sagesse, à savoir : les Statuts admirables du concile provincial, qu'il convoqua dans la ville de Seyne, en 1267, et la lettre qu'il écrivit à Melchior, son successeur, au sujet de la conduite à tenir, par ce prélat, dans la querelle des Guelfes et des Gibelins.

Ces terribles factions qui désolèrent l'Italie pendant tout le moyen âge, étaient alors au plus fort de leur lutte, surtout dans le royaume de Naples, où la maison de France, dans la personne de Charles d'Anjou, comte de Provence, venait de triompher par la victoire et par la cruauté. Le retentissement de ces événements était parvenu jusque dans Embrun, ville impériale, toujours attachée aux princes allemands à qui les Dauphins et les archevêques rendaient encore hommage. On y racontait les détails si émouvants de la mort tragique de Conradin et de son jeune ami Frédéric d'Autriche.

La tête de celui-ci était tombée la première sous le fer du bourreau, et, en roulant, elle avait prononcé, dit-on, trois fois le nom de la vierge Marie. Puis, Conradin l'avait relevée, cette tête sanglante, l'avait baisée, arrosée de ses pleurs, et s'était accusé lui-même d'être la cause de la mort prématurée de son ami, mais « avec tant de sensibles regrets, dit le « naïf historien, qu'il faisait fendre les « cœurs et fondre les yeux en larmes de « tous les spectateurs de cette funeste et « horrible tragédie (1). »

Après cela, ayant reproché aux Napolitains leur injustice et leur ingratitude, il avait jeté son gant sur la place publique et légué son sceptre à celui qui s'en montrerait digne en vengeant sa mort. Enfin,

(1) H. Bouche. Histoire de Provence, livre IX, sect. 3e.

l'infortuné Conradin s'était mis à genoux et, tendant les mains et les yeux au ciel, demandant pardon à Dieu, avait reçu de la main de l'exécuteur le coup de hache qui avait aussi jeté dans la poussière sa jeune et belle tête. On ajoutait qu'un chevalier allemand avait ramassé le gant de la victime et l'avait porté à Don Pèdre III, roi d'Aragon, son parent.

Le récit de ces lugubres catastrophes, qui devaient avoir pour dénoûment les *Vêpres siciliennes*, causait une vive agitation partout où il y avait des cœurs sensibles et, entre autres, dans la ville d'Embrun, de la souveraineté de laquelle le cruel Charles d'Anjou avait été évincé tout récemment, malgré les prétentions qu'il avait tenté d'exercer contre les droits de l'archevêque et du Dauphin (1). Voici quel-

---

(1) Charles d'Anjou était devenu comte de Provence et de Forcalquier par suite de son mariage avec Béatrix, fille héritière du dernier Raymond Bérenger, mort sans enfants mâles. Il réclama du Dauphin et de l'archevêque l'hommage des *comtés d'Ambrunois et de Gapençois*, comme anciennes dépendances de *la comté* de Forcalquier. Guigues VII se soumit ; mais Henry de Suze invoqua les bulles des princes allemands, et, surtout, celle de Guillaume de Hollande, qui ne donnait pour

ques extraits de la lettre du cardinal d'Ostie à l'archevêque Melchior dans ces critiques conjonctures :

« ....Consultez là-dessus le prévôt
« Galtérius, les frères Astérius, le nota-
« ble Pierre de Alton, chevalier et ci-de-
« vant conseiller du Dauphin, qui m'a
« servi de conseil et de compagnon dans
« ma légation de Pavie. Ce sont des
« hommes neutres dans les séditions....
« En attendant, prenez garde de vous
« comporter dans cet appareil de guerre,
« de manière qu'on ne vous reproche pas,
« qu'étant chargé de rendre compte du

seigneur dominant à l'archevêque d'Embrun que l'Empereur lui-même. Charles d'Anjou n'insista pas davantage. Malgré son caractère fier et indépendant, il n'aurait pas encore osé prétendre que l'empereur n'avait pas le droit de distribuer des prérogatives dans des pays qui ne devaient plus faire partie, à aucun titre, de l'empire d'Occident. — « Nescio quo potuisset archiepiscopus jure
« ab iisdem obsequiis eximi adversus Carolum Forcalque-
« rii comitem, nisi bullatis auro Cæsareis litteris Henri-
« cus et successores ab omni superioris dominatus potes-
« tate asserti vindicatique fuissent et uni suppositi
« Domino imperatori quem ut supremum etiam dominum
« observabat Provinciæ atque Forcalquerii Comes, et
« accusare tanquam alienæ rei dispensatorem reveritus
« fuisset. »

(P. Fournier, Annales ecclesiastici, part. 2ᵃ, sect. 9ᵃ.)

« troupeau du Seigneur, vous l'ayez con-
« duit à la boucherie ; ayez surtout plus
« d'attention à faire les prières qu'on a
« ordonnées pour les Eglises d'Orient,
« que de vous attacher à ce qui regarde
« une puissance odieuse. »

Melchior (1271-75) eut à lutter contre le Dauphin Guigues VII qui avait fait construire un château fortifié dans Embrun. Les Archevêques, ses successeurs, y virent comme lui, une atteinte à leurs droits et une menace contre leur souveraineté ; aussi, ne cessèrent-ils de réclamer jusqu'à ce qu'enfin un évêque de Metz, Henry, oncle et tuteur du jeune Dauphin Guigues VIII, cédât aux sollicitations de l'archevêque Raymond Robaud et fit raser le fort.

CHAPITRE IX.

Jacques de Serène. — Titres honorifiques accordés par Rodolphe de Hapsbourg à cet archevêque et à ses successeurs. — Fin de la deuxième race des Dauphins. — La Dauphine Anne et Humbert Ier. — Jean II, *comte d'Ambrunois.* — Episcopat de Raymond de Mévolhon. — Le *Speculum majus* de Vincent de Beauvais. — Etranges vicissitudes de la fortune. — Guillaume de Mandagot. — Ses relations avec Boniface VIII. — Ses missions diplomatiques. — Extrait d'un ancien cartulaire de l'Eglise d'Embrun. — Le sixième livre des Décrétales. — Concile œcuménique de Vienne. — Mandagot défend noblement la mémoire de Boniface VIII. — La tombe elle-même venge ce grand pontife. — Mandagot, cardinal.

Jacques II de Serène succéda à Melchior (1275-86). L'année même de son sacre (1275), il accompagna le pape Grégoire X à Lausanne et y assista à l'entrevue de ce pontife avec l'empereur Rodolphe de Hapsbourg. Le pape l'envoya ensuite en Allemagne pour recouvrer la décime de six ans destinée à la croisade. Dans l'accomplissement de sa mission, l'archevêque d'Embrun sut inspirer à l'Empereur une haute estime; et celui-ci, voulant lui en donner une marque éclatante, non-seulement lui confirma par une bulle d'or (1276) tous les priviléges octroyés jadis par Conrad III, mais encore lui accorda pour lui et pour ses successeurs de nouveaux titres : ceux de tricamérier ou de chambellan, de prince de l'Empire, de secrétaire du Palais, de conseiller spécial de la Cour impériale. En sorte que, depuis Jacques de Serène, les archevêques d'Embrun ont toujours accompagné leur nom de la qualification d'archevêque et prince d'Embrun, prince et grand chambellan du saint Empire.

Nous donnons la bulle de l'empereur Rodolphe, aux Pièces justificatives (1). Après l'avoir rapportée, le P. Fournier ajoute :
« Il me semble que ie ne peux pas pas-
« ser cet endroit de mon histoire sans
« fere quelques réflexions pour l'éclair-
« cissement de cette bulle ; ie pense que
« ces services de Jacques Serene dont
« Rodolphe parle avec des termes si

(1) Voir au n° VIII.

« honorables pour ce prélat, estoit par-
« ticulièrement l'entrevue du pape Greg^e
« X^e avec ce roy des Romains dans la
« ville de Lausane, que cet archevesque
« moyenna, qu'il fit les allées et les
« venües pour cet effet, et que par ce
« moyen il contribua extrêmement au
« traité quy fut fait entre ce pontife et
« Rodolphe ensuiste du quel Rodolphe
« iura solemnellement la deffence de
« l'Eglise, et il fut confirmé et sacré
« empereur par ce pape. Cet archeves-
« que fut presant à toutes ces choses,
« comme l'un des principaux autheurs ;
« aussi Baronius marque en sa page 850
« que Jacques archevèsque d'Ambrun
« fut l'un des prélats quy se trouvèrent
« à cette action quy fit parler les politi-
« tiques de ce temps là, et quy fournit
« aux poëtes un suiet à fere ces vers,

> Bis sexcenti septuaginta tresque stetère
> Anni cum Lausanæ Rex et papa fuère.

« et cet autre :

> Petra dedit Petro, Petrus diadema Roberto.

« Sans doute que ces vers ont la ru-
« desse du siècle où les poëtes n'es-

« toient pas polis ; mais ils sont consi-
« dérables pour l'Histoire, et ils font
« visiblement connoistre que ce fut à
« Lausane que ce pontife traita avec
« Rodolphe, qu'il lui bailla l'investiture
« de l'Empire et le sacra empereur (1). »

Un concile provincial qui eut lieu dans la ville métropolitaine (1278) signala encore l'épiscopat de Jacques II de Serène. Ce prélat mourut en 1286. Sous son règne, la deuxième race masculine des Dauphins de Viennois s'était éteinte dans la personne de Jean Ier, successeur de Guigues VII, mort à la fleur de son âge en 1282. Sa sœur Anne lui succéda la même année, et le mari de cette princesse, Humbert, baron de la Tour-du-Pin, commença la troisième et dernière race des souverains du Dauphiné.

Humbert Ier était d'une piété exemplaire ; le dégoût des vanités de ce monde le porta, sur la fin de ses jours, à abdiquer pour revêtir l'humble habit de chartreux et terminer sa vie dans la paisible retraite d'un cloître. Mais

---

(1) P. Fournier, siècle 13e, section 8e.

son fils Jean II ne voulut d'abord régner qu'avec le titre de *comte d'Ambrunois*, attendant, pour prendre celui de Dauphin, que le vénérable Humbert eût passé de vie à trépas; ce qui arriva quelques mois après (1306).

Cependant la ville d'Embrun continuait à jouir d'une grande tranquillité sous la houlette pastorale de ses princes archevêques. Après Jacques de Serène, était venu Guillaume V, prélat d'une haute vertu, de 1286 à 1289, puis, le pieux Raymond de Mévolhon, dominicain, transféré de l'évêché de Gap à Embrun. Ce dernier tint un concile provincial qui ne fit guère que confirmer les statuts du cardinal d'Ostie. Il mourut au Buis, sa ville natale, en 1294, comme il revenait de Montpellier où il avait été assister au Chapitre général de son ordre.

Parmi les objets de sa succession, se trouvait le célèbre ouvrage de Vincent de Beauvais, le *Speculum majus*, cette curieuse encyclopédie du treizième siècle, composée par les ordres du roi saint Louis et imprimée plus tard à Strasbourg en 1473. Une dispute s'éleva entre les religieux dominicains de la Beaume-les-Sisteron et les chanoines d'Embrun, au sujet de la propriété de ce livre. Malgré les réclamations de ceux-ci, les premiers se l'adjugèrent, sous prétexte que Raymond de Mévolhon portait l'habit de Saint-Dominique, qu'il avait pris dans leur couvent.

Hélas! quand ce prélat vint de Gap à Embrun, montant ainsi d'un degré dans la hiérarchie des princes de l'Eglise, qui aurait osé prédire à nos pères qu'un jour viendrait où, dépouillée de ses honneurs et de ses prérogatives, l'antique métropole des Alpes Maritimes tomberait sous la juridiction directe des évêques de Gap, et verrait briser violemment la chaîne glorieuse de ses pontifes? Heureuse encore la ville d'Embrun, de n'avoir jamais rencontré, jusqu'à cette heure, dans ses nouveaux seigneurs spirituels, que des cœurs généreux dont toute l'application a été de la consoler de son triste veuvage, et toute l'ambition, de lui voir restituer ses anciennes grandeurs!

Le successeur de Raymond de Mévolhon fut Guillaume de Mandagot, l'un des plus savants archevêques qui aient paru sur le siége d'Embrun après le cardinal d'Ostie (1295-1311). Nommé directement par le pape Boniface VIII, Mandagot resta toute sa vie en relation d'amitié avec ce grand pontife qui aima toujours à lui confier les missions les plus honorables. Ainsi, il avait à peine fait son entrée solennelle dans la ville métropolitaine, qu'il reçut un ordre spécial de Boniface de partir pour la Catalogne avec le cardinal Guillaume de Ferrières et le roi de Sicile, Charles II le Boiteux, à l'effet de conclure la paix entre ce prince et Jacques, roi d'Aragon. Cette affaire eut la plus heureuse issue ; le traité de paix entre les deux monarques fut cimenté par le double mariage du roi d'Aragon avec Blanche de Sicile, fille de Charles, et de Robert, duc de Calabre, aussi fils de ce dernier, avec Yolande, infante d'Aragon.

Mandagot, de retour dans son diocèse, se mit à en parcourir toutes les parties, semblable au bon pasteur qui veut connaître ses brebis et en être connu. « Comme il était à Jauziers, pour y faire

« la visite pastorale, dit un ancien cartu-
« laire de l'Eglise d'Embrun (1), il reçut
« une lettre du saint-père, le pape Boni-
« face VIII, portant ordre de se rendre
« vers la fête de la Toussaint auprès de
« Sa Sainteté, et d'y apporter ses écrits
« et ses livres, afin de travailler au sixiè-
« me livre des Décrétales. Ledit seigneur
« archevêque s'en retourna à Embrun, où
« il demeura quelques jours, pendant
« lesquels il arrangea les affaires de sa
« maison, et établit ses grands vicaires
« pour gouverner le diocèse..... Le dit
« seigneur archevêque partit d'Embrun
« et prit la route pour son pays, qui est
« au delà du Rhône, afin d'y voir ses
« amis. De là, il prit le chemin de Rome,
« où il arriva heureusement la veille de
« la fête de tous les Saints. »

Le prélat travailla au sixième livre des Décrétales conjointement avec Béranger, évêque de Béziers, et Richard de Sienne vice-chancelier de l'Eglise romaine ; il soutint, dans cette circonstance, la répu-

---

(1) Voir un long extrait de ce cartulaire aux Pièces justificatives, n° IX.

tation qu'il s'était acquise, d'être l'un des docteurs les plus versés dans la science du droit ecclésiastique.

Mais il est un trait qui l'honore davantage encore. C'est l'éloquence généreuse avec laquelle il défendit, en plein concile œcuménique à Vienne, la mémoire de son bienfaiteur, Boniface VIII, que l'implacable Philippe le Bel poursuivait scandaleusement jusqu'au delà du trépas. Le nom de Guillaume de Mandagot doit figurer à côté de ceux des cardinaux Francesco Gaetani, Pierre d'Espagne et Riccardo de Sienne, des docteurs Gentile de Montefiore et de Jean de Murro, intrépides avocats du pontife, et enfin des deux chevaliers catalans Caroccio et Guillaume Debolo, qui vinrent offrir au roi de soutenir, en champ clos et les armes à la main, l'innocence de Boniface VIII, contre deux des plus vaillants chevaliers de la noblesse française.

La cause de l'illustre accusé fut gagnée. Le concile fit une concession de forme à Philippe le Bel; ce prince accepta la sentence qui déclarait que le pape avait été orthodoxe et légitime, et l'archevêque d'Embrun eut la gloire d'avoir contribué à une réhabilitation que la tombe elle-même vint merveilleusement confirmer, trois cents ans après, lorsque, le onze octobre 1605, le sépulcre de Boniface VIII ayant été ouvert, on retrouva parfaitement intacts et conservés les restes de cet auguste vieillard qui fut, quoique l'on en ait écrit, l'une des plus saintes et des plus grandes figures de la Papauté, luttant au moyen âge pour la défense des droits sacrés de l'Eglise et de l'humanité.

Le pape Clément V eut pour Guillaume de Mandagot la même estime que Boniface VIII ; il recourut également à lui pour faire le recueil des Constitutions, qu'il publia sous le nom de *Clémentines*. Après le concile de Vienne (1311), il le transféra d'abord à l'archevêché d'Aix, puis bientôt il le fit entrer dans le Sacré-Collége et lui donna l'évêché de Palestrine. Le départ de Mandagot excita bien des regrets à Embrun. « Il embrassa tendrement ses « chanoines en les arrosant de ses lar- « mes, et eux, de leur côté, voulurent

« lui offrir tout ce qui serait nécessaire
« pour son voyage ; il partit le dix juin
« après avoir salué la sainte Vierge en-
« vers qui il avait une singulière dévo-
« tion (1). »

---

(1) Histoire Ecclés. du diocèse d'Embrun, tome 2, pag. 159.

CHAPITRE X.

Jean de Gascogne. — Raymond Robaud. — Guigues VIII. — Bertrand de Deux. — François de Bardonnèche. — Les pensées et les cœurs se détachent de l'empire pour se tourner vers la France. — Rôle politique de Bertrand de Deux sous Jean XXII, Benoît XII et Clément VI. — Sa mission à Naples après l'assassinat du roi André. — Il donne asile aux princesses fugitives. — Bertrand de Deux en face du tribun Rienzi. — La révolution vaincue. — Touchants témoignages de l'affection que le cardinal Bertrand de Deux conserva toujours pour l'Eglise d'Embrun. — Le cardinal Pasteur d'Aubenas. — Ses pieuses prodigalités. — Ses relations avec le Dauphin Humbert II. — Le Dauphiné cédé à la France. — La peste noire.

Au cardinal Guillaume de Mandagot succéda *Jean du Puy*, appelé aussi *Jean de Gascogne*, de 1311 à 1318, et à celui-ci, de 1318 à 1322, Raymond Robaud, le seul archevêque qui se soit attribué la qualité de *Comte d'Ambrunois*, les autres l'ayant toujours laissée aux Dauphins pour prendre eux-mêmes le titre de *Prince d'Ambrun*. Quant aux Dauphins, loin de dédaigner, comme trop inférieur, celui de *Comte d'Ambrunois*, ils l'eurent en telle considération, qu'il fut dans leur maison le titre d'honneur de leurs aînés, héritiers présomptifs de leur principauté (1).

Sous l'archevêque Raymond Robaud mourut le Dauphin Jean II (1319), l'un des princes les plus accomplis qui aient régné sur nos contrées, et à qui ses ennemis eux-mêmes furent obligés d'accorder le tribut de leurs larmes. Un enfant de huit ans, Guigues VIII, lui succéda sous la tutelle de Henry Dauphin, évêque de Metz, celui qui accorda à Raymond Robaud la destruction du château que Guigues VII avait fait élever dans Embrun. Guigues VIII, qu'on a surnommé le François Ier du Dauphiné et qui fut le véritable héros de sa race, guerroya toute sa vie. L'histoire de son règne ne peut trouver place dans cet aperçu rapide. Disons seulement qu'il réclama d'abord l'appui moral de l'archevêque d'Embrun,

---

(1) Chorier, Histoire générale de Dauphiné, liv. 4e, pag. 126.

Bertrand de Deux, successeur de Raymond Robaud (1323-38), pour affermir son pouvoir sur les populations remuantes du Briançonnais. Ce prélat et l'évêque de Gap accompagnèrent le dauphin à Briançon, et, grâce à leur influence, un traité fut conclu entre Guigues et les habitants des vallées d'Oulx, de Bardonnèche, d'Exilles et d'un grand nombre d'autres localités environnantes.

Cependant la paix devait être de courte durée. Bientôt le cri de guerre et de vengeance retentit dans toutes ces montagnes. Guigues VIII, oubliant les devoirs de l'hospitalité et de l'honneur, avait porté la honte sous le toit du sire François de Bardonnèche, dont il avait séduit la fille; et tous les fiers habitants de ces hauts lieux de l'antique Allobrogie s'étaient soulevés, comme un seul homme, pour prêter main-forte à ce père infortuné. Longtemps le chevaleresque Guigues VIII vit sa bravoure tenue en échec par l'indomptable énergie de François de Bardonnèche. Mais il n'arrivait de toutes ces luttes qu'un écho lointain dans la ville d'Embrun : nos pères continuaient à vivre dans la paix la plus profonde sous l'égide tutélaire de leurs princes archevêques.

Au point où nous en sommes arrivés de cette histoire, les regards et les affections du pays se détournent de l'Allemagne et de l'Italie pour se reporter uniquement vers la France. Le trône impérial est occupé par Louis V de Bavière, adversaire implacable du souverain pontife Jean XXII. La suzeraineté de l'empereur sur le Dauphiné n'est plus que nominale. Guigues VIII, vainqueur du duc de Savoie dans la mémorable journée de Varey en Bugey, offre son cœur et son bras au roi de France, et commande lui-même un corps de troupes dans les rangs de l'armée française à la bataille de Cassel, contre les Flamands (1328). Les archevêques d'Embrun font de fréquents voyages à Avignon. Quatre d'entre eux, dans ce siècle, sont élevés au Cardinalat toujours par des papes d'Avignon, et presque tous meurent dans cette ville, auprès des souverains pontifes ; ainsi, le cardinal Guillaume de Mandagot, l'archevêque Jean de Gascogne, le cardinal Bertrand de

Deux, son successeur le cardinal Pasteur d'Aubenas ou de Sarrate, et enfin le cardinal Pierre-Amélie de Sarcenas. Le Dauphiné va devenir une portion du royaume de France par la cession qu'en fera Humbert II au roi Philippe de Valois, et, pendant un moment, le prestige de la cité d'Embrun ne sera pas diminué par ce changement, puisque nous verrons les premiers rois Dauphins se soumettre envers ses archevêques à l'hommage que tous les simples Dauphins de Viennois avaient coutume de leur rendre.

L'archevêque Bertrand de Deux fut employé à des négociations politiques et religieuses bien plus importantes que celles dont Guigues VIII l'avait chargé auprès des populations briançonnaises. Son nom se trouve lié à la plupart des grands événements qui ont signalé les pontificats de Jean XXII, de Benoît XII et de Clément VI.

En 1233, le premier de ces souverains pontifes l'envoya en ambassade auprès de Robert, roi de Sicile, et de François Dandolo, doge de Venise, pour les engager à prendre part à la croisade dont il était alors fortement question. Benoît XII le choisit pour son légat en Italie, croyant, avec raison, qu'il ne saurait trouver un homme aussi capable de relever, par la condescendance et par une sage fermeté, l'autorité du Pape sur ses sujets rebelles. Voici en quels termes un historien distingué raconte et apprécie la conduite de notre prélat dans cette mission:

« Bertrand de Deux, archevêque, et
« depuis cardinal de Saint-Marc, déploya
« un rare talent pour les négociations.
« Par une trève conclue à Bénévent, il
« suspendit pendant quelque temps la
« guerre ruineuse que se faisaient Robert
« et Frédéric pour la succession de la
« Sicile. A Rome, il décida les Colonna
« et les Orsini à faire une trève de plu-
« sieurs années et ramena la tranquillité
« dans la ville, en partageant le pouvoir
« entre ces deux familles. Les soins du
« même nonce rétablirent également la
« concorde dans le Patrimoine, le duché
« de Spolète, la Romagne et la Marche
« d'Ancône. Mais la renommée de Ber-
« trand de Deux seule gagna à ce succès

« des vues politiques de Benoît XII (1). »

A l'exemple de ses prédécesseurs, Clément VI eut recours à l'habileté de Bertrand de Deux, dans les circonstances les plus difficiles. Après le lâche assassinat d'André de Hongrie, époux de la reine Jeanne de Naples, ce pontife partageant l'indignation de l'Europe entière, prononça, en plein consistoire, une véhémente allocution contre les meurtriers du prince, les excommunia, et envoya à Naples, pour informer contre eux et prendre la direction des affaires, Bertrand de Deux, devenu cardinal du titre de Saint-Marc. L'historien Raynaldi prétend que ce prélat avait ordre de pousser l'enquête jusqu'à la reine et aux princes du sang. « Pontificem enim Bertrando imperia
« dedisse vidimus, ut si regina regiive
« principes criminis participes reperiren-
« tur, rem silentio premeret..... sedi-
« que apostolicæ referret, ne regnum in
« majores tumultus conjiceret, sibique
« reginæ judicium reservaret (2). »

(1) L'abbé Christophe. Histoire de la papauté au XIVe siècle, tom. 2, p. 71.

(2) Raynaldi, ann. 1346, no 51.

Mais Bertrand de Deux fut mal reçu à Naples ; on mit toute sorte d'obstacles à l'accomplissement de sa mission ; bientôt même, sa vie ne fut plus en sûreté dans cette ville et il se vit obligé de se retirer à Bénévent.

Quelques mois après, les assassins d'André, ayant été sévèrement punis, nous voyons Bertrand de Deux essayer de préserver le royaume de Naples, des malheurs dont le menaçait Louis, roi de Hongrie, frère de l'infortuné André.

Ce prince s'avançait en vainqueur à la tête d'une armée dont les chefs intrépides avaient juré de venger l'humanité, et l'honneur de la Hongrie outragée. Le cardinal de Saint-Marc se présente tout à coup à lui à Foligno, et, lui ayant exposé que les meurtriers de son frère avaient été punis, il lui ordonne, de la part du Pape, sous peine d'excommunication, de borner là ses projets de vengeance ; puis, il lui déclare que le royaume de Naples étant un fief du Saint-Siége, l'invasion qu'il projette serait un attentat sacrilége aux droits de l'Eglise. Cette noble démarche de notre ancien archevêque n'arrête point le monarque hongrois; il arrive à Naples, qu'il traite en ville conquise, et prélude aux plus sévères rigueurs par le supplice même du duc de Duras, beau-frère de la reine Jeanne. Bertrand de Deux put alors donner un asile dans sa retraite de Montefiascone à la malheureuse princesse Marie, épouse du duc, et à ses deux filles, échappées demi-nues à la mort. Le légat leur prodigua des soins tout paternels, en attendant qu'il pût trouver le moyen de les faire partir pour la Provence où elles allèrent rejoindre la reine fugitive (1348).

Cependant, une singulière révolution avait éclaté à Rome (1348). La ville éternelle était tombée au pouvoir du tribun Nicolas Rienzi, ce vaniteux extravagant, véritable héros de théâtre, un moment l'idole des Romains et du poëte Pétrarque qui l'avait exalté au-dessus des plus grands hommes de l'antiquité, et pour qui il avait chanté le plus beau de ses *canzoni*. C'est encore Bertrand de Deux, ce vieux diplomate habile et doux, qui fut chargé de soutenir les droits du Saint-Siége contre l'insolence du tribun. « C'é-

« tait, dit l'historien de la Papauté au
« xive siècle, le politique le plus expéri-
« menté dans le sacré collége ; il possé-
« dait à un degré supérieur l'art de cacher
« à ses adversaires les fils du réseau
« dans lequel il voulait les enlacer (1). »

Se conformant aux instructions qu'il avait reçues de Clément VI, Bertrand de Deux se contenta de surveiller les démarches du tribun, tant qu'il fut environné de la faveur populaire. Mais lorsque la tyrannie et la vanité de cet aventurier eurent commencé à faire détester sa prétendue République, le légat quitta Naples et vint s'installer au Vatican, faisant sommer immédiatement Rienzi d'avoir à se présenter devant lui pour entendre les ordres du Pape. L'insolent brava Bertrand de Deux, et celui-ci fut obligé de s'enfuir à Montefiascone.

Mais là, les murmures du peuple ayant de plus en plus éclaté contre les folies du tribun, le cardinal de Saint-Marc lança les foudres de l'excommunication et publia une adresse du Pape lui-même, qui ap-

(1) L'abbé Christophe. Hist. de la Papauté au XIVe siècle, tome 2, p. 183.

pelait les Romains à secouer le joug humiliant qui pesait sur eux. En même temps, il concerta une contre-révolution, avec les seigneurs les plus influents de Rome, et, au jour fixé, le quinze décembre, une proclamation fut apposée sur la porte du Château Saint-Ange, convoquant le peuple pour chasser le tyran.

Pendant la nuit, les cris de *Vive les Colonna, mort au tribun et à ses partisans!* retentirent tout à coup dans Rome. En vain Rienzi fit sonner, le reste de la nuit et tout le jour suivant, le beffroi du Capitole pour réunir ceux qui lui étaient attachés. Personne ne répondit à son appel ; sa cause était perdue ; il prit la fuite. Le cardinal de Saint-Marc fut nommé sénateur conjointement avec les Seigneurs Bertholdo Orsini et Luca Savelli ; l'ordre ordinaire reprit son cours, et bientôt après, Bertrand de Deux quitta Rome pour aller, à l'ombre du trône apostolique, terminer dans la ville d'Avignon, au bout de quelques années de repos, une carrière si glorieusement et si utilement remplie.

Peut-être avons-nous suivi trop longtemps ce grand homme loin d'Embrun dont il quitta le gouvernement en 1338 ; mais pouvions-nous ne pas raconter jusqu'à la fin, la vie d'un prélat qui conserva toujours à son premier siége la plus large part de ses affections, qui y reporta constamment sa pensée, qui désigna pour ses exécuteurs testamentaires deux chanoines d'Embrun, et qui légua une somme considérable pour que, chaque année, au jour anniversaire de sa mort, une grand'messe fût chantée à l'autel de Notre-Dame d'Embrun et vingt pauvres de la ville admis à un festin, où ils seraient servis par les chanoines ?

La vie du cardinal Pasteur d'Aubenas, successeur de Bertrand de Deux, eut moins d'éclat, mais ne laissa pas des traces moins profondes dans la mémoire des Embrunais (1338-52). Ami de la reine Sancia, épouse de Robert, roi de Naples, et mère de la fameuse Jeanne Ire, dont il a été question sous le précédent pontificat, Pasteur reçut, de cette princesse et d'autres souverains qui l'avaient aussi en singulière estime, des dons considérables, au moyen desquels il put satisfaire la soif de charité et de bonnes œuvres qui le dévorait.

Ses libéralités envers les pauvres étaient innombrables, et nul de ses prédécesseurs et de ses successeurs ne s'appliqua autant à enrichir le trésor de l'Eglise métropolitaine. « Il donna à cette Eglise, dit le
« docteur Albert, une statue de la Vierge
« en argent, accompagnée de deux statues
« de deux anges qui pesaient quarante
« marcs; une croix d'argent qui pesait
« treize marcs; un encensoir avec sa na-
« vette, de sept marcs et demi; un béni-
« tier avec l'aspersoir, de sept marcs et
« demi; sa crosse d'argent doré, de dix-
« huit marcs; une mitre garnie de pierres
« précieuses et tous ses ornements épis-
« copaux (1). »

Ce sont ces présents, accomplis à l'aide des largesses de la reine Sancia, qui ont fait conserver dans nos traditions locales, le souvenir de cette princesse et de sa fille Jeanne, comme bienfaitrices insignes de Notre-Dame d'Embrun.

Quand Pasteur d'Aubenas eut quitté

(1) Histoire Ecclés. du diocèse d'Embrun, tome 2, p. 170.

notre ville (1352), pour aller jouir des honneurs du cardinalat à Avignon (1), ses profusions charitables ne cessèrent pas ; elles augmentèrent même tellement, qu'il n'avait plus les ressources nécessaires pour vivre, et que le pape Clément VI fut obligé de lui donner plusieurs bénéfices à la fois pour lui permettre de soutenir son rang.

Pasteur était lié d'une vive affection avec Humbert II, successeur de Guigues VIII et dernier Dauphin de Viennois. Ils publièrent ensemble, sous le nom de l'un

---

(1) « Comme il s'estoit accoustumé au vœu de pau-
« vreté, aussi il y veut toujours perseverer dans la préla-
« ture, par l'abandonement qu'il fait de toutes ses ri-
« chesses à la mère de Dieu ; mais comme cette incom-
« parable Reyne ne se laisse iamais vaincre en libéralité,
« elle fila à ce Prélat comme elle avait fait à Henry, à
« Guillaume de Maudagot, et à Bertrand de Deux, en
« recompense des présans qu'ils lui avoient faits, une
« robbe de pourpre dont elle le revestit, et le ceignit
« de cette ceinture incomparable quy lui acquit une
« infinité des biens spirituels et temporels. En effet cet
« archevesque pareut avec tant de réputation dans la
« cour de Benoît XI et d'Innocent VIe et il s'acquitta avec
« tant de gloire des commissions que ces pontifes et les
« principaux ministres luy donnerent, qu'il fut elevé
« bientôt au cardinalat. »

(P. Fournier, siècle 14e sect. 5e.)

et de l'autre, celui de l'archevêque ayant néanmoins la place d'honneur, de nouveaux règlements pour le gouvernement politique de la ville d'Embrun et l'administration de la Justice. L'Histoire doit enregistrer cet acte qui fut le dernier de la souveraineté des Dauphins dans notre ville.

Le trente-un mars 1349, toujours inconsolable de la mort de son fils unique, arrivée, selon une tradition du pays, dans un château de nos Alpes embrunaises, à Montorcier, le versatile Humbert II céda définitivement ses Etats à la France, et, le seize juillet de la même année, Jean, duc de Normandie, fils de Philippe de Valois, et son fils Charles, premier Dauphin de la maison de France, se rendirent à Lyon où Humbert, entouré pour la dernière fois de toute la noblesse dauphinoise, « bailla audit Char-
« les l'espée ancienne du Dalphiné et la
« bannière de Saint Georges, qui sunt
« anciennes enseignes des Dalphins de
« Viennois, et un ceptre et un anel, et
« veult que doresnavant ledit Charles
« soit tenuz et réputez, en nom et en

« effet, vrai Dalphin de Viennois (1) »

Ainsi fut accompli, sans regret de la part de son auteur, le grand événement qui restitua à la couronne de France cette belle province du Dauphiné, noble fleuron qui lui avait été enlevé par le malheur des temps, sous les rois Carlovingiens, et qui lui était alors rendu comme pour relever son éclat après les désolants désastres de la guerre contre les Anglais. Les populations du Dauphiné furent fières, en général, de redevenir françaises ; mais elles aimèrent aussi à conserver le souvenir de leurs anciens princes qui furent presque tous bons et généreux, et dont le dernier, avant d'abdiquer, avait publié le *Statut Delphinal.*

Le Statut Delphinal était un acte authentique qui consacrait les libertés et

---

(1) Valbonnais, n° 275 des preuves sous Humbert II, tom. 2, p. 601. — Les enseignes du Dauphiné, qualifiées de *pretiosa et virtuosa jocalia Dalphinatus*, consistaient en une épée avec un glaive superposé à un manche qu'on disait fait avec du bois de la vraie Croix, et en l'étendard de Saint Georges sur lequel apparaissait encore le sang du dragon : Ensem cum gladio supraposito ad manubrium, et dicitur de vera cruce, et vexillum sancti Georgii in quo adhuc apparebat de sanguine draconis. (Arch. c.c. *Pilati* 1355).

franchises de la Province. Témoignage touchant de l'amour d'Humbert II pour son peuple! Les Dauphins de la maison de France devaient jurer à leur avénement de maintenir intactes toutes ces franchises. Mais, hélas! ils ne tardèrent pas à y porter atteinte, et le *Statut* ne subsista guère plus que comme un monument d'un antique et sincère, mais bien inefficace attachement.

L'année 1349, célèbre dans nos annales par la réunion du Dauphiné à la France, fut pour le monde entier une date funèbre. La peste, dit Pétrarque, dépeupla la terre et la laissa presque sans habitants. *Mundum omnem gentibus spoliavit. . . . . . . universus fere orbis sine habitatore remansit.* L'accord de tous les historiens du temps, atteste qu'il y a peu d'exagération dans cet épouvantable témoignage. Il disparut du globe plus de la moitié de la race humaine. Quoique les rapports écrits nous manquent sur les ravages que le fléau dut exercer dans nos montagnes, nous pouvons les conjecturer d'après le souvenir profond qui s'en est conservé partout. On cite encore, dans la vallée du Drac, plusieurs villages dont la plupart des maisons devinrent désertes, et un (1), entre autres, où une vieille femme survécut seule au fléau. Aussi, *le mal noir*, nom sous lequel la mémoire de la terrible épidémie s'est perpétuée, est-il toujours dans ces contrées le souhait de malédiction le plus affreux qu'on puisse former.

(1) C'est le hameau de Villar-Mouren qui avait neuf maisons et quarante-trois individus. Le seigneur de Saint-Julien retira la pauvre femme par charité. Les terres cultivées par les habitants de Villar-Mouren ayant été converties en vaste ferme par les héritiers du Seigneur, la maison dut être construite de pierres *nouvelles*, tant était grande la terreur inspirée par le souvenir de cette épidémie; et les décombres des habitations pestiférées, couvertes de broussailles au milieu des terres en culture, attestent encore, après cinq siècles, l'effroi qui s'attache à ces ruines. (Ladoucette, Hist. des Hautes-Alpes, p. 64, 3e éd.)

CHAPITRE XI.

Guillaume des Bordes, apôtre des vaudois. — Désordres de conduite que ces hérétiques mêlent aux erreurs de doctrine. — François Borelli, grand inquisiteur de la foi. — Zèle admirable de saint Vincent Ferrier pour la conversion des vaudois. — Les vaudois détruits. — Aymar de Poitou, gouverneur du Dauphiné, rend hommage à l'archevêque d'Embrun au nom du premier Dauphin de France. — L'Empereur Charles VI, en reconnaissance d'un dîner, cède aux princes français ses droits sur l'ancien royaume de Bourgogne. — Grande inondation de la Durance. — Episcopat de Pierre IV Amélie de Sarcenas. — Nouvel et dernier hommage rendu par le roi de France à l'archevêque d'Embrun. — Les *Provinciaux* assiégent la ville. — Générosité et bravoure de Pierre de Sarcenas. — Ingratitude dont il est l'objet. — Concile national d'Embrun. — Le bienheureux cardinal Pierre de Luxembourg. — Pierre de Sarcenas appelé aux honneurs du cardinalat.

Guillaume VII des Bordes succéda au cardinal Pasteur d'Aubenas, de 1352 à 1363. Ce prélat fut l'apôtre des vaudois. Il préluda à la mission apostolique que saint Vincent Ferrier devait bientôt accomplir, avec un prodigieux succès, dans les

montagnes de Freyssinières, de l'Argentière et de la Vallouise, dépendantes du diocèse d'Embrun. C'est là que ces sectaires, excitant contre eux, dans le monde entier, l'indignation la plus vive, se livraient à tous les désordres des anciens gnostiques et commettaient de ces sortes de crimes pour la répression desquels on a vu, de nos jours, les Etats-Unis d'Amérique eux-mêmes, diriger leurs armées contre les impudiques Mormons. « L'ar-
« chevêque Guillaume, dit le docteur
« Albert, allait chercher ces brebis éga-
« rées dans les endroits les plus reculés
« pour les faire rentrer dans le bercail ;
« il eut la consolation d'en voir plusieurs
« abjurer leurs erreurs et embrasser la
« foi catholique (1). »

Plus tard, en 1375, le pape Grégoire XI se plaignit sévèrement aux prélats du Dauphiné et de la Provence, de ce que les vaudois jouissaient d'une trop grande liberté dans ces contrées, *unde fit*, ajoutait le pontife, *quod multiplicantur execrabiles hæreses et hæreticorum numerus*,

---

(1) Hist. Ecclés. du diocèse d'Embrun, tome 2, p. 172.

proh dolor! adaugetur. Il ordonna d'établir trois prisons, l'une à Embrun, une autre à Vienne et la troisième à Avignon, pour y enfermer ceux qui seraient convaincus des crimes qu'on reprochait à ces malheureux, et il députa à Embrun le Gapençais François Borelli, frère mineur, grand inquisiteur de la foi, pour rechercher les coupables.

On a écrit que ce religieux avait déployé un zèle frénétique dans l'accomplissement de sa mission, et que quatre-vingts vaudois, Chorier même a dit cent cinquante, livrés par lui au bras séculier, avaient été brûlés vifs en un seul jour dans la ville de Grenoble. Mais le P. Fournier, dans son Histoire des Alpes Maritimes, tout en convenant que Borelli fit traduire bien des hérétiques, traite ce fait d'insigne mensonge. Il se fonde sur les procédures qu'il avait en son pouvoir, lesquelles sont d'une longueur et d'une exactitude remarquables et ne présentent rien de pareil (1). Théodore Gautier, historien de Gap, dont le

---

(1) P. Fournier, siècle 14e, section 10e.

témoignage n'est pas suspect, a fait lui-même cette remarque justificative à la décharge de son compatriote (1). Quoi qu'il en soit, la mansuétude et la charité devaient obtenir bien mieux que les rigueurs, le retour des méchants à la foi et à une vie honnête.

Vers l'an 1400, saint Vincent Ferrier, sans se laisser épouvanter par tout ce qu'on lui rapporte des habitudes dissolues et barbares de ces hérétiques, pénètre chez eux ; « il prêche, il s'élève avec force
« contre les monstrueuses erreurs de leur
« foi et les infâmes désordres de leur
« vie. Trois fois ils attentent à ses jours,
« trois fois il est divinement protégé.
« Enfin, ces hommes vaincus par les
« vertus et l'éloquence du pieux mis-
« sionnaire, abjurent leurs croyances et
« rentrent en foule dans le giron de
« l'Eglise. La transformation fut telle, que
« l'une des trois vallées changea son
« nom de Val-Pute en celui de Val-Pure
« ou vallée de Pureté (2), qu'elle con-

---

(1) Précis de l'Histoire de la ville de Gap, pag. 148.
(2) Noverit vestra Paternitas Reverendissima, quod.....

« serva jusqu'aux règnes de Louis XI et
« Louis XII (1). »

Tous les vaudois cependant ne s'étaient par convertis; il en resta un nombre assez considérable. Quelques vingt ans après, sous les archevêques Jean Baile et Rostan d'Ancezune, et sous les rois Louis XI, Charles VIII et Louis XII, il y eut encore bien des efforts de la part des prédicateurs, et, à ce qu'il paraît, bien des rigueurs déplorables de la part des inquisiteurs, pour l'extermination d'une secte dans le sein de laquelle, au mépris du témoignage des procédures, beaucoup aiment à ne voir que des innocents affreusement persécutés, et nullement des coupables

---

per tres menses continuos fui adhuc in Delphinatu, prædicando in circuitu verbum Dei per civitates, castra et villas, in quibus nondum fueram; præcipue tamen visitavi tres illas famosissimas valles hæreticorum in diœcesi Ebredunensi, quarum una vocatur Fluxerna, altera Argenteia, tertia Vallis-Pura olim pessima. Jam antea quidem visitaveram eas bis vel ter, et cum devotione et reverentia magna per gratiam Dei susceperant doctrinam catholicæ veritatis, sed ad eorum consolationem et confirmationem iterum volui eas visitare. (Lettre de saint Vincent Ferrier à Jean de Podio Nucis, Général de son ordre.)

(1) Histoire Hagiol. du diocèse de Gap, pag. 299.

dont les impiétés et les révoltantes impudicités méritaient une énergique répression. Enfin le drame de *l'Aile froide* et du rocher de *Chapelue* (1) mit fin à l'existence des infortunés vaudois (1491). Le roi Louis XII fit repeupler leur pays et la reconnaissance publique confirma le nom de Vallouise que cette contrée avait déjà reçu de Louis XI.

Nous avons laissé l'archevêque Guillaume des Bordes travaillant avec ardeur à la conversion des vaudois. Six ans après la réunion du Dauphiné à la France, ce prélat fit sommation à Aimar de Poitou, gouverneur de la province, d'avoir à lui rendre hommage, au nom de Charles, fils de Philippe de Valois, et le premier des monarques français qui porta le

(1) *L'Aile froide* est une caverne située sur les flancs du Pelvoux. Les vaudois s'y réfugièrent, la croyant inaccessible à cause des neiges et des précipices dont elle était entourée. Mais les troupes du gouverneur du Dauphiné parvinrent à gagner les hauteurs qui la dominent et à pénétrer jusqu'auprès de l'entrée de la caverne au moyen d'une corde de cent quarante toises de long. Les vaudois se virent perdus sans ressource ; on dit qu'ils prirent alors le parti de se précipiter eux-mêmes en bas du rocher, appelé depuis *de Chapelue*, parce que leurs chapeaux y restèrent accrochés.

nom de Dauphin. Aimar de Poitou se rendit à cette demande et il prêta le serment de fidélité de la même manière qu'on le faisait auparavant, c'est-à-dire, les mains jointes entre celles de l'archevêque, recevant le baiser et se servant des mêmes paroles.

De son côté, Guillaume des Bordes députa un chanoine de son église vers l'empereur Charles IV pour le reconnaître comme son suzerain. L'empereur fut singulièrement flatté d'une attention à laquelle il ne s'attendait pas ; car ses droits sur les dépendances de l'ancien royaume de Bourgogne n'avaient plus, même à ses propres yeux, la moindre importance : en sorte que, quelques années après, il en fit une très-ample cession à la maison de France, pour remercier Louis, comte d'Anjou, fils du roi Jean le Bon, d'un dîner qu'il lui avait offert à Villeneuve-les-Avignon. Néanmoins Charles IV, pour récompenser Guillaume des Bordes, donna une bulle par laquelle il ajoutait tellement aux priviléges déjà si nombreux des archevêques d'Embrun, que ces prélats obtenaient désormais, dans toute leur principauté, le même pouvoir et la même autorité que l'Empereur y aurait eus lui-même s'il y avait régné directement (1).

L'année suivante 1358, il arriva dans nos contrées un événement que la terrible inondation de 1856 nous engage à rappeler : « C'était, dit Honoré Bouche, un
« si étrange débordement de la rivière
« de Durance, qu'elle entra dans la ville
« d'Avignon ; renversant la porte qui est
« auprès de l'hôpital de Saint-Bernard ;
« et lui fit changer de lit en quelques
« endroits de sa course. Car l'on estime
« que cette rivière emporta alors ce grand
« pays entre Savine et Embrun, et lui
« osta le chemin le plus court et le plus
« aisé, qui estoit le long du pied de la
« montagne, et obligea les voyageurs
« d'aller chercher, par le passage de
« deux ponts au delà de la rivière, une
« autre route, s'ils veulent éviter ce con-
« tour brisé dans les montagnes de
« Saint-Guilleaume, par les villages du
« grand et petit Puis dans le Dauphiné
« avec grande incommodité (2). »

(1) Voir cette bulle aux Pièces justificatives, n° X.
(2) Histoire de Provence, liv. IX, sect. III, pag. 380.

Nous ne dirons rien des archevêques Bertrand II et Bernard III qui ne firent que passer (1364-67), et nous arrivons immédiatement à l'un des épiscopats les plus importants de notre histoire locale : celui de Pierre IV Amélie de Sarcenas, d'abord archevêque et ensuite cardinal (1367-78).

L'année même de son avénement, Pierre de Sarcenas reçut encore l'hommage du Dauphin de France Charles, par l'intermédiaire de Rodolphe de Lupey, gouverneur du Dauphiné. La cérémonie se fit avec beaucoup de pompe dans la chapelle de l'archevêché, au milieu d'un grand concours d'ecclésiastiques, de seigneurs et de gens de toute condition. L'orgueil de l'archevêque et de nos pères dut être bien flatté ; ils ne prévoyaient peut-être ni les uns ni les autres qu'un semblable honneur ne serait jamais plus accordé aux pontifes d'Embrun. Les rois de France, après Charles V, ne voulurent pas se reconnaître les vassaux d'un de leurs sujets, et l'hommage de 1367, dix-septième de tous ceux qu'avaient reçus nos prélats, fut le dernier inscrit dans le *livre vert* des archives de l'archevêché.

On avait, en ce temps-là, à Embrun, le projet de construire un mur d'enceinte autour de la ville et d'établir une esplanade près de la porte d'Italie, dite, aujourd'hui, de Briançon. Pour cela, il fallait abattre un rocher qui obstruait l'emplacement ; ce que ne voulait pas l'archevêque. Les Embrunais s'inquiétèrent peu de cette résistance et se mirent à l'œuvre. Tout à coup, on apprit que les Provinciaux s'avançaient vers nos contrées. Les Provinciaux étaient des bandes indisciplinées d'Anglais qui, ayant été licenciées après la paix de Brétigny, couraient les provinces de notre malheureuse France et y commettaient toute sorte de vols et de brigandages, pillant les maisons, assassinant les gens, brûlant les récoltes. Ils en voulaient surtout aux Dauphinois, dont les nobles enfants s'étaient désormais associés de tout cœur aux destinées de la France.

A la nouvelle de l'approche de ces bandes sauvages, la consternation fut grande dans Embrun et l'on continua en toute hâte la construction des murailles. On insulta l'archevêque ; les consuls firent afficher des placards à tous les coins de rues, portant que le prélat serait tenu responsable des dommages qui résulteraient de son opposition, et ils envoyèrent des mémoires contre lui au gouverneur du Dauphiné. Mais, au jour du danger, le généreux pontife oublia tout. Les remparts qu'avaient voulu construire les Embrunais, n'étaient pas assez élevés pour les garantir contre l'ennemi, et le gouverneur ne leur envoyait aucun secours. Alors Pierre Amélie de Sarcenas ouvre son palais archiépiscopal, afin que les habitants de la ville puissent y déposer en sûreté leurs femmes, leurs filles, leurs enfants et tout ce qu'ils avaient de plus précieux ; il rassemble à sa solde quatre cents soldats et, se mettant lui-même à leur tête, comme un vaillant chevalier, il attend de pied ferme les Provinciaux.

Ils ne tardent pas à arriver et ils assiégent aussitôt Embrun. Dès la première attaque, la maçonnerie toute fraîche des remparts cède facilement aux efforts des assaillants, qui font une longue brèche au corps de place. Un combat meurtrier s'engage sur cette brèche. L'archevêque vole dans tous les rangs pour encourager ses soldats, et se tient constamment où la mêlée est la plus vive. Cependant les pacifiques consuls, peu habitués au bruit des armes, voyant que le combat traîne en longueur, songent à capituler et font part de leur résolution à l'archevêque. L'intrépide prélat la repousse avec indignation et promet la victoire. Docile à ses ordres, elle vient couronner ses efforts ; les Provinciaux perdent un grand nombre des leurs et sont obligés d'abandonner honteusement le champ de bataille et de lever le siége. Ils se retirent en poussant des cris de rage contre Pierre Amélie ; ensuite, pour se venger de son héroïsme, ils s'en vont dans la campagne, du côté de Guillestre et de Vars, partout où ils savent qu'il possède des terres, et là, ils se livrent au pillage et à tous les plus violents excès.

Le danger des Provinciaux disparu, les habitants d'Embrun oublièrent bientôt la reconnaissance qu'ils devaient à Pierre Amélie ; ils lui cherchèrent de nouvelles disputes, lui suscitèrent mille embarras, allèrent même jusqu'à s'emparer de son château de Guillestre et abreuvèrent son âme de douleur. Le bailli du roi dauphin, se joignant à eux, voulut usurper sur la juridiction temporelle de l'archevêque qui fut obligé d'aller à Paris demander lui-même justice au roi. Enfin, pour mettre le comble à toutes les avanies dont il était l'objet, les intendants de Louis d'Anjou, comte de Provence et roi de Naples, cherchèrent aussi à empiéter sur son autorité temporelle, dans les lieux du diocèse qui appartenaient au comté de Provence.

Afin de trouver des armes contre des attaques si multipliées, le prélat persécuté dut demander au pape l'autorisation de convoquer, dans sa ville métropolitaine, un concile, appelé national par les auteurs et compté pour le huitième d'Embrun. Outre les prélats de la province, les trois évêques d'Avignon, de Sisteron et de Gap, s'y rendirent encore. « On « y ordonna à tous les curés, recteurs et « vicaires, en vertu des pouvoirs que le « concile leur conférait, d'interdire ou « d'excommunier les oppresseurs de l'E- « glise d'Embrun, à moins que six jours

« après la promulgation de la sentence,
« les coupables, touchés de repentir, ne
« réparassent les injures et les torts qu'ils
« avaient causés (1). »

Il semble qu'une chose aurait dû mettre l'archevêque d'Embrun à l'abri des tracasseries qu'il eut à éprouver pendant la plus grande partie de son épiscopat, à savoir, ses grandes qualités. On les trouve attestées par sa magnanime conduite durant l'invasion des Provinciaux, et par l'étroite amitié qui le liait avec l'angélique cardinal Pierre de Luxembourg, ce doux et saint jeune homme, la merveille de l'Eglise au quatorzième siècle, qui, terminant à l'âge de dix-huit ans une vie toute miraculeuse, ne crut pas pouvoir confier l'exécution de ses dernières volontés à un homme plus vénérable et plus prudent que Pierre Amélie de Sarcenas, prince-archevêque d'Embrun.

Mais il est de ces nobles âmes dont Dieu aime à éprouver la vertu par la persécution, et notre prélat fut de ce nombre. Cependant, il n'eut pas la force

---

(1) Histoire du Synode diocésain de Gap, pag. 634.

de vivre jusqu'au bout dans des contestations sans cesse renaissantes ; il se démit de son siége. Le souverain pontife Clément VII, à l'obédience duquel la France était soumise, n'accepta sa retraite qu'à la condition expresse qu'il garderait le titre de défenseur et de protecteur de l'Eglise d'Embrun, et il le nomma cardinal du titre de Saint-Marc, au delà du Tibre (1378). Pierre Amélie de Sarcenas jouit pendant douze ans de sa dignité cardinalice ; il mourut en 1390.

CHAPITRE XII.

Michel d'Estienne. — Tristes résultats de sa faiblesse. — Jean d'Ambrun ou d'Ambroniaco. — Concile de Constance. — Jean de Poligny et Jacques d'Albert, députés de l'Eglise d'Embrun. — Jacques Gélu. — Ses commencements. — Il est orateur et avocat de Charles VI au concile de Constance. — Il est à la tête des légats envoyés avec l'Empereur Sigismond auprès de l'antipape Benoît XIII. — Ses efforts pour gagner l'opiniâtre pontife. — L'Apologie pour l'Empereur Sigismond, etc. — Michel d'Estienne fait encore rendre hommage à l'Empereur. — Ambassade de Gélu en Espagne. — Il fait partie du conclave de Constance. — Nouvelle ambassade en Espagne, — à Naples. — Patriotisme de Gélu. — Il devient archevêque d'Embrun.

Le cardinal Pierre de Sarcenas eut pour successeur sur le siége d'Embrun l'Aragonais Michel d'Estienne. Le nouveau prélat fut sacré par Clément VII lui-même, dans la grotte merveilleuse de la ville de Gaète, au royaume de Naples (1); après

(1) « Ces deux promotions (celle de Pierre de Sarce-
« nas au cardinalat et celle de Michel d'Estienne au
« siége archiépiscopal d'Embrun) feurent faites dans la
« spelonque de Gayette; de quoy il ne se faut pas éton-

quoi, il vint commencer, parmi nos pères, ce règne débonnaire qui devait durer quarante-huit ans, de 1379 à 1427. Mais malheureusement une bonté trop généreuse, poussée jusqu'à la faiblesse, occasionna de grands maux dans la ville et dans tout le diocèse. Les terres, les revenus, les châteaux de l'archevêque devinrent la proie de ses parents, espagnols

« ner, à cause que celuy-cy (Clément VII) avoit esté créé
« contre Urbain VI, par la faction françoise, particu-
« lièrement par Pierre de Lune, à la sollicitation de la
« reyne Jeanne, laquelle bailla à Clémant le fort de
« Gayette pour sa retraite. Cette spelonque n'est pas
« fort éloignée de ce fort; elle est dans un promon-
« toire quy avance plus de quatre milles dans la mer,
« dont le rocher s'estant divisé par un tremblement de
« terre, il se détacha un grand quartier dans l'entre-
« deux, quy s'estant enfoncé dans l'entre-deux des cre-
« vasses fut arresté sur le milieu en un endroit fort
« étroit. Et ce quartier a servy d'un fort propre pavé à
« une chapelle quy a esté bastie au-dessus. La mer quy
« entre au-dessous du rocher s'y fait entendre par un
« grand bruit, et on la peut aussy considérer par la
« fenestre de la chapelle. L'on tient que cette ouverture
« arriva par le tremblement universel quy ébranla toute
« la terre au temps que J.-C. moureut. Ce qu'on marque
« avoir esté justifié par un autre miracle quy a donné
« matière à une épigramme quy se lit à l'endroit de cette
« spelonque où paroit une main empreinte quy est la
« figure de celle d'un juif incrédule. »

(P. Fournier, siècle 14e, section 10e.)

cupides, qui allèrent même jusqu'à vendre ce qui était inaliénable, sans que le faible pontife eût jamais le courage de réprimer ces fatales déprédations. Aussi, malgré le sincère attachement que les Embrunais eurent toujours pour sa personne, le jour de sa mort fut-il regardé comme l'aurore d'un temps meilleur.

Pour ne rien omettre de ce que les souvenirs du passé rappellent de plus glorieux pour la cité Embrunaise, nous devons peut-être nommer ici un personnage illustre, dont l'infatigable historien des Alpes Maritimes fait mention en ces termes :

« Il semble que cet endroit de mon
« Histoire m'oblige de parler de Jean
« d'Ambrun ou d'Ambroniaco, comme
« l'appelle Saxi en son livre des archevesques d'Arles. Tous les autheurs le
« font natif d'Anecy en Savoye; et je
« crois qu'il estoit originaire d'Ambrun,
« et que ses parents, s'estant allés habituer dans la Savoye, ils y avoient tousiours retenu le nom de leur pays. Il y
« a deux choses quy me persuadent cette
« origine ; la première, c'est ce mesme

« nom, et la deuxième, c'est l'affection
« qu'il a témoignée à Ambrun et les biens
« dont il obligea la jeunesse de cette
« ville. Sa vertu l'éleva au-dessus de sa
« naissance quy estoit au-dessous de la
« médiocre. Il fut évesque de Viviers,
« puis archevesque d'Arles, et enfin il fut
« fait cardinal par Pierre de Lune. Il fon-
« da un collége à Genève, où l'on voit
« encore ses armes avec cette inscrip-
« tion : *Christe crucem cruentasti*. Il en
« fonda un autre à Avignon, quy est le
« grand collége de Saint-Nicolas, auquel
« il establit vingt places, dont il y en
« avoit quatorze pour les écoliers savoyars,
« quatre pour Arles et deux pour Am-
« brun. Ce qu'il fit sans doute à cause
« qu'il estoit originaire de cette ville.
« L'on n'observe pas bien à présant l'in-
« tention du fondateur quy vouleut que
« ces places feussent pour des pauvres,
« et on les donne aux riches par faveur
« ou par argent. Outre ces places, il y
« a quatre prestres establis pour célébrer
« la messe tous les iours. Il pourveut ce
« collége de tous les meubles nécesse-
« res, d'une bibliothèque de plus de

« 700 volumes, de l'ameublem^t accomply
« de la sacristie, et il le dotta de 6000
« livres de rente. Quoyque les Ambru-
« nois n'ayent plus de part à ces places,
« ils ne luy en doivent pas pourtant une
« moindre reconnoissance (1). »

Michel d'Estienne n'avait pu se rendre au concile de Constance (1414), où le vaisseau de l'Eglise, horriblement balloté pendant le grand schisme d'Occident, devait enfin retrouver un pilote unique et accepté de tous. Mais si le pontife d'Embrun n'eut pas l'honneur de siéger dans cette imposante réunion composée de tout ce que le monde chrétien avait de plus grand, il y fut noblement représenté par Jean de Poligny, abbé de Boscodon (2), et par le chanoine Jacques d'Albert,

(1) P. Fournier, siècle 15e, section 1re.

(2) « Jean de Polligny estoit de l'ancienne et illustre
« maison de Polliguy en Champsaur, dans le Gapençois,
« dont i'ay veu des titres de plus de 400 ans, quy a
« donné un gouverneur à la ville de Gap, et plusieurs
« autres hommes quy se sont signalés dans la guerre,
« de laquelle maison est à présant Pierre de Polligny ;
« baron de Valbonnez, seigneur de Corp, de Polligny,
« d'Ambel et de la Fare, et les Pollignys de Chasteau-
« vieux, proche de Tallard. »

(P. Fournier, siècle 15e, sect. 1re.)

vicaire général, dont les Pères du concile apprécièrent si bien l'extrême habileté, qu'ils l'envoyèrent successivement, en qualité de légat, vers la reine de Naples, Jeanne II ou Jeannelle; en Grèce, pour faire cesser le schisme des Grecs, et vers le Dauphin de France.

Un autre chanoine d'Embrun, Jacques Gélu, que la providence destinait à remplacer un jour Michel d'Estienne sur le trône archiépiscopal, se distingua plus encore que Jacques d'Albert dans ce même concile de Constance, où le roi Charles VI le députa directement pour être son orateur et son avocat. On peut dire qu'il y brilla comme un flambeau et qu'il contribua puissamment par ses écrits, par son éloquence et par sa sagesse, à l'heureuse extinction du schisme. Nous devons une place importante à cet homme célèbre.

Jacques Gélu naquit à Ivoy, ancienne ville du duché de Luxembourg. Il fit ses études à Paris, se destina d'abord à la carrière du barreau, y remporta de grands succès et se fit remarquer du duc d'Orléans qui lui accorda son amitié.

Quand ce prince infortuné eut été assassiné par Jean-sans-Peur, duc de Bourgogne (1307), le roi Charles VI voulut honorer lui-même les talents de l'ami de son frère ; il l'attacha au service de ses fils et le nomma président de la province du Dauphiné (1). Dans ces importantes fonctions, Gélu se sentit inspiré de quitter le monde et d'embrasser l'état ecclésiastique.

Tournant alors ses regards vers l'illustre Eglise de Notre-Dame d'Embrun, il écrivit à l'archevêque et à ses chanoines pour les prier de lui donner le premier canonicat vacant. Les uns et les autres s'empressèrent d'accueillir avec faveur l'éminent personnage qui leur demandait l'hospitalité. Mais, pendant que Gélu atten-

---

(1) Le P. Fournier dit : *Président unique au Parlement de Dauphiné.* Nous pensons qu'il veut parler de la présidence du *Conseil Delphinal*, car cette cour souveraine de justice ne fut érigée en parlement qu'un peu plus tard, par Louis XI dauphin, comme nous le verrons bientôt. « Dans ce poste, ajoute le P. Fournier, Gélu ne « s'occupa pas seulement aux afferes ordres du Palais, « avec une merveilleuse application ; mais il fit des « réglemans du consentement des Estats de cette mesme « province, qui feurent confirmés par le roy dauphin. »
(P. Fournier, siècle 15e, sect. 2e.)

dait son canonicat, Charles VI le manda à la cour et lui confia la charge de général des finances. Ces nouveaux honneurs ne le détournèrent point du projet qu'il avait formé de se consacrer à Dieu. Il se hâta, quelques mois après, d'accourir à Embrun pour remplacer un chanoine qui venait de mourir. Il était à peine installé, que le roi, comme nous l'avons déjà dit, le rappela pour l'envoyer au concile de Constance. Le pape Jean XXIII, désireux aussi de reconnaître son mérite, le nomma archevêque de Tours, dès l'ouverture même du concile; et c'est en cette qualité que Gélu participa glorieusement aux travaux des Pères qui rendirent la paix à l'Eglise.

Le quinze juillet 1416, il fut mis à la tête des quatorze légats qui accompagnèrent l'empereur Sigismond auprès de l'indomptable Pierre de Lune, dit Benoît XIII, pour l'engager à se démettre de la papauté. Jacques Gélu se montra à la hauteur de sa difficile mission. Dans la plupart des conférences avec l'antipape, il était l'organe de la députation. Il savait toujours opposer l'habileté, le langage ferme et digne de la sagesse à tous les sophismes captieux et frivoles, à tous les faux-fuyants, à toutes les ruses qu'employait l'obstiné vieillard pour défendre sa prétendue dignité.

L'entrevue du trente octobre fut la plus célèbre. Benoît XIII s'entoura d'un appareil pompeux et menaçant. Il parut au milieu d'un grand nombre de prélats, de docteurs, de gentilshommes armés comme pour le combat. Jacques Gélu lui enjoignit de nouveau, au nom du concile, de résigner purement et simplement le souverain pontificat. Benoît en revint à ses propositions et à ses moyens ordinaires qui n'étaient que des fins de non-recevoir ou des paroles évasives. Le courageux archevêque lui répliqua que tous ces subterfuges n'étaient conformes ni à la raison, ni au droit, ni à l'équité, et que la voie de cession pure et simple, était juste, canonique et facile. Mais, après un long discours cauteleux, durant lequel les légats commençaient à espérer une conclusion favorable, l'inflexible Benoît termina tout à coup par ces étranges paroles : « Je demeure maintenant seul pon-

« tife...... Qu'on me reconnaisse pour
« pape, et alors il n'y aura plus de schis-
« me, puisqu'il n'y aura plus de concur-
« rents. Car, que l'on n'attende pas de moi
« que j'abandonne jamais le vaisseau de
« saint Pierre dont Dieu m'a confié le
« gouvernail. »

Jacques Gélu et les autres légats n'in-
sistèrent pas ; ils se turent prudemment ;
« parce que, dit notre savant archevê-
« que dans l'écrit qu'il adressa bientôt à
« l'Eglise universelle sur sa fameuse léga-
« tion, il n'était pas étonnant que nous ne
« voulussions plus discuter avec Benoît.
« Les soldats armés étaient là pour nous
« avertir qu'au lieu d'une réplique, la
« verge pourrait bien nous répondre. »
Nec erat mirandum si cum ipso à præsentibus talibus.... non fieret disputatio, ne
videlicet pro replica in castro munito res-
ponderet baculus (1). Cet écrit de Jacques
Gélu, intitulé : *Apologie pour l'Empereur
Sigismond, le roi d'Aragon et les ambassadeurs du concile contre l'antipape Benoît
XIII*, reçut l'approbation du concile et

(1) Apol. Arch. Turon.

servit beaucoup à détacher du parti de Pierre de Lune, dont il dévoila les artifices, ceux qui s'étaient déclarés ses partisans.

Or, pendant que Gélu était encore à Perpignan, Raymond de Perilloniis, frère de l'archevêque Michel d'Estienne, s'y rendit aussi. Il venait au nom de ce prélat, demander à l'empereur la confirmation des priviléges temporels de l'archevêque d'Embrun, que l'on pressentait bien ne devoir pas être respectés par les rois de France. Il lui prêta le serment de fidélité et obtint ce qu'il désirait.

Quelques années plus tard, vers la fin de 1431, Sigismond convoquera lui-même à l'arme tous ses anciens vassaux pour recevoir leur hommage. Jacques Gélu, qui aura succédé alors à Michel d'Estienne, se rendra à cette invitation, et le monarque le comblera d'honneur (1). Mais ce sera la dernière fois que les princes Allemands verront encore les successeurs de saint Marcellin leur faire un acte de soumission. Depuis trop longtemps, leur

---

(1) Voir aux Pièces justificatives, n° XI.

suzeraineté n'était plus que nominale ; même, elle avait été vendue naguère, comme nous l'avons dit, pour un dîner.

Pendant sa légation de Perpignan, Jacques Gélu fut chargé par Charles VI de pousser jusqu'à Madrid ; il y conclut un traité d'alliance entre le roi de France et celui de Castille contre les Anglais. De retour à Constance, il fut du nombre des trente députés des nations qui furent adjoints aux cardinaux pour prendre part au conclave d'où devait sortir le véritable successeur de saint Pierre. Et celui qui allait devenir bientôt archevêque d'Embrun eut des voix pour la Papauté (1).

Après l'exaltation de Martin V (11 novembre 1417), Jacques Gélu alla prendre possession de son siége de Tours. Le Dauphin Charles VII ne tarda pas à envoyer ce fidèle ami des Armagnacs en ambassade auprès de Jean II, roi de Castille, pour lui demander

---

(1) « Ce pontife (Martin V) n'eut pas tous les suffra-
« ges ; il y en eut des autres quy eurent quelques voix ;
« et Gélu en eut une bonne partie ; et peu s'en falleut
« qu'il ne fût élevé au Pontificat : ce quy fait voir la
« haute réputation et le grand mérite de cet archeves-
« que. »   (P. Fournier. Siècle 15e, sect. 2.)

des secours. Le monarque espagnol les accorda aux éloquentes sollicitations de Gélu. Nous voyons, après cela, ce grand homme employé par le souverain pontife lui-même à des négociations politiques. Il était venu à Rome visiter les tombeaux des apôtres, et le pape Martin V, qui avait apprécié ses hautes qualités à Constance, lui donna une mission pour le royaume de Naples, afin d'essayer la pacification de ce malheureux pays troublé par les prétentions rivales d'Alphonse V, roi d'Aragon, et de Louis III, comte d'Anjou. La reine Jeanne II, qui avait adopté Louis III, entra dans les vues du légat; mais il ne put rien obtenir des deux princes.

De retour en France, Jacques Gélu s'employa généreusement pour empêcher les effets de l'infâme traité de Troyes que la reine Isabeau de Bavière venait de conclure avec Henry V, roi d'Angleterre, et le duc de Bourgogne. D'après les clauses de ce traité, le gendre anglais d'Isabeau devait, à la mort de Charles VI, régner sur la France, à l'exclusion du légitime héritier, le Dauphin Charles. Le duc de

Bretagne avait souscrit à ce déshonneur de la patrie. Jacques Gélu alla le trouver pour tâcher de le ramener lui et les seigneurs bretons à leurs devoirs envers le Dauphin. Il leur écrivit encore de Tours, leur représentant avec force, la honte qu'il y avait à abandonner le souverain légitime (1) ; il osa même s'adresser plusieurs fois directement au roi d'Angleterre dans des lettres où l'éloquence, le patriotisme et la plus sainte indignation protestaient en faveur des droits sacrés du Dauphin et appelaient la colère de Dieu et des hommes sur ceux qui continueraient à les violer.

Mais toutes les remontrances du généreux prélat furent inutiles, et c'est alors qu'il résolut de partir une seconde fois pour Rome ; car sa grande âme ne pouvait plus se faire au séjour de cette France infortunée, réduite par les Anglais, par l'infâme Isabeau et par tant de ses propres

---

(1) Le P. Fournier rapporte la remontrance de Gélu aux barons de Bretagne. Elle est précédée d'une lettre du même Gélu au Dauphin. Malgré la longueur de ces deux documents, nous croyons devoir les reproduire à notre tour dans les Pièces justificatives sous le n° XII.

enfants, à de si épouvantables calamités, que « et toute jour et toute nuit avait par-
« my Paris, tels longs plaints, lamenta-
« tions, douleurs, cris pitéables que onc-
« ques je croy que Jérémie le prophète ne
« fist plus doloreux quand la cité de Jé-
« rusalem fut toute destruite et que les
« enfants de Israhele furent menés en Ba-
« bylone en chetivoison (captivité) (1). »

« Passant à Embrun, dit le docteur
« Albert, il vit les honneurs funèbres
« qu'on rendait à Michel d'Estienne arche-
« vêque de ce diocèse et à qui il s'était
« autrefois adressé pour avoir un cano-
« nicat dans cette Eglise. Le clergé le
« pria d'accepter cet archevêché vacant.
« Il se rendit à leurs prières, ennuyé
« sans doute de rester à Tours.... Arrivé
« à Rome, on lui offrit l'archevêché de
« Lyon ; mais Jacques Gélu aima mieux
« celui d'Embrun. Il avait néanmoins
« seize compétiteurs pour ce siége ; mais
« à cause de son mérite reconnu du Pape
« et des cardinaux, il fut préféré à tous
« les autres (2). »

(1) Journal d'un bourgeois de Paris, an 1421.
(2) Hist. Ecclés. du diocèse d'Embrun, tom. 2, pag. 190.

CHAPITRE XIII.

Importance du siége d'Embrun. — Priviléges spirituels des archevêques — Priviléges temporels. — Possessions. — Droit de faire battre monnaie. — Différents ouvrages de Gélu. — Curieux exemplaire de ses mémoires. — Sa dissertation sur Jeanne d'Arc. — Les ruines du château de Guillestre.

La préférence qui fut donnée à Jacques Gélu sur tous ses compétiteurs et la translation de ce grand homme du siége de Tours à celui d'Embrun attestent non-seulement la haute estime que le souverain pontife professait pour lui, mais encore l'importance qu'avait alors le trône archiépiscopal des Alpes Maritimes (1). C'est

(1) « Ses amis et les autres le félicitèrent bientôt après
« de cette translation comme d'une acquisition d'un plus
« haut grade, et ils luy firent connoistre qu'il avait aug-
« menté de dignité en laissant le siége de St Martin pour
« celuy de St Marcellin.......... il reçut les congra-
« tulations singulierement de Jean de Girard President
« unique du conseil delphinal, quy lui écrivit une lettre
« par laquelle il luy temoigne la joye qu'il avait de ce

donc maintenant le lieu de rappeler, avec Jacques Gélu lui-même, les compulsant, dans son château de Guillestre, les titres et prérogatives qui firent plusieurs fois préférer, par nos prélats, le pauvre diocèse des montagnes aux siéges les plus brillants du royaume, tels que ceux de Tours, de Lyon, de Reims, de Vienne et d'Arles, refusés par Gélu, par Jean de Girard et par Guillaume d'Avançon. Peut-être aussi préviendrons-nous le reproche que quelques lecteurs pourraient nous faire, d'avoir donné dans ce livre trop de place aux seigneurs archevêques. On reconnaîtra que ces prélats étaient de véritables souverains dont il fallait nécessairement décrire le règne, outre que, en les

---

« qu'il avoit esté elevé à une plus haute dignité et à un
« siége plus considerable que celuy qu'il possedoit auparavant. Je crois, disoit-il, que je dois rendre en premier lieu des loüanges infinies au Dieu immortel, de
« ce qu'il vous a accordé ce bonheur de vous tirer des
« confins de la Loire pour vous fere monter à un plus
« grand et un plus heureux siége ; et de ce que votre
« merite vous elevant à une dignité plus sublime, le
« bruit s'en est repandu par toutes les contrées, les pro-
« vinces et les royaumes.

(P. Fournier, siècle XVe, sect. 2.)

omettant, on aurait laissé dans l'oubli la plupart des glorieux souvenirs qui remplissent d'une fierté bien légitime tous les fils de la vieille cité embrunaise.

Les priviléges des archevêques d'Embrun étaient de deux sortes, les uns spirituels et les autres temporels. Les principaux avantages spirituels consistaient en ce que le métropolitain d'Embrun, avec son église, était placé sous la protection immédiate du saint-siége apostolique et ne reconnaissait point de primat au-dessus de lui. Aucun légat ou vice-légat ne pouvait l'excommunier, le suspendre ou l'interdire. Ce terrible pouvoir était réservé au pape en personne. L'archevêque d'Embrun avait dans tous les diocèses de sa province des prérogatives d'honneur très-étendues; enfin, il avait le titre de Protecteur de l'Ordre de Cîteaux.

Les droits temporels du même archevêque étaient bien supérieurs à ceux des autres prélats du Dauphiné. Conrad III, comme nous l'avons vu, accorda à Guillaume de Champsaur et à tous ses successeurs les régales, la justice, la monnaie et les péages, tant sur terre que sur la Durance. Or, il est à remarquer que les régales concédées à nos archevêques, n'étaient pas seulement celles qu'on appelait *petites régales*, *minora regalia*, telles que les grands chemins, les grandes rivières, les péages et autres semblables droits qui ne sont pas essentiellement attachés à la dignité royale et qui peuvent être cédés. C'étaient, en bien des points, *les grandes régales*, *majora regalia*, marques et caractères de la puissance suprême. Aussi l'archevêque d'Embrun recevait-il l'investiture des régales par le sceptre impérial, comme une participation à cette souveraineté dont le sceptre était l'emblème.

Guillaume de Hollande ajouta à ces premiers droits, en permettant à l'archevêque Henry de Suze de créer des notaires ou tabellions publics dont les écritures seraient reçues dans tout l'Empire (1) (1251).

(1) Guillelmus Dei gratia Romanorum rex, concedimus etiam eidem archiepiscopo et successoribus suis quod possint facere et constituere tabelliones publicos et solemnes quorum instrumentis per totum imperium fides plenissima adhibeatur.... Datum Coloniæ, anno ab incarnatione Domini 1251.

Rodolphe de Hapsbourg créa l'archevêque d'Embrun tricamérier ou grand chambellan, prince du saint empire romain et secrétaire du palais ou conseiller spécial de la cour impériale (1276).

Enfin, Charles IV de Luxembourg, après avoir honoré l'archevêque d'Embrun de sa sauvegarde et de sa protection impériale, lui donna dans tout le territoire d'Embrun la même autorité qu'y aurait eue l'Empereur lui-même, s'il avait été présent (1357).

Outre la principauté d'Embrun, les archevêques reçurent des Empereurs le comté de Guillestre dont le Pape Innocent IV fait mention dans ses lettres décrétales de l'année 1247.

A l'exemple des Empereurs, les comtes de Provence, ceux de Forcalquier et enfin les Dauphins de Viennois se plurent, quelquefois par dévouement, le plus souvent par politique, à augmenter les droits et les domaines de nos archevêques. Ainsi, Raymond Béranger III, comte de Barcelone, troisième comte de Provence, céda, en 1135, à l'archevêque Guillaume de Champsaur, la propriété et le souverain domaine de Bréziers, de Beaufort et du Sauze, sans même se réserver aucun droit de suzeraineté sur ces lieux.

Guillaume VI, comte de Forcalquier, donna au même archevêque une partie de la terre des Orres, et une troisième partie de celles de Rame, de Champcela et de Frayssinières.

En 1210, Guigues André, le premier dauphin de Viennois à qui appartint l'Embrunais, comme dot de sa première femme, l'infortunée Béatrix de Claustral de Sabran, céda à l'archevêque Raymond III le haut domaine de tous les lieux qui avaient été possédés par les comtes de Forcalquier dans le diocèse d'Embrun. Il déclara qu'il les tiendrait désormais en fief de l'archevêque et se reconnut son vassal. Il n'excepta de sa donation que les terres de Chorges, de Montgardin et quelques autres qui continuèrent à être possédées en commun par l'archevêque et par le Dauphin.

Enfin, vers l'an 1222, noble Pierre de Beaufort fit l'archevêque saint Bernard Chabert et ses successeurs, héritiers de tous ses biens. Ils étaient situés dans cette vallée des Basses-Alpes où, sous les auspices de l'illustre Bernard Chabert, s'éleva bientôt la ville de Barcelonnette. Ils comprenaient les villages de Faucon, de Jausiers, des Bérards, de Saint-Pons, de Fours, etc. Dans toutes ces localités, les prérogatives seigneuriales étaient extrêmement étendues, ainsi qu'on peut le voir par le cartulaire que nous donnons aux Pièces justificatives (1).

Alors la principauté des archevêques d'Embrun se trouva comprendre, suivant l'ordre qu'a gardé Jacques Gélu, 1° les terres du Sauze, de Beaufort, de Rochebrune, de Bréziers, de Crévoulx, de Châteauroux, de Saint-Clément, de la Roche, de Champcela, d'Eygliers, le château et la ville de Guillestre, Rizoul, la plaine de Phasi, Ceillac, Vars et leurs dépendances; 2° dans la *vallée des Monts*, appelée plus tard *de Barcelonnette*, Jausiers, Faucon, Barcelonnette, Saint-Pons, Fours, etc.; 3° Réotier, la ville d'Embrun, Saint-André, Saint-Sauveur, Chorges, Montgardin, Espinasses, Rousset,

(1) Voir n° XIII.

etc., dont la souveraineté était à partager entre l'archevêque et le Dauphin ou quelque autre seigneur particulier, et 4° les lieux et territoires de Remollon, d'Avançon, de Théus, de Réalon, de Savines, des Orres, des Crottes, de l'Argentière, de Freyssinières, etc., appartenant en propre aux Dauphins ou à d'autres seigneurs qui en faisaient hommage à l'archevêque d'Embrun comme à leur souverain.

De tous les priviléges des archevêques d'Embrun, un des plus importants était le droit de faire battre monnaie. Il existe, au cabinet impérial, à Paris, une pièce de 1308 de l'archevêque Raymond IV de Mévolhon. Nous copions dans la revue du Dauphiné la description d'une autre pièce de Pasteur d'Aubenas, aussi conservée au cabinet impérial et pesant précisément le double de la première :

« PASTOR·ARChIEPiscopuS. Figure
« mitrée, debout, tenant la crosse d'une
« main, l'autre levée pour bénir.

« Revers : EBREDVn EnSIS. Croix
« fleuronnée. — Billon. — 44 grains 1/2.

« On peut remarquer que sur cette

« belle monnaie, la figure épiscopale de
« Pastor offre beaucoup de ressemblance
« avec celle du gros de Thierry V, de Metz,
« qui vivait presque à la même époque
« (1369-1383). Quant à la croix du revers,
« elle est tout à fait méridionale de
« style (1). »

Le P. Fournier avait vu plusieurs pièces semblables, de l'archevêque Pasteur, en cuivre et en argent. Cet historien avait vu aussi une autre pièce sur laquelle étaient gravées, d'un côté, l'image de saint Marcellin avec ces mots : *Sanctus Marcellinus,* et de l'autre côté, celle d'un cavalier entouré de cette inscription : *Guigo Delphinus Viennensis.*

Les mines de l'Argentière, qui étaient d'un produit considérable auquel l'Eglise d'Embrun avait part pour un dixième, et celle de Châteauroux découverte en 1290, sous l'épiscopat de Raymond IV de Mévolhon, fournissaient aux archevêques le précieux métal qui était transformé en monnaie. Nous trouvons dans Valbonnais, un acte par lequel Raymond de Mévo-

---

(1) Revue du Dauphiné, tom. 3, pag. 247.

lhon cède pour dix ans à deux particuliers l'exploitation de la nouvelle mine, à la condition que la douzième partie de tout l'argent qu'elle produirait, lui serait apportée franche (1).

Le nom de Beaufort est resté célèbre dans les annales monétaires de la principauté archiépiscopale. Sous Jean de Girard, successeur de Jacques Gélu, le Dauphin voulut enlever à l'archevêque d'Embrun le pouvoir de faire battre monnaie. Celui-ci fit ses plaintes. Les juges, nommés pour les examiner, déclarèrent que le prélat ne pourrait plus exercer son droit dans une terre commune à l'archevêque et au Dauphin; mais qu'il serait toujours libre de le faire dans les endroits de son diocèse qui n'étaient pas du Dauphiné. L'on croit que, depuis ce temps-là, l'archevêque faisait battre monnaie à Beaufort, hameau de Bréziers, situé sur les frontières du Comté de Provence, où régnait alors le bon roi René. Mais en 1485, le roi de France ayant fait défendre, dans tout le Dauphiné, l'usage d'aucune autre

(1) Voir aux Pièces justificatives, n° XIV.

monnaie que celle du roi et du Dauphin, les monnaies particulières des prélats et des seigneurs cessèrent d'avoir cours, et les uns et les autres durent forcément renoncer à un honneur sans application.

Dans tout ce que nous avons dit des priviléges spirituels et temporels des princes-archevêques d'Embrun, nous nous sommes appuyé sur une dissertation du docteur Albert, qu'il donne comme le résumé fidèle du livre composé dans la solitude du château de Guillestre par le grand archevêque Jacques Gélu, sur les prérogatives de sa métropole (1). L'illustre prélat composa encore, dans ce même château, une courte histoire des archevêques qui l'avaient précédé, avec ce titre : *Rerum ab antecessoribus in Ecclesia Ebrodunensi gestarum breve compendium*; enfin, à ce qu'assure Albert, les mémoires de sa vie, dont un exemplaire intitulé : *Vita jacobi Gelu ad annum 1421, ab ipso conscripta* est écrit sur le revers de la couverture et sur quelques feuillets blancs

---

(1) Histoire Ecclés. du dioc. d'Embrun, tom. 2, p. 2 et suiv.

d'un manuscrit du *Décret de Gratien*. Ce curieux exemplaire se trouve dans les archives de l'Eglise de Tours.

Les cinq années de l'épiscopat de Gélu à Embrun furent saintement consacrées à l'étude, à la prédication et à la visite de toutes les paroisses du diocèse. Mais, du fond de sa modeste retraite, son ancienne renommée continuait à rayonner dans le monde entier. Les rois et les papes tournaient leur pensée vers les montagnes de l'Embrunais, lorsqu'il s'agissait d'une question délicate ; car Gélu avait de profondes connaissances, particulièrement sur les matières ecclésiastiques, et on le regardait comme un oracle infaillible qu'on s'empressait de consulter. Le pape Eugène IV lui écrivit plusieurs fois au sujet du concile de Bâle, et ses réponses furent toujours conformes aux saines doctrines que finirent par oublier d'une manière si scandaleuse les membres de cette célèbre assemblée. Charles VII voulut avoir son avis sur Jeanne d'Arc, pour savoir si, en effet, la mission de cette héroïne venait du ciel. Il lui fit à ce sujet cinq questions auxquelles l'archevêque répondit par l'écrit suivant : *Jacobi Gelu ministri* (archiepiscopi) *Ebredunensis de puella Aurelianensi dissertatio.*

Le sage prélat pensait qu'il fallait beaucoup examiner avant que de reconnaître un miracle dans les démarches de cette merveilleuse fille; mais, à part cette réserve que commandait la prudence, il partageait vivement l'admiration dont l'enthousiasme et la valeur de Jeanne d'Arc étaient l'objet. Et ce fut la plus grande et la dernière douleur de sa vie, quand il apprit que la vierge de Domrémy était tombée au pouvoir des Anglais et qu'ils l'avaient fait brûler (1). Jeanne d'Arc monta sur le bûcher le trente mai

---

(1) Gélu ayant eu la nouvelle que Jeanne avoit esté prise à Compiegne par les Anglais quy la détenoient prisonnière, il écrivit au roy. Il commença sa lettre par les grâces dont il avoit esté comblé par le secours du ciel quy avoit agi par le bras et par le cœur d'une fille quy avoit fait tant de prodiges dans les victoires qu'on avoit remportées. Il le prie ensuitte de fere sur luy mesme quelque retour d'esprit, pour y voir s'il n'auroit en rien offencé la bonté de Dieu; qu'est-ce qui l'auroit peu irriter et le porter à souffrir que cette genereuse et vaillante vierge eut esté faite prisonnière de l'ennemy; que pour la rençon et le recouvrem^t de cette fille héroïque, il ne devoit épargner aucune chose de tout ce quy estoit

1431. Gélu descendit dans la tombe le sept septembre de l'année suivante.

Hélas! les douleurs succèdent aux douleurs! De cet antique château de Guillestre, illustré par le grand archevêque, il ne reste plus que de misérables ruines; son site gracieux et poétique est abandonné. On y creuse, de temps à autre, quelques fosses qui ne sont pas surmontées d'une croix. L'emplacement du manoir où les successeurs de saint Marcellin venaient respirer l'air pur des montagnes et goûter les charmes de la retraite, sert maintenant à la sépulture des protestants!

à son pouvoir; qu'il falloit prodiguer en cela, et l'or, et l'argent, et toute autre chose, de peur d'encourir le blame ineffaçable de la plus noire ingratitude du monde; qu'il devoit fere ordonner par tout son royaume des prières publiques, afin que si cet accidant estoit arrivé ou par quelque péché que luy ou son peuple eussent commis, il pleut à la bonté divine de le pardonner. Ce prélat composa un livre pour la deffence de cette sainte amazonne au langage du siècle; Certes si on l'avoit purgé de cette teinture d'ancienneté gauloise, et mis dans la politesse du temps, l'on y remarqueroit les raisonnements d'un esprit consommé.

(P. Fournier, siècle 2e, sect. 2e.)

CHAPITRE XIV.

Un Embrunais, archevêque. — Par qui fut nommé Jean de Girard. — Lettre de Jean de Girard aux chanoines d'Embrun. — Accusation que Chorier fait peser sur ce prélat, démentie par toute sa conduite. — Les droits souverains de l'archevêque sont attaqués. — Règlements judiciaires. — Organisation de la justice à Embrun. — Juge de la Cour commune. — Clavaire. — Formule du serment prêté par ces deux officiers. — Courrier. — Pierre Duranti. — Official. — Châtelain ou Vibailli. — Commissaire spécial. — Bailli ou Juge Mage — Curies ou Cour. — Assises. — Droit des Consuls d'Embrun d'être assesseurs aux Assises. — Organisation régulière d'un conseil de douze assesseurs. — Nom des conseillers de la première création. — Epoque de la tenue des Assises. — Début religieux et solennel de toutes les sentences. — Les bailliages du Dauphiné réduits à deux par Louis XI. — Embrun est un des quatre.

Un enfant de la cité embrunaise comme saint Pélade, succéda à Jacques Gélu (1432-57). Il se nommait Jean de Girard. Ses ancêtres avaient possédé la seigneurie des Orres et celle de Réotier. Il joignait lui-même à la noblesse de la naissance, celle de l'esprit et du cœur.

Les auteurs ne sont pas d'accord sur

son élection. Les uns disent que le Chapitre l'ayant nommé, le Pape refusa de ratifier ce choix et que les chanoines se pourvurent au concile de Bâle. Les commissaires chargés d'examiner cette affaire auraient conclu à l'acceptation du candidat du Chapitre et le concile aurait accordé les Bulles. D'autres prétendent que la nomination de Jean de Girard fut transmise simultanément au concile et au pape, et que de part et d'autre, elle fut agréée. Seulement, Eugène IV voulut donner à ce prélat l'archevêché de Reims, qui avait le privilége du sacre des rois de France, et, ensuite, celui de Vienne auquel était attachée la dignité de *Primat des Gaules*. Mais, comme un autre Télémaque, de Girard préféra les montagnes de sa pauvre Ithaque aux riches plaines de contrées plus heureuses, et il fut intronisé sur le siége de saint Marcellin.

Ce sentiment est profondément empreint dans la lettre suivante qu'il écrivit de Grenoble aux chanoines d'Embrun, à l'occasion de ces événements :

« Très chers frères, ie me recommande
« à vous.

« Hier à soir vint Messire Jean d'Am-
« bornay de court de Rome, qui a par-
« tit d'Ambrun lendemain de mon élec-
« tion, comme scavez ; lequel m'a apporté
« bonnes nouvelles, et laissa nos ambas-
« sadeurs à Rome en tres bon point.
« Le 8e jour de ce mois, présentèrent
« au Pape, le judy paravant son parte-
« mant, les lettres de monsieur le Gou-
« verneur, du conseil, et les vostres, et
« celles de la ville d'Ambrun, ensemble
« le proces et le décret de l'élection, en
« présence de messieurs les cardinaux
« d'Arlis, des Ursins, de saint Sixte, et
« de Novare, et y eut des grandes recom-
« mendations faites pour le bien de la
« dite élection. Dit le pape qu'il me con-
« noissoit bien, et qu'autrefois m'avait
« veu, et que bon gré me scavoit de ce
« j'avois laissé, contemplation de luy, le
« Doyenné de Vienne pour son principal
« familier, et dit qu'au cas que monsieur
« de Reims n'accepteroit la dite Eglise
« d'Ambrun, qu'il me feroit iustice :
« Car il luy souvenoit bien qu'autrefois,
« la dite Eglise luy fut commise par moy.
« J'ay bonne espérance en notre fait ; et

« déià a esté parlé que l'on me baillera re-
« compensation de Reims ou de Vienne ;
« A quoy nos gens n'ont point vouleu en-
« tendre.; De quoy ie suis très bien con-
« tent : car s'il plaît à Dieu, ie vivray et
« mourray avec vous et les bonnes gens
« de par de là etc. de Grenoble le 24
« novembre.

« J'ay remarqué deux choses très par-
« ticulièrement dans cette lettre, dit le
« P. Fournier. La première, c'est que
« l'Eglise d'Ambrun avoit esté commise
« par Jean de Girard à Eugène IV; c'est-
« à-dire, comme ie crois, que celuy cy
« avoit supplié, au nom de Gélu, ce pon-
« tife lorsqu'il estoit encore cardinal,
« d'estre le protecteur de cette Eglise :
« Sans doute que Girard s'estoit fait
« connoître aux cardinaux d'Arlis, des
« Ursins, de saint Sixte et de Novare ;
« puisqu'ils le recommendèrent avec tant
« d'éloges, et qu'ils eurent tant à cœur
« de fere confirmer son election. La se-
« conde, c'est que la chaire archiépis-
« copale d'Ambrun estoit autant et plus
« considérable que celles de Reims et
« de Vienne ; puisque l'éleu de Reims y

« prétandoit, et que pour récompencer
« Girard on luy vouloit bailler ou Vienne
« ou Reims ; ce qui auroit esté fait si le
« Chapitre d'Ambrun n'eut soustenu l'é-
« lection de Girard ; a quoy se ioignirent
« le gouverneur et le conseil delphinal
« de la part du roy dauphin, avec la
« ville d'Ambrun qui avoient à Rome
« des députés ; ce qui fait voir avec le
« choix de Girard les avantages que cette
« archevesché avoit par dessus les autres
« deux, sans doute à cause des droits et
« des prérogatives éminentes de sa prin-
« cipauté (1). »

Chorier accuse Jean de Girard d'avoir soumis ses compatriotes à des impôts excessifs : « L'Empereur Sigismond,
« dit cet historien, donna avis, aux
« villes impériales et aux vassaux de
« l'Empire, et leur demanda la subven-
« tion à laquelle ils étaient obligés dans
« les occasions extraordinaires. La ville
« de Vienne lui fit présent de cinquante
« escus d'or, chacun du poids de trois
« deniers, de la valeur de vingt-trois gros.

(1) P. Fournier, siècle 15e, section 3e.

« Mais celle d'Ambrun ne lui envoya que
« des plaintes : ce ne fut pas avarice,
« mais impuissance. Jean de Girard son
« archevêque l'avait épuisée par de fré-
« quentes exactions (1). »

Toute la conduite de Jean de Girard pendant son épiscopat et les larmes du peuple à sa mort, nous autorisent à regarder cette imputation comme singulièrement exagérée. Ainsi, la ville, dans ces temps malheureux, était fréquemment traversée par des passages de troupes; les habitants fatigués se plaignaient que le clergé fût dispensé de loger les gens de guerre. L'archevêque s'empressa de décider que, nonobstant un privilége impérial en faveur des ecclésiastiques, ceux-ci devaient, dans des circonstances aussi accablantes pour le peuple, partager ses charges et lui venir en aide. Ainsi encore, le peuple ayant représenté qu'il était injuste que les biens qu'acquéraient les ecclésiastiques fussent exempts d'impôts, chose qui tendait à en faire retomber sur

---

(1) Hist. Génér. du Dauphiné, livr. XIII, pag. 428.

lui tout le poids, Jean de Girard décréta que ce privilége cesserait également.

C'est sous ce pontife, avons-nous vu, que l'archevêque d'Embrun perdit le droit de faire battre monnaie dans toutes les parties du diocèse, appartenant au Dauphiné; il dut établir sa fonderie à Beaufort, sur les frontières de la Provence. Les autres droits souverains du prélat, tels que ceux de faire grâce aux criminels et d'établir des impôts, furent attaqués ; mais Jean de Girard parvint à les faire maintenir et respecter. Il triompha encore dans sa querelle avec les moines de Boscodon. Pendant le grand schisme d'Occident, ces religieux avaient obtenu, de l'antipape Benoît XIII, d'être soustraits à la juridiction de l'archevêque. Sur les instances de Jean de Girard, les papes Eugène IV et Nicolas V lui rendirent son autorité sur l'abbaye et frappèrent d'excommunication les plus obstinés d'entre les moines.

Le prince-archevêque, Jean de Girard, était très-versé dans la jurisprudence, et ses anciennes fonctions lui donnaient une haute autorité dans ces matières ; car il avait été président du conseil delphinal à Grenoble et vice-chancelier du Dauphin. Il composa des règlements judiciaires compris sous les sept chefs suivants : 1° du serment que l'on fait prêter en justice ; 2° du temps et du lieu où l'on doit s'assembler à l'audience ; 3° de l'ordre que l'on doit garder pour discuter les causes ; 4° de la forme d'exécuter les sentences ; 5° des appellations ; 6° des controverses qui demandent l'enquête ou l'information des juges laïques ; 7° des possesseurs par violence ou par usurpation.

Le catalogue des archives de l'Hôtel-de-Ville indique, comme étant de la même époque, une pièce que nous n'avons pu retrouver, portant ce titre : *Règlement pour prévenir les abus d'autorité commis par les juges de la cour commune.* C'était, sans doute, une application des principes du savant archevêque. Nous sommes donc amené naturellement à dire en cet endroit quelle était l'organisation de la justice dans la ville d'Embrun, sous la double souveraineté des prélats et des Dauphins.

En vertu de la bulle de l'empereur

Conrad III de 1147, les archevêques d'Embrun avaient le droit de rendre la justice dans leur principauté, et il paraît que ce fut une des prérogatives dont ils s'empressèrent de jouir. Lorsque le Dauphin Guigues André fut associé, en 1210, à la souveraineté de la ville d'Embrun, par l'archevêque Raymond III, « à condi- « tion, dit un vieux titre, que ledit sei- « gneur dauphin l'appuyerait aux guerres « qu'on entreprendrait contre lui (1), » il fut réglé que les deux souverains au-

(1) « Il y a quelques-uns en ces quartiers quy ont « imaginé que les archevesques avoient associé les Dau- « phins au domaine de l'Ambrunois pour se rendre plus « forts par cette alliance, et qu'ils s'estoient seulement « réservés le droit de seigneurs dominants. Certes, l'on « seroit bien en peine de fere voir une bulle impériale « quy eût attribué cette souveraineté aux archevesques « avec pouvoir d'en fere part à quy bon leur sembleroit. « Ainsy, il n'y a pas à douter que la supériorité de ces « archevesques, par-dessus les Dauphins, ne soit venüe « de la piété de ces princes et de la dévote et volontaire « soumission qu'André Dauphin leur en fit après qu'il fut « devenu maistre des comtés d'Ambrun et de Gap par « son mariage, quoyqu'elles lui eussent esté transmises « avec les mesmes droits et la mesme indépendance dont « les comtes de Forcalquier avoient iouy. »

(P. Fournier, siècle 13e, sect. 1re.)

raient une égale juridiction dans la ville et l'exerceraient conjointement.

Cet accord fut renouvelé en 1247 entre l'archevêque Humbert et le dauphin Guigues VII le Jeune; et, pour qu'il devînt plus durable et plus sacré, les deux parties contractantes recoururent simultanément au pape Innocent IV pour en obtenir une bulle d'approbation contenant la menace d'un terrible anathème contre celui qui violerait le traité (1). L'analyse que nous donnons de cette bulle, d'après le P. Fournier, montre mieux que nous ne saurions l'expliquer, comment la juridiction fut partagée entre les deux souverains d'Embrun, et combien gravement

---

(1) Au moyen âge « la coutume est de faire intervenir
« la papauté, en qualité d'arbitre et de juge, dans les
« transactions des souverains. C'est à la papauté, image
« vivante de l'invisible majesté qui règne dans les cieux,
« que les princes remettent le droit de punir toute infrac-
« tion individuelle aux traités. Ils la conjurent, en face
« des autels, de punir la violation d'un seul iota des con-
« ventions royales, non-seulement dans la personne du
« parjure, mais dans celle même de ses héritiers; et ce
« n'est pas seulement leur tête, mais le droit en vertu
« duquel ils règnent, qu'ils vouent, en cas de trahison,
« aux foudres vengeresses du grand prêtre qui règne au
« Vatican. (Audin, Henri VIII, chap. VI.)

les droits de l'archevêque furent lésés plus tard, quand, au lieu d'en appeler à lui des jugements de première instance, on put toujours, au contraire, avoir recours au parlement contre le prélat.

« Le pape Innocent IV accorda ce
« qu'ils avoient convenu, et il vouleut,
« en conformité, que dans la ville d'Am-
« brun les justices, les bans, les mesu-
« res, les poids, les quartons, les muys,
« les proclamations, et toutes autres
« choses et droits corporels ou incorpo-
« rels seroient communs entre l'arche-
« vesque et le Dauphin, à la réserve du
« domaine supérieur, et de tout ce quy
« appartenoit au fief dominant, quy ap-
« partiendroit seul à l'archevesque avec
« les régales qu'il tenoit de l'empereur,
« les alberges, les tailles, les quartons,
« et autres choses semblables ; et celles
« qui seroient purement ecclésiastiques ;
« comme aussi les actions personnelles
« des clercs qui seroient délaissées à
« l'archevesque ou à ses officiaux ; et
« pour les réelles, qu'elles appartien-
« droient au juge commun en première
« instance et par appel à l'archevesque

« ou à l'auditeur qu'il establiroit à son
« absence ; que le dauphin pourroit aussi
« connoître des appellations interiectées
« par ses hommes, ou establir un audi-
« teur à son absence pour cet effet ; et
« que, pour le dernier ressort, les ap-
« pellations seroient à l'archevesque
« seul (1). »

Il y eut donc un magistrat, nommé de concert par l'archevêque et par le Dauphin, qui prenait le titre de juge de la cour commune. On conserve encore, dans les archives de la ville, un grand nombre de sentences de ce juge (2) ou d'appels de ses décisions à un tribunal supérieur.

Plus tard, le juge commun disparut, et la justice, toujours *en pariage* entre le roi-dauphin et l'archevêque, fut exercée à tour de rôle, par la judicature royale-delphinale et par la judicature archiépiscopale. La première eut l'exercice de l'année paire ; et la seconde, celui de l'année impaire. L'une fut composée d'un

(1) P. Fournier, siècle 13e, section 5e.
(2) Inventaire Dongois, nos 196, — 219, — 424, — etc.

juge royal vibailli, d'un lieutenant, de deux assesseurs, d'un avocat du roi-dauphin, d'un procureur du roi et d'un greffier ; l'autre eut un juge archiépiscopal, un lieutenant, un avocat fiscal, un procureur fiscal, un greffier et un huissier. Mais, dans cet état de choses qui subsista jusqu'à la révolution de 1789, il fut porté atteinte *au pariage*, au détriment de l'archevêque, en ce sens qu'on pouvait en appeler en tout au Parlement, des sentences de son tribunal.

Au temps du juge commun, l'archevêque et le Dauphin entretenaient un second officier qui, sous le nom de clavaire (1), était préposé à la recette des droits communs de la judicature d'Embrun. Le clavaire était tenu encore d'inscrire dans un registre toutes les sentences rendues par le juge. Il avait ordinairement la garde des clefs de la ville ; mais en 1424 (2), les

(1) Ce nom vient de *clavis* clé. — *Cui claves fisci communis commissæ sunt.* (Du Cange. Glossarium mediæ et infimæ latinitatis in verbo Clavarius.) — Tout ce qui est dit des fonctions du clavaire autorise cette étymologie.

(2) Inventaire Dongois, livre carré, fol. 62.

consuls exigèrent que la remise leur en fût faite à eux-mêmes.

On a encore la formule du serment que prêtaient le juge commun et le clavaire. Tous les deux nomment l'archevêque avant le Dauphin, et promettent de s'acquitter avec fidélité et intégrité de leur charge. « Ego N. judex Ebredunensis et
« Caturicarum cum pertinentiis, juro,
« tactis sacro-sanctis Evangeliis, quod
« hinc usque ad annum completum quo
« regere debeo, de judicatura et perti-
« nentiis fidelis ero Dom. Archiepiscopo
« Ebredunensi et Dom. Comiti Dalphino
« et eorum successoribus et de omni-
« bus..... procurabo quod uterque Do-
« minorum habeat partem suam. »

« Ego N. clavarius Ebredunensis Curiæ,
« juro, tactis sacro-sanctis Evangeliis,
« quod usque ad annum completum quo
« Clavariam tenere debeo, Dom. Archie-
« piscopo et Dom. Comiti Dalphino et
« eorum successoribus, de omnibus.....
« fidelis ero (1). »

Au-dessus du juge commun, il y avait

---

(1) Valbonnais, t. 1., pag. 148 et 149.

un magistrat dit *juge des appellations* et nommé indifféremment par le Dauphin ou par l'archevêque (1). Il siégeait à Embrun, et les appels des sentences du juge commun devaient d'abord être traités à son tribunal avant d'être déférés à une autre juridiction.

Mais, indépendamment des tribunaux communs, il paraît que les deux souverains eurent déjà, de tout temps, leur judicature particulière, à laquelle on recourait quelquefois des décisions du premier juge. Valbonnais dit qu'à Embrun, comme dans les autres cités dauphinoises dont le domaine était partagé entre les prélats et le Dauphin, le magistrat archiépiscopal, chargé de rendre la justice, s'appelait *Courrier, Correarius* ou *Conrearius*.

En effet, dans le traité qui fut conclu en 1331 entre l'archevêque Bertrand de Deux et le Dauphin Guigues VIII, il est dit que le *Courrier* de l'archevêque et le Bailli du Dauphin, peuvent seuls, à l'exclusion de tous autres, avoir des manda-

---

(1) Invent. Dongois, livre carré, fol. 8, année 1465.

taires ou appariteurs pour exécuter leurs ordonnances (1).

Au moment des plus forts démêlés du cardinal Pierre Amélie de Sarcenas avec les habitants d'Embrun et le bailli du Dauphin (1368), nous voyons ce dernier, entre autres entreprises contre la juridiction du prélat, pousser la violence jusqu'à faire arrêter le surintendant *Courrier* archiépiscopal (2).

En 1293, l'archevêque Guillaume de Mandagot ayant été mandé à Rome par le pape Boniface VIII, comme nous l'avons dit en son lieu, laissa, pour administrer le diocèse, pendant son absence, Bernard de Bonneval et le chanoine Raymond de Blaquières. Or, en ce temps-là, les dauphins de Viennois se montraient récalcitrants pour rendre l'hommage qu'ils devaient à nos prélats. Ils donnaient pour

---

(1) Quod nec officiales dicti archiepiscopi, nec officiales « dicti Dom. Dalphini possint infra loca Ebreduni, Nun- « cios, Gardiatores constituere ; nisi forte correarius « archiepiscopi duos Mandatarios seu apparitores, et « Baillivus dicti Dom. Dalphini alios duos, qui præcepta « et mandata ac executiones dictor. Officialium facerent. »

(2) P. Fournier, siècle 14e, section 9e.

prétexte qu'ayant été récemment obligés de prêter le serment de fidélité à Charles Ier d'Anjou, comte de Provence, héritier de tous les anciens droits de la maison de Forcalquier, ils n'étaient plus tenus de reconnaître comme seigneurs dominants les archevêques d'Embrun. En même temps, ils continuaient d'exiger pour eux-mêmes les serments et la soumission de tous leurs sujets de l'Embrunais. Dans ces conjonctures, nous voyons noble et discrète personne, Pierre Duranti, Courrier archiepiscopal (1), de concert avec le vicaire Bernard de Bonneval, protester énergiquement contre la conduite du Dauphin, lui enjoindre, de la manière la plus solennelle, de point passer outre à la réception des hommages, mais au contraire de prêter lui-même serment de fidélité à Guillaume de Mandagot, ainsi que ses devanciers l'avaient fait aux évêques Raymond III, Bernard II, Aymar, Humbert et Henry de Suze. Ils en appel-

(1) Tandem dictus Dom. Vicarius una cum discreto viro Dom. Petro Duranti Conreario et judice terræ dicti Dom. archiepiscopi (Hist. Dalphin., tom. 2, pag. 80, col. 1.)

lent au pape qu'ils prennent pour juge, et enfin au roi de Sicile, Charles II le Boiteux, successeur de Charles d'Anjou, de qui ils obtiennent un ordre formel pour le prince Jean II, fils du dauphin Humbert I*er*, « d'avoir à rendre à l'archevêque
« et à l'Eglise d'Ambrun l'hommage dû
« et accoutumé, ainsi qu'il le doit et
« qu'il y est tenu (1). »

Le rôle de Pierre Duranti, au milieu de ces démêlés, témoigne que le Courrier à Embrun, comme dans les autres villes épiscopales du Dauphiné, était un magistrat puissant, chargé non-seulement de rendre la justice au nom de l'archevêque dans les causes civiles, mais encore de veiller dans une plus haute sphère à la conservation de ses droits souverains et ayant, dit Chorier, beaucoup de part au gouvernement.

A l'exception de ces quelques exemples et du chapitre premier des Règlements judiciaires de Jean de Girard, qui traite des serments que sont tenus de prêter les juges, les *Courriers*, etc., nous

---

(1) Voir aux Pièces justificatives, n° XV.

ne découvrons nulle part qu'il soit fait encore mention du *Courrier*. Le P. Fournier déclare que, de son temps, il ne restait aucune trace de cette charge. Tout cela nous porte à penser que les archevêques n'eurent pas souvent recours à ce magistrat spécial; mais que, pour l'ordinaire, les procès civils, aussi bien que les causes du spirituel, étaient portés à la barre de l'officialité, comme cela se pratiquait dans un grand nombre de diocèses (1). Ainsi, en 1346, nous voyons les consuls en appeler d'une sentence du juge de la cour commune, simultanément au tribunal du vibailli et à celui de l'official. En 1497, l'official rend une sentence contre les usuriers. Les consuls, il est vrai, récusent sa compétence; mais ils ne disent pas que l'affaire aurait dû être

(1) En 1384, nous voyons un juge commun d'Embrun, nommé Jacques Peyrolerii, devenir évêque de Grasse. Il exerça ensuite dans Embrun la charge de vicaire et d'official de l'archevêque Michel d'Estienne, ce qui est prouvé par des actes de 1396 et de 1403. « Ce fut sans doute, « ajoute le P. Fournier, une grande gloire à Ambrun « d'avoir produit un homme qui fut iugé digne de l'epis- « copat, et d'avoir mérité d'avoir un évesque pour vicaire « et pour official. » (Siècle 14e, sect. 10e.)

jugée par *le Courrier*. En 1512, nous trouvons encore une sentence de l'official au sujet d'un procès et un appel de cette sentence interjeté par les consuls (1).

Le juge ordinaire établi par le Dauphin, était le *Châtelain* du palais, appelé aussi vibailli. Il existe, aux archives de l'Hôtel de Ville, de nombreuses sentences rendues par ce magistrat (2).

Les archevêques n'avaient pas de tribunal supérieur à celui du *Courrier* ou de l'official. Quelquefois ils désignaient un commissaire spécial pour statuer sur une affaire. On conserve encore un acte de l'année 1402 où l'on voit que deux commissaires, nommés l'un par le roi-dauphin Charles VI et l'autre par l'archevêque Michel d'Estienne, modèrent et réduisent les peines pécuniaires auxquelles avaient été condamnés divers habitants d'Embrun, par deux précédents commissaires, nommés aussi par le roi et par l'archevêque (3). Ce qui prouve, dit l'au-

---

(1) Archives de l'Hôtel de Ville, passim.

(2) Invent. Dongois, par ex. nos 124, 190, 291, etc.

(3) Invent. Dongois, nos 12 et 19, etc.

teur de l'inventaire de 1779 (1), que la juridiction était égale entre le roi et l'archevêque.

Néanmoins, l'autorité judiciaire des prélats devait être absorbée bientôt par celle de l'autre souverain. Déjà les Dauphins de Viennois n'avaient rien négligé pour étendre insensiblement leurs droits et ils y avaient réussi. Au-dessus du vibailli ou châtelain existait un juge général, connu sous le nom de bailli ou juge-mage, dont le ressort comprenait une certaine étendue de territoire. Il y en avait sept dans tout le Dauphiné : ceux du Graisivaudan, du Viennois-Valentinois, du Viennois-terre-de-la-Tour, du Gapençais, de l'Embrunais, du Briançonnais et des Baronnies. Ces magistrats avaient auprès d'eux des procureurs chargés de surveiller leurs intérêts, et qui furent appelés d'abord *procureurs fiscaux* ou *delphinaux*, et plus tard, sous les rois-Dauphins, *procureurs du roi*.

Le tribunal des baillis s'appelait *Curie* ou *Cour*, nom qui, dans la suite, a été ex-

(1) M. Dongois.

clusivement réservé aux tribunaux supérieurs. Leur justice était ambulatoire ; ils étaient obligés de tenir des *assises* une fois l'année dans toutes les localités du ressort. Ils y cassaient ou confirmaient les sentences des juges inférieurs, recevaient les plaintes des habitants et jugeaient les affaires criminelles. Ils s'adjoignaient ordinairement quelques hommes notables qui leur servaient d'assesseurs. Les consuls d'Embrun, choisis, peut-être bénévolement dans le principe, pour siéger en cette qualité aux assises, réclamèrent plus tard cet honneur comme un droit (1). On le leur contesta en 1610; mais la longue possession et les titres qu'ils produisirent leur donnèrent gain de cause.

Le dauphin Humbert II organisa d'une manière régulière le conseil d'assesseurs qui devaient assister le bailli. Le nombre en était fixé à douze. Les noms des personnages qui firent partie de la première création se trouvent à la suite de l'ordonnance delphinale du trois mars 1336 qui

(1) Inventaire Dongois, n° 399.

règle cette institution et détermine les devoirs et les attributions de ses membres. C'étaient, pour le bailliage de l'Embrunais : l'archidiacre d'Embrun, le prieur de Romette, le seigneur Guillaume de Rame, le seigneur Jean de Bénévent, Rodolphe d'Embrun, l'abbé de Boscodon, frère Lantelme de Montorcier, Guillaume Filoti, Pierre Bonet, Hugues Regardi, Hugues Rosseti, Odon Pererie (1).

« Cette institution remarquable, dit le
« savant M. Fauché-Prunelle, n'a cepen-
« dant presque pas fonctionné, sans
« qu'on puisse apercevoir la cause qui a
« pu la faire abandonner, car les docu-
« ments de cette époque sont tout à fait
« muets à ce sujet (2). » Quoi qu'il en soit,

---

(1) Similis in Baylivia, in qua consiliarii sunt electi infra scripti, videlicet, archidiaconus Ebredunensis, prior de Rometa, dom. Guillelmus de Rama, dom. Johannes de Benevenuto, Rodulphus de Ebreduno, Abbas de Boscodone, frater Lantelmus de Monte-Orserio, Guillelmus Filoti, Petrus Boneti, Hugo Regardi, Hugo Rosseti, Odo Pereriæ. (Valbon. n° 68, t. 2, pag. 319.)

(2) Essai sur les anciennes institutions autonomes des Alpes Cottiennes-Briançonnaises, t. Ier, ch. XV, sect. 2, p. 509.

les baillis de l'Embrunais durent tenir leurs assises chaque année régulièrement, depuis la mi-carême jusqu'à la fête de saint Jean-Baptiste (1), et les consuls d'Embrun y assistèrent constamment en qualité d'assesseurs.

Rien n'était religieux et solennel comme le début de toutes les sentences de cette cour. Il mérite d'être cité avec admiration : « Nos, sedentes pro tribunali mo-
« re majorum nostrorum, in præsentia
« præsentium et absentia absentium,
« quorum Dei præsentia repleatur, non
« declinantes plus ad dexteram quam ad
« sinistram ; sed eo libramine sacro-sanc-
« tis Dei Evangeliis coram nostro con-
« spectu appositis, ut de vultu Dei nos-
« trum rectum procedat judicium, et
« oculi nostri in iis et omnibus videant
« æquitatem, signo venerabilis sanctæ
« crucis nos munientes, dicentes, In no-
« mine Patris, et Filii, et Spiritûs Sancti,
« amen ; habitaque matura deliberatione
« coram peritis et liberis, absolutos

---

(1) Ordonnance de Charles V, 19 févr. 1378.

« absolvendo, condemnatos condemnan-
« do, etc. (1). »

Louis XI Dauphin réduisit à deux le nombre des baillis du Dauphiné. Il y eut le bailliage de *plein pays* ou *plat pays* divisé en trois siéges, et le bailliage *esmontaignes* divisé en quatre siéges, dont l'un était celui d'Embrun (1447). Le châtelain du palais delphinal, qui avait déjà, depuis longtemps, le titre de vibailli (2), vit alors ses attributions augmentées, afin de suppléer à l'insuffisance des baillis dont le ressort s'était si considérablement accru.

Les arrêts du bailli n'étaient pas sans appel. Il y avait au-dessus de lui la cour du juge des appellations de tout le Dauphiné, siégeant à Grenoble : *Judex appellationum et nullitatum totius Delphinatus*. Humbert II donna à cette cour, chargée de rendre la justice souveraine, une organisation nouvelle, et l'appela *Conseil delphinal* (1347). Enfin, Louis XI érigea le *Conseil delphinal* en *Parlement* (juin

---

(1) Valbonnais, t. 1er, pag. 12.

(2) Inventaire Dongois, n° 3, année 1346.

1453), et son père, le roi Charles VII, approuva cette érection par lettres-patentes du quatre août suivant. Et, au milieu de tous ces changements, le Dauphiné arrivait à être soumis à une même loi, et la juridiction de l'archevêque d'Embrun, comme celle de tous les autres seigneurs, disparaissait insensiblement en perdant tous les jours de sa force et de son autorité.

Qu'on ne pense pas cependant que nous soyons arrivés au terme des jours glorieux de la cité embrunaise ! Au contraire, son soleil va briller d'un plus vif éclat ; les plus puissants monarques viendront eux-mêmes s'agenouiller dans son sanctuaire ; un de ses archevêques sera élevé à la plus haute dignité qu'il y ait en ce monde, celle des pontifes romains ; plusieurs autres seront encore décorés de la pourpre, et les plus grands noms de France et d'Italie figureront dans ce catalogue immortel des hommes célèbres qui ont illustré le siége métropolitain de l'antique Ebrodunum.

CHAPITRE XV.

Episcopat de Jean-Bayle. — Son père exilé par Louis XI. — L'archevêque poursuivi pour dettes par les chanoines. — Livres liturgiques de Jean Bayle. — Le bréviaire du curé de l'Arche. — Notre-Dame d'Embrun. — Hommage d'un roi d'Angleterre. — Merveilles opérées sous le cardinal *Pasteur d'Aubenas.* — Notaires publics chargés d'enregistrer les miracles — Dévotion des princes à Notre-Dame d'Embrun, dite *Notre-Dame des Rois.* — Louis XI. — Chabassol. — Résurrection de Martin Rame. — Louis XI à Embrun. — Antienne à Notre-Dame d'Embrun. — Générosité de Louis XI envers le sanctuaire. — Le roi de France est créé premier chanoine de Notre-Dame d'Embrun. — Rois qui ont paru dans leur stalle revêtus des insignes du canonicat — Louis XI n'est pas venu à Embrun étant roi. — Points qui restent acquis à l'Histoire. — Médaille de Notre-Dame d'Embrun. — Charles VIII passe plusieurs fois à Embrun. — La cause de son premier pèlerinage. — Rostan d'Ancezune succède à Jean Bayle. — Lettres de Charles VIII et du sénéchal de Beaucaire. — Louis XII se reconnaît tenu à l'hommage envers l'archevêque d'Embrun. — Louis XII à Embrun. — Rostan d'Ancezune est appelé à Rome.

Jean Bayle, successeur de Jean de Girard (1457-97), était l'un des dix-huit enfants du noble Jean Bayle, Briançonnais, premier président du parlement de Grenoble. Dès la première année de son règne, Louis XI fit condamner ce vénérable magistrat, sous peine du dernier supplice, au bannissement perpétuel, parce que, au temps de sa révolte contre le roi Charles VII, Jean Bayle n'avait pas voulu trahir ses devoirs et conniver avec lui. Quand le fils du fidèle président fut nommé archevêque d'Embrun, Charles VII était encore sur le trône, et le Dauphin Louis, dont le ressentiment devait éclater un jour d'une manière si terrible, n'osa pas trop insister dans l'opposition qu'il fit à cette élection, en proposant un compétiteur. Mais lorsqu'il fut roi, ce prince vindicatif, ne se bornant pas à frapper le père, chercha aussi à procurer une grande humiliation au fils.

L'occasion ne tarda pas à se présenter. L'on vit bientôt à Embrun un spectacle incroyable dans notre siècle : l'archevêque poursuivi pour dettes par ses chanoines. Et le roi, loin de faire cesser un pareil scandale, autorisa le parlement à seconder ces sévères créanciers ; en sorte que le prélat fut obligé, pour échapper à des rigueurs, de s'enfuir à Avignon. Là, sous la protection du saint-siége, il put faire des économies, réaliser des sommes suffisantes pour satisfaire les chanoines, et venir commencer ensuite dans sa cité métropolitaine une nouvelle vie plus tranquille et plus glorieuse que la première.

Un des soins principaux de Jean Bayle, à son retour à Embrun, fut de doter son diocèse de nouveaux livres liturgiques. Il fit composer, à cet effet, un missel et un bréviaire auxquels travailla surtout un prêtre de la ville, nommé Esprit Rouvier, qui était curé de Ristolas en Queyras. Mais ces livres ne furent pas longtemps en usage. A la suite du concile de Trente, le pape saint Pie V ayant aboli, par une bulle, toutes les liturgies particulières qui n'avaient pas encore deux cents ans d'existence, le diocèse d'Embrun se soumit à rentrer immédiatement en communion de prières avec l'Eglise romaine.

Monseigneur Depéry, évêque de Gap, possède encore deux exemplaires du bréviaire et du missel de Jean Bayle. Par respect pour ces monuments de la vénérable antiquité, et afin d'en assurer la conservation dans un pays où ils offrent tant d'intérêt, le savant prélat les a fait déposer dans son petit-séminaire, en adoptant les mesures les plus propres à les sauvegarder pour toujours. L'un de ces bréviaires et de ces missels sont manuscrits sur parchemin. Le bréviaire imprimé renferme, de plus que le premier, un office de l'immaculée Conception, emprunté à la liturgie des franciscains. Il sort des presses de Jacotini de Rubeis de Langres, venu à cet effet à Embrun, et est précédé d'une approbation de l'Ordinaire, en date du dix mars 1489. Quelques lignes écrites à la main sur le dernier feuillet blanc du livre nous apprennent qu'il avait été donné à l'église de l'Arche, en Valdemonts, par messire Esprit Claret, curé de ladite église, pour le service des prêtres chapelains et des ecclésiastiques pauvres qui passeraient dans sa paroisse. Le bon curé voulait que ce bréviaire, à jamais enchaîné dans son église, lui valût un *Pater noster* et un *Ave Maria*, chaque fois qu'on s'en servirait pour réciter l'office divin.

Ces précautions s'expliquent par la difficulté de multiplier les exemplaires d'un ouvrage avant l'invention de l'imprimerie et dans les premiers temps de cette découverte. Aussi, des donations du genre de celle d'Esprit Claret n'étaient-elles point rares et les considérait-on comme une chose très-importante, ainsi que l'attestent les quatre vers suivants qu'on lit à la fin du bréviaire de l'Arche :

> Qui ce livre cy ouvrera
> Disce ung Ave Maria
> Ne le lesses pas sans fermer
> Car il se metroit en danger (1).

En ce temps-là, la ville d'Embrun, outre l'archevêque et le roi-dauphin, avait encore un troisième souverain qui régnait sur son roc avec une puissance dont le retentissement avait traversé les mers. Ce souverain, c'était la Vierge Marie elle-même, l'auguste et bienfaisante Notre-Dame d'Embrun. Depuis ce moment, en remontant les siècles jusqu'à Charlemagne, on retrouvait, à chaque époque, des

(1) Voir le texte de la donation d'Esprit Claret aux Pièces justificatives, n° XVI.

manifestations éclatantes et merveilleuses de la puissante bonté de cette reine. Déjà, vers 1320, sous l'archevêque Raymond Robaud, il s'était opéré tant de miracles devant la sainte image de Notre-Dame d'Embrun, que le bruit s'en étant répandu jusqu'aux confins du monde, Edouard II, roi d'Angleterre, lui avait envoyé de son île lointaine, pour l'ornement des ministres sacrés, un bien touchant hommage. C'était une chape d'une grande richesse, sur laquelle étaient représentés tous les rois d'Angleterre, prédécesseurs d'Edouard : Alfred le Grand, saint Edouard le Confesseur, Guillaume le Conquérant, Richard Cœur de Lion et les autres, comme si ces vaillants chevaliers, comme si toute la vieille Angleterre avaient voulu réaliser, pour la célèbre métropole de nos montagnes, l'antique prophétie qui annonce que les rois de Tarse et des Iles, que ceux des Arabes et de Saba s'empresseront d'apporter leurs présents.

Quelques années plus tard, en 1339, 1340, 1341, 1342, pendant que le vertueux cardinal Pasteur d'Aubenas tenait le siége d'Embrun, les prodiges augmentèrent à tel point, que plusieurs notaires publics, B. Cairacy, Etienne de Pignan, Morinelli, David et autres furent chargés d'en dresser des actes authentiques. On vit alors, devant le palladium sacré du grand Réal, se vérifier à la lettre ce que Jésus-Christ disait de son temps aux disciples de Jean-Baptiste : « Les aveugles « voient, les boiteux marchent, les « lépreux sont guéris, les sourds enten- « dent, les morts ressuscitent. » Et les reines de Naples et de Provence, Sancia et Jeanne Ire, et plusieurs autres princes illustres, s'empressaient de combler de leurs pieuses libéralités l'heureux archevêque Pasteur, afin qu'il pût décorer royalement les autels de la puissante thaumaturge qu'on invoquait sous le titre de Notre-Dame des rois.

Mais le temps devait venir bientôt, où les plus grands souverains de la terre, ne se bornant plus à envoyer des présents, accourraient eux-mêmes déposer leur sceptre et leur couronne aux pieds de la reine des montagnes. Louis XI donna l'exemple de ces pèlerinages royaux à Notre-Dame d'Embrun. Après Louis XI,

Charles VIII, Louis XII, François Ier, Henri II, Louis XIII vinrent successivement vénérer dans notre ville la souveraine du ciel et se reconnaître ses humbles feudataires. Or, voici à quelle occasion Louis XI devint dévot à Notre-Dame d'Embrun :

A la bataille de Montléry, un gentilhomme embrunais, nommé Chabassol, recouvra miraculeusement la vue et eut, plus miraculeusement encore, la vie sauve par l'intercession de Notre-Dame d'Embrun. Le roi invoqua aussi cette Vierge dans une maladie grave qui le consumait, et il obtint une guérison qu'il regarda comme un miracle. Enfin, la résurrection du jeune Martin Rame, arrivée sur ces entrefaites, à Embrun, après une ardente prière de son frère devant le Réal, prodige qui parvint aux oreilles de Louis XI, acheva de pénétrer son cœur de cette confiance devenue célèbre. Dès ce jour, il ne jura plus que par Notre-Dame d'Embrun ; il porta à son chapeau l'effigie de cette puissante Dame, il promit de venir la visiter sur son roc et de lui porter les plus riches offrandes, et, à son dernier soupir, il en implora encore le secours, en disant : *Notre-Dame d'Embrun, ma bonne maîtresse, aidez-moi.*

Ce serait en 1482 que l'archevêque Jean Bayle aurait eu l'honneur de recevoir l'illustre pèlerin sous le berceau des voûtes romanes de sa noble cathédrale. En présence du roi, de Martin Rame, et de nombreuses gens, objet ou témoins de guérisons miraculeuses, le clergé et le peuple chantèrent cette poétique et triomphante antienne qui avait été composée pour attester et célébrer la toute-puissante efficacité des remèdes accordés par la Vierge secourable aux infirmités des mortels. *Sub tuam protectionem confugimus, Flos mundi, Lux et honor ; a te infirmi acceperunt virtutem, et propter hoc tibi psallimus, Dei genitrix Virgo.*

Tous les soirs, pendant des siècles, le soleil couchant devait éclairer de ses derniers rayons la scène émouvante du vénérable Chapitre de la métropole, répétant, avec une vive dévotion, au pied du Réal, la même antienne à Notre-Dame, jusqu'au jour de funeste mémoire, où, partant pour l'exil, Pierre-Louis de Leyssin, dernier archevêque d'Embrun, emporta dans son naufrage toutes nos grandeurs et ne laissa, de tant de gloire, aux fils d'Embrun, que le souvenir et le spectacle de cette grande Eglise désolée, délaissée, condamnée à un douloureux et peut-être éternel veuvage.

Louis XI voulut accomplir intégralement son vœu. Il se montra, envers le sanctuaire et le Chapitre de Notre-Dame d'Embrun, d'une munificence vraiment digne d'un roi et de l'héritier de Charlemagne. La tradition lui fait honneur d'un orgue dont les tuyaux étaient en argent, don magnifique que la cupidité des soldats de Lesdiguières ne devait pas épargner au jour du pillage et de la vengeance. Quant au Chapitre, il reçut une rente annuelle de trois mille neuf cent soixante et douze ducats, à la condition qu'il ferait célébrer tous les jours une messe solennelle pour le roi et pour la famille royale en l'honneur de la Vierge. Pour témoigner sa reconnaissance au monarque, il obtint du pape Sixte IV une bulle (1)

---

(1) Voir aux Pièces justificatives, n° XVII.

qui créait Louis XI et tous ses successeurs sur le trône de France, premiers chanoines d'Embrun, avec le droit de porter au chœur les insignes du canonicat. Les rois acceptèrent cette qualité ; Charles VIII, Louis XII, peut-être François Ier, Henri II, Louis XIII parurent dans notre antique métropole revêtus du surplis et de l'aumusse, et siégèrent dans la stalle d'honneur qui leur était réservée.

Dans tout ce récit, nous nous sommes conformé à la tradition de l'Eglise d'Embrun. Cependant, il résulte d'un travail récent (1) de M. Adolphe Fabre, président du tribunal de cette ville, que Louis XI n'a accompli son pèlerinage à Embrun,

(1) Ce travail intitulé : *Recherches historiques sur les pèlerinages des Rois de France à N.-D. d'Embrun*, nous a fourni les plus utiles renseignements. L'auteur, avec un désintéressement que nous ne saurions trop reconnaître, a bien voulu nous communiquer ses nombreuses notes. Il nous a autorisé à y puiser à notre gré et à reproduire aussi la médaille de Louis XI. Dans nos études sur les questions qui ne touchaient pas à son sujet, nous avons pu encore frapper bien souvent, avec succès, à sa porte. Sa riche bibliothèque, ses rares connaissances historiques et littéraires, ses sages conseils nous ont été d'un puissant secours. Nous devions à la justice et à l'inclination du cœur de témoigner ici à cet excellent magistrat, notre gratitude et notre estime.

ni en 1481, ni en 1482, mais longtemps avant cette époque. Il n'y serait même jamais venu, étant roi. Nous devons accepter (et, pour notre part, nous le faisons sans réserve) une démonstration qui nous paraît empreinte du cachet de l'évidence.

Mais les recherches du savant écrivain, loin d'affaiblir la vérité de ce qui nous est revenu de la dévotion de Louis XI à Notre-Dame d'Embrun, ne font que la corroborer. Après comme avant, les points suivants demeurent acquis à l'Histoire :

1° Quoique Louis XI ne soit pas venu à Embrun en 1481, il y a certainement paru à une époque antérieure, au temps, probablement, où il n'était encore que Dauphin. Une pièce de vers, qui fut récitée à Charles VIII, atteste le fait de cette visite, sans en préciser la date :

O temple bienheureux, cela le peus-je dire,
Lequel ont visité deux les plus grands du monde,
Le père et le fils, je ne scaray mal dire,
Car ou sommes compter c'est le plus haut du monde.

2° En admettant que Louis XI ait effectué son voyage avant d'être roi, on peut penser qu'alors il avait déjà une grande dévotion à Notre-Dame d'Embrun. Mais cela ne contredit pas ce que nous avons rapporté de l'origine de sa confiance extraordinaire en cette Vierge miraculeuse : à savoir, qu'elle lui vint à la suite de la bataille de Montléry, en 1465, où Chabassol, gentilhomme embrunais, protégé par Notre-Dame d'Embrun, fut l'objet du plus éclatant miracle.

3° Les grandes libéralités de Louis XI envers l'Eglise d'Embrun, furent le résultat d'un vœu qu'il avait fait pour témoigner sa reconnaissance d'une guérison personnelle obtenue par l'intercession de la Vierge du Réal. Il l'atteste lui-même dans ses lettres-patentes du 14 janvier 1481, par lesquelles il constitue, en faveur de cette Eglise, une rente annuelle de 3972 ducats (environ 1300 livres, le ducat ayant la valeur de trois livres, sept sous, deux deniers) :

« Louis, par la grâce de Dieu, roy de
« de France, dauphin de Viennois, comte
« de Valentinois et Diois. Comme pour
« la grande et singulière dévotion que

« nous avons touiours eüe et avons en-
« cores à la très-glorieuse Vierge Marie,
« mère de Dieu nostre créateur, sauveur
« et rédempteur, à la quelle, après nostre
« rédempteur, nous avons touiours eu et
« encores avons chacun jour notre refuge
« et entière confiance, et par intercession
« d'elle croyons fermement que sommes
« retournez à convalescence de certaines
« maladies qui, puis ancien temps en ça,
« nous sont avenües ; à cette cause, ayant
« delibéré, voüé et promis pour aucu-
« nement reconnoistre envers Dieu nostre
« créateur et ladite Vierge Marie sa mère,
« les grandes grâces qu'elle nous a faites,
« comme nous croyons, par l'intercession
« de ladite mère ; et à ce qu'elle de plus
« en plus soit encline à intercéder envers
« nostre créateur pour la prospérité et
« santé de nostre personne et de nostre
« très cher et très amé fils Charles, dau-
« phin de Viennois, fere aumônes, fon-
« dations, en aucunes églises, tant de
« nostre royaume que du Dauphiné, et
« mesmes en l'église cathédrale de Nostre-
« Dame d'Ambrun, savoir faisons que
« nous, les choses susdites considérées,

« voulans accomplir nostre délibération,
« vœu et promesse ainsi par nous, com-
« me dit est, faits, et de ce nous déchar-
« ger, pour ces causes et autres à ce
« nous mouvans, avons de nostre propre
« mouvement, certaine science, grace
« speciale, plaine puissance et auctorité
« royal et dauphinal, donné, cédé, trans-
« porté, délaissé et aumosné; donnons,
« cédons, transportons, délaissons et au-
« mosnons, par ces présentes, pour nous
« et nos successeurs, roys, dauphins de
« Viennois, à ladite Eglise Nostre-Dame
« d'Ambrun et aux doyen, chanoines,
« vicaires, chapelains et habituez en
« icelle Eglise faisans et célébrans ordi-
« nairement le divin service, la somme
« de trois mille neuf cent soixante et
« douze ducats du poids de Florence
« que, par certaine composition par nos
« prédécesseurs faite avec les habitans
« du pays et comté du Briançonnois,
« lesdits habitans sont tenuz payer cha-
« cun an à nostre threzorerie du dit pays
« du Dauphiné..... Et desquels 3972 du-
« cats nous nous sommes pour nous et
« nos dits successeurs dévestus, et en

« avons vestu et saisi lesdits doyen,
« chanoines, chapelains, vicaires et ha-
« bituez en ladite Eglise Nostre-Dame
« d'Ambrun, à la charge toutes fois de
« dire, célébrer, et continuer chacun
« jour perpétuellement, en ladite Eglise,
« une haute messe solemnelle de Notre-
« Dame à diacre et sous-diacre, et à
« la fin de ladite messe une oraison
« pour la prospérité et senté de nostre
« personne et de nostre fils et nos suc-
« cesseurs roys et dauphins, et voulons
« et nous plait que lesdits doyen, cha-
« noines, vicaires, chapelains et habi-
« tuez, en ladite Eglise, puissent à
« touiours mais perpétuellement tenir,
« posséder et iouyr desdits 3972 du-
« cats...... »

4° Enfin, il est certain que la résurrection de Martin Rame, arrivée en
1481, eut un immense retentissement.
« Ce miracle, dit le P. Fournier, fit
« tant d'éclat, que le roy Louis XI en
« vouleut estre informé avec toutes ses
« circonstances. » La dévotion du monarque dut naturellement s'accroître
encore, et nous ne trouvons rien que

de fondé en raison dans la légende qui fait dater de ce grand prodige l'habitude où il était, de porter à son chapeau la médaille de Notre-Dame d'Embrun.

Quelle était cette médaille devenue si célèbre dans les souvenirs du règne de Louis XI ? Une précieuse découverte de l'auteur des *Recherches historiques* vient de nous l'apprendre. Il a retrouvé le coin qui servait à frapper la sainte image, et les empreintes qu'il a obtenues sur la cire, nous permettent d'en donner une description exacte.

Contrairement aux médailles d'aujourd'hui qui sont rondes ou ovales, celle de Notre-Dame d'Embrun est de forme carrée et ne porte effigie que sur une seule face. Elle a, dans les angles supérieurs, une fleur de lis et quelque chose d'effacé qui était probablement un dauphin. Au-dessous, un arc gracieux forme, avec la base opposée et une partie des deux côtés de droite et de gauche, l'encadrement du tableau. Entre les deux lignes de cet arc, une inscription en majuscules ordinaires fait connaître les noms et la position respective des personnages représentés à l'intérieur. Nous la donnons ici :

IASPAR. MELCHIOR. BALTAZAR. REGNA. ŒI. IOSH. AGLS. DNI.

Et au bas, on lit :

NRE-DAME DABRVN.

La sainte Vierge occupe le centre du tableau ; elle a la tête ceinte d'une belle couronne. L'enfant Jésus est sur ses genoux. Tous les deux sont posés de face. Au-dessus du chef de Notre-Dame, apparaît l'étoile qui conduisit les rois. A droite, sont les trois mages ; deux se tiennent debout, les mains jointes ; le troisième, agenouillé, présente un coffret à l'enfant. A gauche, enfin, on aperçoit saint Joseph et un ange qui se reconnaît à ses ailes déployées.

Telle est la fameuse médaille que portait Louis XI. Il n'y a pas de doute possible sur ce sujet, quand même le coin retrouvé par M. Fabre appartiendrait, comme on peut le croire, à une époque postérieure, d'un demi-siècle environ, à celle du monarque. Les coins antérieurs devaient être semblables à celui-ci, à l'exception, tout au plus, de la forme des caractères de l'inscription.

Les habitants d'Embrun se sont plu, jusqu'à ce jour, à croire qu'ils possédaient encore, au milieu de leur vieille église, l'image miraculeuse de Notre-Dame; et, dans leur ardent attachement, ils ont toujours aimé à la retrouver dans une des deux statues du grand rétable qui fait face à la porte du Nord. Hélas! en présence de la découverte de M. Fabre, toute illusion doit disparaître. La Vierge qui faisait des miracles, c'est celle qu'on représentait sur les médailles avec cette inscription :

NRE-DAME DABRVN

Or, celle-là n'était point sur l'autel. Celle-là trônait, radieuse et ornée du diadème, dans la scène du Réal. Et le Réal n'existe plus ! Ce coin apporté d'une ville lointaine, de chez un savant qui n'y prenait garde, nous donne donc le dernier mot, quelque douloureux qu'il soit de l'entendre, sur un des souvenirs les plus glorieux et les plus saints de notre histoire.

Nous raconterons, en son lieu, l'entrée du roi Henri II à Embrun ; mais il ne nous est pas parvenu de détails sur la réception qui fut faite à Charles VIII et à Louis XII. Nous savons seulement que le premier parut au moins deux fois dans notre ville, d'abord le vingt novembre 1489, et ensuite le trente-un août 1494. Voici ce que dit l'historien Chorier du pèlerinage du vingt novembre : « La dé-
« votion que l'on avait en ce temps-ci
« pour Notre-Dame d'Ambrun, n'était
« pas un zèle aveugle. Dieu y faisait cha-
« que jour tant de merveilles par l'in-
« tercession de sa sacrée Mère, que le
« roi s'y voua dès une grande maladie.
« Aïant recouvré sa santé, il vint rendre

« son vœu en personne. Il arriva à Gre-
« noble le VIe jour du mois de novembre
« de l'an McccclXxxix et en partit le len-
« demain pour Ambrun, où il ne demeura
« que deux jours (1). »

Le P. Fournier donne au voyage du vingt novembre, une autre cause que celle de l'accomplissement d'un vœu.

« J'ay leu, dit-il, dans un parchemin
« qui est dans l'Eglise de St-Pellade de
« Réalon qu'en cette année 1489, le Roy
« Charles VIII fit son entrée à Ambrun,
« un mardy 20 novembre. Je crois que
« ce voyage fut pour visiter les frontières
« du Royaume, pour observer Maximi-
« lien, avec lequel il s'estoit brouillé à
« l'occasion de ce que cet Empereur avait
« fiancé Anne, héritière de Bretagne, et
« la conqueste que ce jeune roy venait
« de faire de cette Duché là; il partit ce
« mesme jour d'Ambrun, après avoir re-
« ceu le surplis et l'aumusse comme pre-
« mier chanoine dans l'Eglise de Notre-
« Dame. Ce roy n'avait alors que vingt
« ans, et il est appelé dans ce parche-

(1) Hist. gén. du Dauphiné, tom. 2, pag. 493.

« min Empereur des François, duc de
« Bretagne, et Dauphin (1). »

Le 31 août 1494, Charles VIII était accompagné de tous les princes de sa cour et de son armée qu'il conduisait à l'expédition de Naples. Ce dut être un beau spectacle, quand on vit ce jeune roi, ces nobles princes et ces vaillants soldats qui partaient pour conquérir un royaume, s'agenouiller devant le miraculeux Réal, et supplier instamment la Vierge puissante de bénir leur entreprise. Le monarque, à son retour d'Italie, montra combien il croyait avoir été secouru par Notre-Dame d'Embrun ; il s'empressa de lui envoyer de riches présents ; et, ne voulant pas être inférieur à son père Louis XI, dans sa bienveillance pour le clergé de la cité, il avait prescrit dès 1484 que l'on apposât sur les portes des demeures de chaque ecclésiastique, les armes du Dauphin, pour marquer qu'il les prenait sous sa royale protection.

Le P. Fournier prétend que Charles VIII échappa à de grands dangers, dans

(1) Siècle 15e. Sect. 4e.

la journée de Fornoue, par l'assistance toute spéciale de Notre-Dame d'Embrun. Selon cet historien, le roi, de retour à Paris, se hâta, après avoir fait ses dévotions à St-Denis, de revenir vers les Alpes pour s'acquitter à Embrun du vœu qu'il avait fait sur le champ de bataille. Il serait arrivé dans cette ville le treize novembre 1485, n'ayant mis en tout que cinq ou six jours seulement, pour se rendre de Lyon à Paris, et retourner de Paris à Embrun. L'auteur des *Recherches historiques sur les pèlerinages des rois de France*, remarque qu'une telle diligence au 15° siècle était tout à fait impossible, et il fait tomber le récit du P. Fournier devant la preuve par l'absurde. Nous croyons, comme M. Fabre, que Charles VIII n'est pas allé d'abord à Paris pour en repartir immédiatement et se rendre, avec une vélocité presque électrique, en pèlerinage au sanctuaire de Notre-Dame d'Embrun.

Mais serait-ce bien improbable de supposer que ce monarque qui est rentré en France par Briançon, comme tout le monde l'accorde, soit descendu à Grenoble, où on le voit quelques jours après, en passant par Embrun, et non point par le Bourg-d'Oisans dont la route n'était peut-être pas suffisamment ouverte (1)? Cette hypothèse acquiert un nouveau degré de probabilité, s'il est vrai que le jeune vainqueur ait cru avoir reçu de Notre-Dame d'Embrun des grâces signalées, pendant sa campagne d'Italie. Ajoutons que, nous aussi, nous ne serions pas éloigné de voir dans la strophe suivante un indice que Charles VIII aurait encore traversé Embrun, en revenant de l'expédition de Naples :

(1) La route du Bourg-d'Oisans existait depuis longtemps déjà, à l'époque de Charles VIII. Elle remonte au moins aux Dauphins et aux croisades. « Comme plusieurs « seigneurs et autres nobles, lisons-nous dans les Mé- « moires manuscrits de Jean Brunet, seigneur de l'Ar- « gentière, s'étaient croisés pour la conquête de la « Terre-Sainte, les pèlerinages étaient fréquents, et, « sur la *Petite route* de Grenoble, les Dauphins fondèrent, « pour les pèlerins des hospices ou hôpitaux à Loche sur « Lautaret, à la Magdelaine et au Mont Genèvre, lesquels « subsistent encore. » Mais les grandes difficultés que continue à offrir de nos jours, même après d'immenses travaux, l'entretien de cette route, nous font penser que le parcours devait en être rarement facile, surtout à une armée, à une nombreuse escorte, dans des temps où les réparations des voies publiques n'étaient point l'objet d'un service spécial de l'Etat.

> Au roy de Macédoine, dit roy Alexandre
> En proüesses et mœurs comparer je le doy.
> Le quel en sa joynesse le roy Dari fit rendre
> Comme disent histoires, fut-il du monde roy (1).

Ces vers appartiennent à la pièce que nous avons mentionnée plus haut. Ils semblent indiquer que Charles VIII s'était déjà signalé par de brillants exploits, au temps où on la lui récita; ce qui convient parfaitement au retour d'Italie.

Quand Charles VIII passa pour la seconde fois à Embrun, l'archevêque Jean Bayle était mourant. Il expira quelques jours après, avec la satisfaction d'avoir vu deux ou trois fois les successeurs de saint Louis, visiter Notre-Dame d'Embrun et la combler de leurs dons. Il fut remplacé par Rostan ou Rostain d'Ancezune, évêque de Fréjus, prélat d'un haut mérite et d'une grande noblesse (1494-1510) (2).

---

(1) Voir cette poésie toute entière aux Pièces justificatives, n° XVIII.

(2) Le cartulaire de l'église d'Embrun appelle ce prélat Rostan *d'Ancedune*, mais son véritable nom est *d'Ancezune*. Guichenon, dans son Histoire de la Bresse et du Bugey, décrit les armes de la famille d'Ancezune-Caderousse. Elles sont: *de gueule au dragon aislé et monstrueux d'or, ayant face humaine et tenant de sa patte dextre sa longue barbe, qui se termine en testes de serpenteaux.*

Le choix du nouvel archevêque fut indiqué au Chapitre par le roi lui-même. Celui-ci désirait que le prélat qui succéderait à Jean Bayle, dans ce voisinage de l'Italie, fût un ami dévoué, fidèle à l'avertir de tout ce qui serait utile aux intérêts de la France. Or, nul ne pouvait convenir comme l'évêque de Fréjus aux desseins de Charles VIII. — Il était déjà ambassadeur de ce monarque à Rome, et plusieurs membres de sa famille occupaient de grandes dignités à la cour. Charles VIII, ayant appris à Pavie la mort de Jean Bayle, se hâta donc d'écrire la lettre suivante aux chanoines d'Embrun, avec cette suscription :

A nos chers et bien amez les Prévost,
Chanoines et chapitre de l'Eglise Nostre-Dame d'Ambrun.

De par le Roy Dauphin.

« Chers et bien amez. Nous avons présentement esté advertis que vostre archevesque est allé de vie à trépas, dont il nous déplait. Et pour ce que le dit archevesché est assis en pays de frontière, et le dernier diocèse du pays de nostre obéissance du costé de deça les

« monts, et en lieu dangereux, et que
« s'il n'y estoit par nous pourveu de per-
« sonnage à nous asseuré et bien feable,
« grand inconvéniant et dommage irrépa-
« rable nous en pourroit avenir à nostre
« pays du Dauphiné et conséquamment
« à tout nostre royaume. Pour laquelle
« cause et que nous désirons de tout
« nostre cœur obvier audit inconvéniant
« et pourvoir pour le temps à venir audit
« archevesché d'un bon, grand et nota-
« ble personnage quy soit de maison, et
« quy ait auctorité pour le bien de nous,
« de la conservation des droits et affaires
« de l'Eglise, et que de plus en plus dé-
« sirons l'ample promotion en sainte
« Eglise de nostre amé et féal conseiller
« et ambassadeur en cour de Rome,
« maistre Rostain d'Anceranes, évesque
« de Fréius, frère de Charles et Giraud
« d'Anceranes, nos conseillers et maistres
« d'hostel de bouche, et cousin du sieur
« de Grimault seneschal de Beaucaire,
« nostre conseiller et Chambellan ordi-
« naire, tant pour la bonne, grande et
« entière confiance que nous avons de sa
« personne et des bonnes mœurs et no-

« tables vertus et mérites quy y sont,
« qu'aussi en faveur et reconnoissance
« des bons, grands, louables et recom-
« mendables services que le dit senes-
« chal de Beaucaire, son cousin et ses
« dits frères nous ont par cy devant faits
« et font chacun iour en nos plus grands
« principaux et secrets affaires, et lui,
« pareillement en cour de Rome, où il
« nous a très grandement servy et en-
« core fait présentement. Nous avons
« délibéré de le fere pourvoir dudit ar-
« chevesché et non autre, ainsi que der-
« nièrement vous avons écrit, et qu'il en
« eut la résignation, puisque luy en a
« esté faite par N. S. P. le pape, dont
« vous avons bien vouleu écrire et aver-
« tir, afin que n'y prétandiez cause
« d'ignorance, et que ne procédiez en au-
« cune voye d'élection ou postulation
« pour vostre futeur archevesque et pas-
« teur, de personne quelle qu'elle soit,
« si non que ce soit de nostre conseiller
« l'évesque de Fréius, auquel cas con-
« sentons dez à présent et non autre-
« ment, vous avertissant que si vous
« aviez fait ou faisiez le contraire, nous

« n'en serions content. Dont vous avons
« bien vouleu avertir, et aussi en accom-
« plissant nostre vouloir et plaisir nous
« vous saurons très bon gré, et en aurons
« les affections de vostre Eglise en meil-
« leure recommendation. »

Donné à Pavie le 15e iour d'octobre.
Charles, et plus bas Robert.

Les chanoines furent ravis que le roi leur proposât pour archevêque un homme aussi considérable. Ils se hâtèrent de lui en exprimer leur joie par des lettres pleines de soumission et de reconnaissance, auxquelles Charles VIII fit encore cette réponse :

« De par le Roy Dauphin.

« Chers et bien amez. Nous avons leu
« les lettres que nous avez écrites par
« le porteur de cettes, et par icelles de
« plus en plus cognu le bon et grand
« vouloir qu'avez de nous obeyr et com-
« plaire touchant l'élection et postulation
« de vostre futeur archevesque, dont vous
« scavons si bon gré que plus ne pour-
« rions. Car pour la singulière dévotion
« qu'avons à vostre Eglise d'Ambrun,

« nous désirons qu'il y soit pourveu de
« personnage à nous agréable, seur et
« féable et de quy ayons bonne connois-
« sance. Et parceque puis n'a gueres au-
« paravant et depuis le trepas de feu
« vostre archevesque, vous avons bien
« au long écrit et fait scavoir l'amour et
« afféction que portons à nostre amé et
« feal conseiller Rostain, évesque de
« Fréius et le désir qu'avons à sa pro-
« motion et ample provision en l'Eglise,
« et nommemant audit archeveschéé
« d'Ambrun, nous vous avons bien vou-
« leu écrire et de rechef avertir de
« nostre dit vouloir et intention, quy
« sont tels que nous entendons que ledit
« archevesché luy demeure et non à au-
« tre, en ensuivant les provisions qu'il
« en a deia pour ce obtenues. Par quoy
« et pour éviter tout procez, vous prions
« sur tout le plaisir et service que iamais
« fere nous désirez qu'en ensuivant nos
« dites lettres, nos vouloirs et intentions
« vous vueillez postuler en vostre futeur
« archevesque ledit évesque de Fréius,
« et tellement vous y conduire qu'il de-
« meure paisible. En ce faisant, vous

« fairez le profit de vous et de vostre
« Eglise. Car ledit évesque de Fréius est
« bon et grand personnage et doüé de
« beaucoup de bonnes et grandes vertus.
« Par quoy de luy ladite Eglise et affai-
« res d'icelle seront très-bien régis et
« gouvernez. Et pour ce fere, de nostre
« part y tiendrons la main pour le bien
« de ladite Eglise. Et si, nous faites si
« grand et si agréable plaisir que plus ne
« pourriez. Aussi, pour rien ne souffri-
« rons qu'autre que nostre dit conseiller
« l'évesque de Fréius en soit pourveu.
« En advertissant tous ceux quy vou-
« droient fere aucune poursuitte contre
« nostre dit vouloir et intention, qu'ils
« perdront leurs peines et ce qu'ils y
« mettront, comme plus à plain avons
« déclaré de bouche à ce dit porteur,
« pour vous dire de par nous.

« Donné à Plaisance, le 20ᵉ iour d'oc-
« tobre.

« Charles, et plus bas Robert. »

Enfin le sénéchal de Beaucaire, Etienne
de Besc, conseiller d'Etat, premier chambellan et ministre dirigeant du royaume

de France, voulut aussi exprimer au Chapitre d'Embrun combien il désirait la promotion de son parent à la dignité archiépiscopale. Voici un extrait de ses lettres :

« A Messieurs les prévost, chanoines
« et chapitre de l'Eglise de Nostre-Dame
« d'Ambrun.

« Messieurs, je me recommande à vous
« tant comme ie puis. J'ay receu les let-
« tres que m'avez écrites faisant mention
« comment en suivant le bon vouloir et
« plaisir du roy, vous avez, par la voye
« du Saint-Esprit, postulé sans aucune
« contradiction pour vostre futeur arche-
« vesque et pasteur, mon cousin l'éves-
« que de Fréius. Et aussi ie l'ay veu par
« expériance par lettre et instrument
« de vostre postulation dont du bon cœur
« ic vous mercie ; car parce que i'ay
« conneu qu'avez très-grand désir de me
« fere plaisir, et aussi l'expériance le
« montre. Je crois que trouverez le per-
« sonnage tel qu'aurez cause de vous
« contenter de luy. Et de ma part ic vous
« assure que me trouverez prest et déli-
« béré de fere service et de m'employer

« pour les affaires de l'Eglise et de vous,
« Messieurs, tant en général qu'en par-
« ticulier ; priant Nostre-Seigneur qu'il
« vous ait en sa garde. Ecrit à Fornoue,
« le 25 octobre ; le tout vostre frère,

« Etienne Besc. »

Le prélat, appelé par des protecteurs si illustres à l'archevêché d'Embrun, en était digne à tous égards. Il réunissait en sa personne toutes les vertus et les grandes qualités qui peuvent distinguer un homme pieux, savant et habile. Aussi, le pape Alexandre VI, joignant ses éloges à ceux de Charles VIII, déclare-t-il, dans la bulle d'élection de Rostan, qu'il lui donne le siége métropolitain des Alpes Maritimes, en considération des vertus éminentes dont il a plu au suprême dispensateur de tout bien de le combler avec tant d'abondance : *Demum ad te consideratis grandium virtutum meritis quibus illarum largitor altissimus personam tuam multipliciter insignivit.*

Louis XII partagea l'estime de son prédécesseur et du souverain pontife pour Rostan d'Ancezune. Il fit, en sa faveur, un

acte de soumission que les historiens n'ont pas assez remarqué et auquel nos princes-archevêques n'étaient plus habitués de la part des monarques français. Il lui accorda la confirmation de tous ses priviléges par des lettres-patentes du 17 juillet 1498, « par lesquelles Sa Majesté,
« dit le P. Fournier, avoüa qu'Elle devait
« hommage à l'archevêque pour tout ce
« qu'Elle tenoit dans l'Ambrunois. Et
« Elle donna encore ordre au gouverneur
« et au parlement du Dauphiné de le
« laisser et fere iouir de ces privilé-
« ges (1). »

Rostan d'Ancezune put bientôt témoigner sa reconnaissance à Louis XII dans Embrun même. Ce bon prince y passa en 1502, pour se rendre en Italie. La tradition rapporte qu'à l'exemple de Charles VIII, il accomplit un vœu à Notre-

---

(1) Siècle 15e, sect. 5e. — Nous n'avons pu malheureusement retrouver le texte de ces lettres-patentes ; on ne doit pas douter néanmoins qu'elles n'aient été données. « Je ne sais, dit le P. Fournier, si Louis XII fit rendre
« son hommage à Rostain, mais il est constant qu'il
« reconneut par ses lettres-patentes qu'il y estoit
« obligé. »

Dame des Rois et fut reçu dans la cathédrale en habit de chanoine. Quoi qu'il en soit, nous ne tarderons pas à trouver, dans une bulle du pape Léon X, une preuve manifeste de la dévotion toute particulière de Louis XII pour Notre-Dame d'Embrun et du vif intérêt qu'il portait à la restauration de son temple.

D'Ancezune fut appelé à Rome en 1507 pour remplir auprès du pape Jules II les fonctions de majordome de Sa Sainteté, tout en conservant l'administration de son archevêché d'Embrun. Les deux familles de Rostan et du pape étaient alliées. Une nièce de Jules était entrée par un mariage dans la maison de Caderouce, dont était l'archevêque, ou, selon d'autres, une sœur de celui-ci avait épousé un proche parent du pape. Rostan passa trois ans à Rome ; il mourut le 27 juillet 1510 et fut enterré dans l'église des Cordeliers, comme il l'avait ordonné par son testament. Une vénération religieuse entoura sa mémoire ; même, le bruit se répandit que sa tombe devait s'ouvrir bientôt pour annoncer quelque chose de grand. Témoignage non équivoque des vertus éclatantes auxquelles tant de rois et de souverains pontifes n'avaient cessé de rendre hommage pendant sa vie !

CHAPITRE XVI.

Jules de Médicis, archevêque d'Embrun. — Il devient pape sous le nom de Clément VII. — Son portrait par Audin. — Calamités de son règne. — Prise de Rhodes par les Infidèles. — Le Pape assiégé dans le Château St-Ange par les Colonne. - Sac de Rome. — Le pape est réduit aux plus dures extrémités dans le château Saint-Ange. — Horrible cruauté de ses ennemis envers une pauvre femme qui avait voulu lui porter quelques laitues. — Clément VII à Orviète. — Schisme d'Angleterre. — Mort de Clément VII. — Le cardinal Nicolas de Fiesque, archevêque d'Embrun. — Les chanoines lui opposent vainement Claude d'Arces. — Illustration de la maison de Fiesque. — Grandeur du cardinal refusant les honneurs de la Papauté. — Bulle de Léon X en faveur de l'église de Notre-Dame d'Embrun. — François 1er à Embrun. — Son armée passe les Alpes.

La vie de Jules de Médicis, successeur de Rostan d'Ancezune sur le trône de saint Marcellin, appartient à l'histoire générale de l'Eglise. Jules de Médicis ne fit que passer à Embrun. Pendant que sa mère le portait encore dans son sein, son père Julien avait été assassiné, victime de la conspiration des Pazzi. Mais ce jour sanglant n'avait fait qu'accroître l'influence de sa famille, et l'arrière-petit-fils du grand Cosme, le neveu de Laurent le Magnifique, le cousin germain de Léon X ne pouvait être condamné à gouverner, toute sa vie, un pauvre diocèse au fond des montagnes. Les splendeurs de Rome et de la Papauté l'attendaient. Nos pères ne le virent donc que quelques jours (1), et son épiscopat ne laissa point de trace parmi eux. Cependant son nom est resté comme la plus grande gloire dans nos diptyques, et les désirs se portent à connaître quelle fut sa fortune, quand les suffrages du conclave l'eurent mis en possession de l'anneau du pêcheur.

Jules de Médicis prit le nom de Clément VII à son avénement au souverain pontificat (13 nov. 1523) « Si la tiare
« a jamais été honorée, dit l'historien Audin, c'est par Clément VII; pape sans
« préjugés et sans passions, d'un cœur
« doux et élevé, ami sincère des Lettres,
« savant dans des sciences où jamais

---

(1) Encore même est-il douteux qu'il ait paru à Embrun.

« pontife ne l'avait été, mécanicien, in-
« génieur et architecte! Et pourtant il ne
« fut pas heureux (1). »

Toutes les calamités vinrent fondre sur l'Eglise pendant le règne de Clément VII. Ancien chevalier et commandeur de l'ordre de Saint-Jean-de-Jérusalem, ce pontife eut d'abord à mêler ses larmes à celles de l'héroïque grand-maître Villiers-de-l'Isle-Adam, qui venait lui raconter les sublimes efforts que ses frères avaient faits pour empêcher la chute de Rhodes, ce rempart du christianisme tombé au pouvoir des infidèles par la trahison d'Amaral, le vingt-quatre décembre de l'année précédente 1522. Vainement, de son cœur douloureusement ému, partit une pressante invitation aux princes chrétiens, à s'armer contre Soliman ; ils refusèrent d'écouter sa voix, et c'est à peine s'il put, après de longues négociations, obtenir enfin de Charles-Quint, pour les vaillants chevaliers, ses anciens frères, la cession de Malte et des îles adjacentes (12 mars 1530).

(1) Hist. de Luther, chap. 18, tom. 3e.

En 1526, indignement trahi par les Colonne, il fut assiégé dans le château Saint-Ange, et son palais du Vatican, et la basilique de Saint-Pierre furent livrés au pillage. Bientôt, trompé d'une manière plus infâme encore par le connétable de Bourbon, il vit Rome tomber au pouvoir des bandes sauvages d'Allemands et d'Espagnols qui, pendant neuf mois, mirent tout à feu et à sang dans la ville éternelle, et, de l'aveu de tous les historiens, y commirent des scènes d'horreur et des dévastations bien plus atroces que ne l'avaient fait les anciens Vandales et les Goths d'Alaric.

L'infortuné Clément VII, enfermé une seconde fois dans le château Saint-Ange, fut réduit avec les cardinaux, à manger de la chair de cheval, pour ne pas mourir de faim. Une femme du peuple ayant appris cette dure extrémité, pleura sur le Saint-Père, et essaya de pénétrer dans sa prison, portant quelques laitues; mais elle fut prise par les barbares et pendue en face de l'appartement du pape. Puis, par un raffinement de cruauté, les enfants de la pauvre femme et la laitue furent attachés autour du poteau pendant toute la durée du supplice. Enfin, la peste vint punir les nouveaux Chaldéens qui avaient désolé la cité sainte, et les débris de ces hordes féroces quittèrent Rome le 17 février 1528.

Mais le pape, condamné à une énorme rançon, ne fut pas libre encore. Il eut cependant le bonheur d'endormir la vigilance de ses gardes, et il parvint, à l'aide d'un déguisement, à se réfugier dans la forteresse d'Orviète.

« Le lendemain, tout épuisé qu'il était,
« il voulut monter en chaire. A la vue de
« ce vieillard amaigri par la souffrance,
« et qui, de toutes ses richesses, avait à
« peine pu conserver une mauvaise sou-
« tane blanche, le peuple s'inclina : ma-
« gnifique témoignage de la fascination
« qu'exerça toujours sur l'homme la
« majesté pontificale! Toute la popula-
« tion d'Orviète se pressa bientôt autour
« de la chaire où le pontife se recueillait
« pour parler. Après avoir contemplé,
« dans une adoration muette, l'image du
« Christ, qui brillait sous le feu des lam-
« pes de l'autel, Clément, d'une voix

« éteinte, murmura : « *Mon Dieu, par-*
« *donnez à mes ennemis comme je leur*
« *pardonne les offenses dont ils se sont*
« *rendus coupables envers l'Eglise, le*
« *chef invisible de l'Eglise qui est dans les*
« *cieux et le chef visible qui règne sur la*
« *terre.* » Il étendit les mains et bénit
« ses persécuteurs, parce que, dit le
« vieil historien, le pontife savait que
« cette bénédiction leur servirait dans le
« ciel. Nous voulons bien, ajoute Audin
« à qui nous avons emprunté ce récit,
« qu'on nous parle des fautes politiques
« du souverain, mais sous condition qu'il
« nous sera permis de nous agenouiller
« devant le pape, bénissant ses bour-
« reaux dans la cathédrale d'Orviète (1). »

La coupe amère des douleurs n'était pas encore épuisée pour Clément VII. Ce pontife qui avait vu le fils aîné de l'Eglise, le roi très-chrétien François Ier, loin de s'armer contre le Turc, le solliciter au contraire à envahir la Hongrie ; qui avait été assiégé dans le château Saint-Ange, par le cardinal Pompée Colonne ; qui

(1) Hist. de Henri VIII, tom. 1er, chap. 18.

avait, neuf mois durant, pleuré sur le sac de Rome, opéré avec la dernière barbarie par les hideuses milices de ce Charles-Quint qui s'intitulait roi catholique et empereur des Romains ; qui avait eu le sommeil de toutes ses nuits troublé par les lueurs de l'épouvantable incendie que le moine apostat Luther avait allumé dans toute l'Allemagne, devait, pour comble à tant de maux, voir, avant de mourir, le roi d'Angleterre, Henri VIII, décoré naguère du titre de défenseur de la foi, consommer l'acte violent qui retrancha du giron de la sainte Eglise ce grand pays, un des joyaux de sa couronne, appelé jadis, avec tant de raison, l'Ile des Saints, *Insula Sanctorum* (20 mars 1534).

Le vicaire de Jésus-Christ, qui avait poussé jusqu'au bout la patience et la longanimité, qui avait tenté tous les efforts de conciliation pour empêcher cet affreux malheur, ne put y résister. Il mourut bientôt après (25 septembre 1534), laissant à son successeur la gloire d'indiquer le lieu et l'ouverture du prochain concile œcuménique dont tout le monde attendait le remède aux maux de la chrétienté.

Pontife infortuné, dont toute l'histoire se résume dans cette ligne d'un auteur italien : « *Egli fu clemente in verità di nome et di fatti* (1). »

Clément VII fut remplacé sur le trône de saint Pierre par l'illustre vieillard Paul III ; sur le siége archiépiscopal d'Embrun, il l'avait été par le cardinal Nicolas de Fiesque (1511-16).

Nicolas de Fiesque était de l'illustre maison Génoise des comtes de Lavaigne et oncle du jeune comte Jean-Louis de Fiesque, que son ambition et son malheur ont rendu si célèbre (2). Le pape Jules II donna directement à ce prince de l'Eglise l'archevêché d'Embrun. Mais le Chapitre, qui voyait avec peine les pontifes romains lui enlever son droit de

---

(1) De Rossi. Memorie, t. IV, pag. 135.

(2) Jean-Louis de Fresque, comte de Lavaigne, jeune homme d'un grand courage, jaloux de la fortune d'André Doria qui dominait dans Gênes, conspira pour rendre cette ville ou aux Français ou à la liberté. Son complot éclata dans la nuit du 1er janvier 1547. Avant de sortir avec les conjurés, il se présenta à Eléonore Cibo, son épouse, et lui fit part de son dessein. Les larmes de cette jeune femme, présage d'un malheureux événement, ne purent le retenir. *Madame,* lui dit-il en la quittant, *ou*

présentation, et qui, peut-être, redoutait qu'on ne voulût faire désormais du diocèse, un apanage des grandes familles italiennes, élut, à sa place, Claude d'Arces, abbé de Boscodon. Jules II menaça de ses censures ; le roi Louis XII, intéressé à ménager les Fiesque, partisans dévoués de la France dans Gênes la superbe, se prononça aussi pour le cardinal, et le vieux moine de Boscodon reprit tranquillement le chemin de son abbaye.

Nicolas de Fiesque était un prélat d'une vie exemplaire et un zélé défenseur des droits de l'Eglise ; il ne craignit jamais, lorsqu'il fallait les soutenir, ni les disgrâces, ni la politique des grands. Un seul trait fait son éloge.

Après la mort du pape Adrien VI, plusieurs cardinaux proposaient de l'éle-

---

vous ne me verrez jamais, ou vous verrez demain dans Gênes toutes choses au-dessous de vous. Déjà ses gens s'étaient emparé du port de la Darsène ; tout réussissait à son gré, lorsqu'une planche sur laquelle il passait pour se rendre dans une galère se rompit et il tomba dans la mer, où il se noya. André Doria fit raser le magnifique palais de cet infortuné rival et proscrivit ses frères. Ottobon, l'un deux, fut pris, cousu dans un sac comme un parricide, et précipité aussi dans la mer.

ver au souverain pontificat. Ses fiers parents s'agitaient; ils se rappelaient, avec orgueil, que leur famille avait déjà donné deux papes à l'Eglise (1) et plus de cent cardinaux, archevêques et évêques; ils songeaient à acheter les suffrages des membres du sacré collége qui n'étaient pas pour lui. Nicolas s'indigna d'une pensée aussi criminelle; il leur en fit de sévères reproches et renonça noblement au pontificat, se couvrant ainsi de la gloire la plus pure et se montrant véritablement digne des honneurs qu'il rejetait.

Chose à remarquer dans ce conclave qui suivit la mort d'Adrien VI : quelle que dût être l'élection, la Papauté était destinée à un ancien archevêque d'Embrun. Nicolas de Fiesque refusa. Jules de Médicis fut proclamé.

Il ne paraît pas que le cardinal de Fiesque soit venu administrer, en personne, son archidiocèse, ni qu'il y ait demeuré longtemps. Il ne laissa pas, toutefois, d'en étudier les besoins et de s'intéresser vivement à les faire cesser.

---

(1) Innocent IV en 1243 et Adrien V en 1276.

Nous pouvons en juger par ce qu'il entreprit en faveur de la célèbre cathédrale de Notre-Dame d'Embrun.

Cette cathédrale demandait de grandes réparations ; le clocher menaçait ruine ; et il était nécessaire aussi de remplacer par un monument digne de sa célébrité les anciennes constructions qui entouraient le Réal. Nicolas s'adressa à Louis XII ; il le pria de joindre ses instances aux siennes pour obtenir du pape un moyen efficace de faire affluer, avec la multitude des pèlerins, de nombreuses aumônes vers Embrun. Le monarque y consentit.

C'était l'époque, précisément, où Léon X se disposait à publier et à faire prêcher les Indulgences, dans le dessein d'en affecter le produit à l'achèvement de la colossale église de Saint-Pierre de Rome, cette merveille de l'architecture de la renaissance, qui suffirait à elle seule pour immortaliser les noms de Bramante, de Jules II, de Michel-Ange, de Raphaël et de Léon X. L'auguste pontife, ayant reçu la requête simultanée du roi de France et du cardinal de Fiesque, s'empressa de donner une bulle par laquelle il accordait, pendant soixante ans, une indulgence plénière à tous ceux qui feraient le pèlerinage de Notre-Dame d'Embrun, aux solennités de la Nativité de la sainte Vierge et de l'Annonciation, ou qui, ne le pouvant à cause de leurs infirmités, verseraient des aumônes pour les réparations de cette église et de la chapelle du Réal. Mais, toujours préoccupé par sa grande pensée : l'achèvement de *Saint-Pierre*, il ordonna qu'une partie des aumônes serait réservée pour cette œuvre.

Ainsi donc, le fidèle Embrunais qui visiterait aujourd'hui la ville éternelle, pourrait, à la vue de ce dôme majestueux de *Saint-Pierre*, qui semble appartenir au ciel, penser avec orgueil que les largesses de ses ancêtres ont contribué à cette magnificence ; et, plus heureux que le catholique des régions allemandes, il n'aurait pas à mêler à sa joie, l'amer souvenir du moine apostat qui prit prétexte de ce qu'il appelait la vénalité des indulgences, pour entraîner les peuples à la révolte et à l'hérésie. Si les Alpes, peut-être, ne purent offrir à Léon X que le denier de la pauvreté, les Alpes, du moins, n'eurent pas leur Luther.

Quant aux sommes restées à Embrun dans la caisse des aumônes et fermées, selon la prescription de la bulle, sous trois clefs dont l'une était gardée par le grand-vicaire, l'autre par le Chapitre et la troisième par les consuls de la ville, il est probable que l'archevêque de Jarente, dont nous parlerons bientôt, compta sur elles pour s'aider à couvrir les frais du magnifique vestibule ou portique de marbre, en forme de dôme, qu'il commença devant le Réal, et que la mort l'empêcha de terminer (1).

C'est sous l'épiscopat du cardinal de Fiesque, dans le courant du mois d'août 1515, qu'il faut placer la venue de François 1er à Embrun. Mais ce n'est pas la dévotion qui amena le successeur de Louis XI, de Charles VIII et de Louis XII au sanctuaire de Notre-Dame. Il partait pour faire la guerre en Italie; et, comme les ennemis occupaient les gorges du mont

---

(1) Voir la bulle de Léon X, aux Pièces justificatives, n° XIX

Cenis et du mont Genèvre, il était tout entier à la pensée de frayer une autre route, à travers les Alpes, à cette vaillante armée qui devait offrir bientôt, sur le champ de bataille de Marignan, contre les Suisses, le terrible spectacle d'un combat de géants.

La tradition prétend que le roi-chevalier a été reçu en qualité de chanoine dans la cathérale d'Embrun, et le P. Fournier qui s'en fait l'écho, n'élève aucun doute sur ce point (1). Sans l'examiner davantage nous-même, nous venons aux détails de la marche périlleuse et hardie des troupes de François Ier, dans les montagnes de l'Embrunais. Le père jésuite, copiant l'historien Paul Jove, ra-

---

(1) « En ce passage du roy par Ambrun, il est con-
« stant qu'il fut receu dans l'Eglise de N.-Dame en qua-
« lité de premier chanoine. François Ranchin d'Uzes, au
« 2e tome de la description générale de l'Europe, pag.
« 365, marque à ce suiet que la place qu'a S. M. entre
« les chanoines d'Ambrun est de l'établissement de
« François Ier; en quoy il a failly pour n'avoir pas sceu n'y
« ouy parler qu'aucun autre que ce roy eut esté receu
« avec cette cérémonie auparavant celle quy fut faite à
« celuy ci en 1515.
(P. Fournier, siècle 16e, sect. 3e).

conte ainsi ce mémorable événement qui n'avait eu de précédent dans l'Histoire que le passage des mêmes Alpes par l'armée d'Annibal, et qui ne devait avoir de semblable, dans la suite des temps, que celui du mont St-Bernard par les soldats du premier consul :

« Il n'y a nul historien quy marque si
« précisément toutes les circonstances de
« la route de François Ier dans nos Alpes,
« que Paul Jove quy donne beaucoup
« d'avantages en cette rencontre à Jean-
« Jacques Trivulce, quy est appelé le
« protecteur de l'Eglise d'Ambrun, sans
« doute pour avoir empêché que, durant
« le passage de tant de trouppes, cette
« Eglise et cette ville n'en reçeurent nul
« dommage, ny aucune surcharge. Paul
« Jove donc rapporte à ce suiet que les
« Suysses ayant resolleu de s'opposer
« aux dessains que ce Roy avoit sur le
« Milanois, avoient soigneusement oc-
« cuppé tous les passages des Alpes quy
« estoient accessibles aux hommes ; que
« Trivulce, quy estoit le plus adroit et le
« plus expérimenté capitaine de son
« temps, fit un séiour de plusieurs mois

« à Ambrun; qu'il avait fait venir prôche
« de luy des gens fort entendus et sca-
« vans de tous les détours et de tous les
« endroits de ces montagnes, et qu'après
« avoir suivy et roulé tous ces lieux en
« dessain de découvrir quelque endroit
« pour fere couler l'armée en Italie, sans
« aucun empêchement, il reconneut que
« le chemin qui va de Guillestre à St-
« Paul en Valdemonts par Vars, et de St-
« Paul au col de l'Argentière, quoyque
« fort aspre et incommode, pourroit estre
« surmonté par le courage et la résolu-
« tion des hommes, par le travail et
« l'industrie de l'art.

« Le Roy quy craignoit d'engager
« son armée dans des destroits, envoya
« Lautrec pour voir si ce que Trivulce
« avait proiecté, pourroit rehussir; celuy-
« cy ayant esté persuadé de la chose par
« l'inspection des lieux et par les raison-
« nemans de Trivulce, s'en retourna au
« Roy, et il luy fit son rapport en con-
« formité des desseins de ce vieux capi-
« taine, quy s'offrit mesme au Roy de
« conduire l'avant-garde, luy promettant
« plus de gloire dans ce passage, que

« iamais Annibal n'en avoit acquis en
« traversant les Alpes.

« Le Roy laissa l'administration du
« Royaume à Louise de Savoye sa mère,
« et fut ioindre à Ambrun le connestable
« de Bourbon quy estoit avec Trivulce.
« L'on chargea dans cette ville des pro-
« visions pour cinq jours; l'on tira du
« costé de St-Clément et de St-Crespin,
« et ayant laissé le mont Genèvre à la
« gauche, et ayant passé la Durance,
« l'armée logea à Guillestre, et ensuite
« ayant traversé les montagnes de Vars,
« elle arriva enfin à St-Paul, avec des
« grands travaux et une peine incroyable :
« car il falleut ouvrir les chemins avec
« des pics et des marteaux ; mais les plus
« grands efforts feurent en la vallée de
« Barcellone, où il leur falleut tantôt
« porter les canons sur les épaules, tan-
« tôt les fere couler par des cordages et
« des machines, tantôt sur des ponts de
« bois, sur les concavités; ils arrivèrent
« le 1er jour à la vallée de l'Argentière,
« le 2e à l'Arche, et finalement ayant
« marché avec le mesme train, les pion-
« niers rompant touiours et abbattant les

« rochers, ils applanirent la montagne de
« Pied-de-Porc jusqu'à Avenne, et de là
« à Sambuc et à l'entrée de l'Italie, où
« ils arrivèrent dans la plaine sans au-
« cune perte, n'ayant esté que trois iours
« en tout ce voyage depuis Ambrun.
« Prosper Colonne que le pape avoit en-
« voyé pour s'opposer aux desseins du
« Roy, et le cardinal de Syon quy avoit
« eu le mesme ordre de Charles V, feu-
« rent bien estonnés, quand ils virent
« l'entrée de l'armée du Roy avec son
« artillerie. Ils s'estoient amusés, tendis
« que les trouppes françoises faisoient, à
« considérer avec les Suysses, quelques
« cavaliers qu'on avait envoyés au mont
« Genèvre pour les endormir (1). »

Une particularité nous fera comprendre
jusqu'à quel point dut aller la surprise de
ces deux hommes, lorsqu'ils apprirent que
l'armée de François Ier était campée dans
la plaine de Suze. A leurs yeux, les Alpes
avaient tellement paru infranchissables
que Prosper Colonne avait répété plusieurs
fois, en parlant des Français, qu'ils reste-

(1) P. Fournier, loc. citat.

raient prisonniers dans ce labyrinthe de montagnes, comme l'oiseau dans la cage, s'ils étaient asez imprudents pour en tenter le passage; « questi Francesi sono « miei come gli pippioni nella gabbia (1). » Aussi, concevons-nous que l'incroyable tentative de nos troupes ayant été couronnée de succès, tous les écrivains du temps n'en aient parlé qu'avec une superstitieuse admiration, et l'aient regardée, selon l'expression d'un historien, comme une œuvre de démons ou de géants. « Que voulez-vous? disait encore Prosper Colonne dans un écrit qu'il publia pour se justifier; j'en prends Dieu à témoin : le passage par où pouvaient pénétrer les Français était gardé par les Suisses : on prévient des hommes, on ne prévient pas des miracles (2). »

(1) Brantôme. — Guic. libr. XII.
(2) Gaillard. Histoire de François Ier, t. 1, pag. 176.

CHAPITRE XVII.

Épiscopat de François de Tournon. — Les dignités accumulées sur sa tête. — Il conclut avec Charles-Quint le traité de Madrid. — Nouvelle mission diplomatique en Espagne. — Ambassade de Rome. — François de Tournon empêche que Mélanchton ne vienne en France. — Colloque de Poissy. — Antoine de Lévi, archevêque d'Embrun. — Antoine Pascal, évêque de Rose *in partibus*, administre le diocèse à sa place. — Eloquent plaidoyer d'Antoine de Lévi en faveur des prérogatives temporelles de son siége. — Antoine de Lévi réclame le droit du consulat. — Ce que c'était que le consulat. — Revue rétrospective. — Révolte des habitants d'Embrun contre Henry de Suze. — Les consuls recouvrent leurs priviléges. — Ils sont assesseurs aux assises. — Ils ont la garde des clefs de la ville. — Ils ont le pas sur tous les officiers archiépiscopaux et Delphinaux. — Honneurs qui leur sont rendus au chœur. — Ils prennent la qualité de nobles. — Extrait d'un mémoire présenté à l'intendant du roi, pour montrer leurs droits à cette qualité. Nombre des consuls. — Comment ils étaient nommés.

Aux deux princes Italiens, Jules de Médicis et Nicolas de Fiesque, succéda un Français sur le siége d'Embrun. Ce Français était aussi d'une famille illustre et sa destinée ne fut pas moins brillante. Nous voulons parler du cardinal François de Tournon. Nommé archevêque d'Embrun en 1516, il garda ce titre pendant dix ans; puis, il devint successivement archevêque de Bourges, de Lyon et enfin cardinal. A la mort de Paul IV, plusieurs prélats intriguèrent pour lui faire déférer la tiare et le cardinal Jean-Ange de Médicis, qui prit le nom de Pie IV, lui ayant été préféré, le fit doyen du sacré collège et évêque d'Ostie. Les grandes dignités de l'Etat s'accumulèrent également sur sa tête; il fut conseiller du roi François Ier, ambassadeur en Espagne, à Rome, en Angleterre, ministre, gouverneur de Lyon, du Lyonnais, Forez et Beaujolais.

Après la bataille de Pavie, François de Tournon négocia avec l'empereur Charles-Quint, le fameux traité de Madrid qui rendit à la liberté le roi de France (1526). Il était encore archevêque d'Embrun à cette époque; mais il signa en qualité d'archevêque de Bourges, parce qu'il venait d'être appelé au gouvernement de ce nouveau diocèse. Comblé d'éloges et de bienfaits pour avoir obtenu la délivrance de François Ier, il fut renvoyé en Espagne, afin de procurer le même bien aux jeunes princes qui y étaient retenus en ôtage; il surmonta toutes les difficultés et ramena enfin les nobles enfants à leur père. Vint ensuite son ambassade à Rome auprès du Pape Clément VII qui l'avait décoré de la pourpre (1530). Le fils de la cité embrunaise aime à se représenter ces deux anciens archevêques d'Embrun, grands l'un et l'autre et par leur dignité et par leur caractère, s'entretenant quelquefois de la célèbre Notre-Dame des Rois, si chère aux monarques français, si généreuse en miracles, et la suppliant ensemble de ne pas abandonner le vaisseau de la sainte Eglise, qui était ballotté par les plus affreuses tempêtes.

En effet, la foi la plus vive était l'apanage des deux pontifes. Nous connaissons Clément VII. Quant au cardinal de Tournon, si la France put s'applaudir de ses talents diplomatiques, la Religion bénit davantage encore sa mémoire pour les éclatants services qu'il rendit à sa cause, dans ce siècle où tant d'apostats désho-

norèrent leur mère et outragèrent son nom. Un jour deux femmes impudiques, Marguerite de Navarre et la duchesse d'Etampes qui raffolaient du protestantisme, voulurent y convertir François Ier. Elles le décidèrent à faire venir d'Allemagne le fameux luthérien Mélanchton, que l'on chargerait de disputer avec le théologien le plus renommé de la capitale. L'ordre était déjà donné d'expédier le passe-port, lorsque le cardinal de Tournon entre chez le roi avec un livre sous le bras. — « Vous avez un beau livre,
« Monseigneur, dit le prince en jetant les
« yeux sur les plats de l'ouvrage qui
« étaient tout dorés. — Sire, vous l'avez
« bien nommé, répond l'archevêque ;
« c'est un de vos premiers évêques en
« l'Eglise de Lyon ; par fortune, je me
« suis rencontré sur ce passage qui est
« au troisième livre. Irénée raconte qu'il
« avait ouï dire à saint Polycarpe que
« l'apostre saint Jean, son maistre, entrant dans les bains et y voyant l'héréti-
« que Cérinthus, soudain retira le pied.
« — Fuyons, dit-il, de peur que l'eau
« où se baigne cet ennemi de la vérité

« ne nous souille et salisse. (*Florimond
« de Rémond*).

« L'archevêque n'eut pas de peine à
« faire comprendre au prince qu'un col-
« loque entre les catholiques et les pro-
« testants serait tout aussi malheureux
« que ceux dont l'Allemagne donnait
« depuis vingt ans le spectacle; que
« Miltitz, Cajetan, Veh, Aleandro mis-
« sionnaires du Saint-Siége avaient con-
« féré avec Luther, et échoué contre son
« opiniâtreté. Le roi fit retirer le passe-
« port (1). »

François de Tournon ne fut pas aussi
heureux en 1561, lorsqu'il voulut s'opposer à la réunion connue dans l'Histoire
sous le nom de Colloque de Poissy, que
la reine Catherine de Médicis avait indi-
quée pour le mois d'août suivant. Vainement il représenta le danger extrême
qu'il y avait d'exposer la foi au jugement
d'une multitude légère et mal instruite;
les partisans de la conférence prévalurent,
et le cardinal de Tournon, en sa qualité
d'archevêque de Lyon, primat des Gau-

---

(1) Audin, Hist. de Calvin, tom. 1er, chap. VII.

les, dut la présider. Au moins lui fut-il donné de faire éclater hautement sa foi dans cette solennelle réunion de six cardinaux, quarante évêques, grand nombre de docteurs, douze ministres des nouvelles religions, vingt-deux députés de leurs églises et où assistaient la reine-mère Catherine de Médicis, le roi mineur Charles IX, les princes du sang, les grands officiers de la couronne et les ministres d'Etat. L'Histoire a conservé les nobles paroles qu'il prononça tout bouillant d'indignation quand Théodore de Bèze osa blasphémer contre l'Eucharistie. L'hérétique troublé tâcha de s'excuser auprès de la reine et eut besoin de toute son habileté pour calmer l'effervescence occasionnée par la véhémente sortie du cardinal.

Le colloque de Poissy fut le dernier événement important auquel prit part François de Tournon; il mourut l'année suivante (deux avril 1562), laissant après lui la réputation d'un homme habile et vertueux qui avait su s'attirer également la considération de tous les partis. « On « estimait, dit un auteur peu suspect de

« décerner aux prélats catholiques des
« éloges immérités, la droiture de son
« âme et l'étendue de ses lumières. C'était
« pour lui un titre de gloire d'avoir pu
« inspirer à son maître chéri François Ier
« l'amour de l'économie. On l'avait vu,
« sous le règne de Henri II, où il n'obtint
« aucune faveur, s'opposer à la politique
« trop timide du connétable de Mont-
« morency (1). »

Ajoutons à ces éloges que François de Tournon fut un des plus illustres protecteurs des sciences et des lettres au 16e siècle. Il fonda dans sa ville natale un collége célèbre, et sa maison fut toujours l'asile des savants. « Il fut extrêmement
« sçavant lui-même, » dit le P. Fournier, son compatriote, dans une page que nous aimons à reproduire, inspiré par le même sentiment qui l'a dictée à cet auteur,
« et il aima avec passion les doctes de
« son temps. Il estoit leur Mecœnas, ou,
« s'il faut ainsi parler l'Apollon des Mu-

---

(1) Lacretelle. Hist. de France pendant les guerres de Religion, tom. 1er, chap. IV.

« ses de son âge. Lambin qui estoit un
« des plus versés dans les belles lettres
« et des plus polis de son temps, fit
« hommage plustôt au bel esprit qu'à la
« pourpre de ce cardinal. Il en fait une
« profession sincère en sa préface sur les
« Epodes; où il aiouste que ce prélat
« estoit extrêmement versé dans les
« sciences, qu'il avoit fait paroître la so-
« lidité de son esprit et toutes les autres
« qualités que la nature luy avoit si libé-
« ralement répandües, non-seulement
« dans la France, mais encore en Espagne
« et en Italie où il avoit fait des voyages,
« esté en ambassade et consommé des
« réconciliations et des paix si importan-
« tes, dont il fait un destail, qu'il s'estoit
« acquis l'affection des pontifes, des em-
« pereurs et des roys, et l'estime générale
« de tout l'univers; qu'il avoit une avidité
« et un désir insatiable de scavoir, qu'il
« entretenoit touiours dans sa maison et
« auprès de luy des gens profonds en
« toute sorte de sciences, avec lesquels,
« pour se relacher dans ses hautes négo-
« ciations, il conféroit de la proportion
« et de la mesure des nombres et des

« grandeurs, de la distinction et de l'in-
« tervalle des tons et des voix, des choses
« les plus secrètes et les plus recherchées
« de la nature, de tout ce qu'il y a de
« plus fin, de plus délicat et de plus
« beau dans les poëtes, de la pureté de
« la langue, des termes les plus propres,
« et des expressions les plus riches, du
« droit civil, de la théologie et des ma-
« tières les plus subtiles et les plus spi-
« rituelles; que lors mesme qu'il estoit
« dans les ambassades en Italie, en Es-
« pagne et en Angleterre, et qu'il estoit
« employé au gouvernement de l'Estat, il
« se plaisoit encore à s'entretenir avec les
« scavants et de passer quelques heures
« agréables dans des conversations aussy
« satisfaisantes. Il avoit pour ainsy dire,
« la cour la plus magnifique et la plus
« éclairée du monde, puisqu'elle estoit
« remplie de ceux quy estoient dans son
« temps les princes, pour ainsi parler,
« de toutes les sciences et de toutes les
« facultés..... (1) »

(1) Siècle 16e, sect. 4e.

Un de ses neveux, Antoine de Lévi, évêque de Saint-Paul-trois-Châteaux, avait été désigné pour lui succéder à Embrun (1526-42). Ce fut le premier archevêque nommé directement par le roi, agissant en vertu du concordat conclu depuis quelques années (1515) avec le pape Léon X. Antoine de Lévi fut retenu à la Cour par François Ier, et nous voyons un évêque de Rose *in partibus*, appelé Antoine Pascal, administrer le diocèse à sa place.

Mais l'archevêque ne perdait pas de vue les droits princiers attachés à son siége. Le procureur général au parlement du Dauphiné ayant voulu y porter atteinte, le prélat adressa au roi l'éloquent plaidoyer dont nous transcrivons ici quelques lignes bien propres à toucher l'âme chevaleresque de François Ier.

« Souffrez, Sire, disait-il, que l'Eglise
« que vous honorez comme votre mère, et
« que vous aimez tendrement comme
« son fils aîné, ait encore quelques
« rayons de souveraineté dans votre
« Etat. Ce ne sera ni humilier votre

« trône, ni obscurcir l'éclat de votre
« couronne. Je devrai moins à mon droit,
« quoique légitime, qu'à votre royale li-
« béralité. L'Eglise veut bien en cette
« occasion, Sire, que son droit devienne
« votre bienfait. Dieu vous fait régner si
« glorieusement, ne refusez pas à Dieu
« qu'il règne par vous dans une ville
« qui ne sera jamais mieux votre que
« quand vous aurez consenti quelle soit
« absolument à l'Eglise. Les intérêts de
« la religion dont vous êtes le soutien et
« la force sont inséparables des vôtres.
« Vos illustres ancêtres n'ont gagné tant
« de batailles, que pour faire régner le
« premier évêque des chrétiens, dans la
« capitale du monde. Leur sang et leurs
« nobles sueurs n'ont pas cherché d'au-
« tre récompense que d'avoir porté la Pré-
« lature dans le trône des Césars. Sans dou-
« te, Sire, vous n'approuverez pas les trou-
« bles que me donnent vos officiers pour
« m'oster ce que les Pepin et les Char-
« lemagne m'auraient donné. Ayant autant
« de courage que ces grands princes, vous
« n'avez pas moins de piété. L'un asseure

« votre état contre les étrangers, et l'autre
« mes droits contre vos officiers (1). »

François Ier fit ouvrir des négociations.

« Antoine de Lévi offrit de tenir du
« roi en fief sous la souveraineté du Dau-
« phiné la ville et les châteaux d'Ambrun
« et de reconnaître en dernier essort, la
« juridiction du parlement de Dauphi-
« né (2). » Il demanda en échange de ces
concessions que le roi comme Dauphin
lui abandonnât « le consulat, les droits
« des greffes, les émoluments de la cour
« commune de la ville d'Ambrun, et la
« moitié de la juridiction de Chorges et
« de la terre de Reortiers (3). »

Le roi aurait peut-être accédé aux propositions de l'archevêque. Mais le parlement et la chambre des comptes dont il demanda le sentiment, lui conseillèrent de ne rien accorder, et Antoine de Lévi reçut ordre de se rendre dans son diocèse. Or, un des droits que réclamait cet archevêque, était possédé de

(1) Chorier. Hist. gén. du Dauph., tom. 2., liv. XVI, page 532.

(2) Id., loc. citat.

(3) Id., loc. citat.

temps immémorial par les habitants eux-mêmes, et l'on n'aurait pu les en dépouiller sans soulever les plus vives récriminations de leur part. Il s'agit du consulat.

Le consulat, dit Valbonnais, était une espèce de Juridiction sur la police et sur le commerce, avec attribution de quelques droits sur les grains et sur les autres denrées qui se vendaient au marché. C'était à peu près tout ce qui entre aujourd'hui dans le domaine de la municipalité, avec des prérogatives plus ou moins grandes selon les lieux.

On ne découvre pas que ni les Dauphins ni les archevêques d'Embrun aient jamais voulu s'arroger les droits du consulat dans cette ville. Seulement, en l'année 1253, les habitants s'étant violemment insurgés contre l'archevêque Henry de Suze, à l'occasion des impôts qu'il voulut lever sur eux, au commencement de sa souveraineté, l'épée du Dauphin sortit du fourreau pour faire respecter l'autorité méconnue du prélat, et les Embrunais furent obligés d'accepter la loi du plus fort. Ils durent renoncer, en faveur des deux souverains, à tous les droits dont

ils avaient joui jusqu'à ce jour; « ils ren-
« dirent au juge, dit Chorier, les clefs
« de leur ville, celles de leur maison con-
« sulaire, leur sceau public et leurs re-
« gistres où étaient entre autres leurs
« Statuts et leurs franchises. Après, il leur
« prescrivit un nouveau droit, il leur
« donna de nouveaux règlements pour le
« gouvernement civil, qu'il leur fit publier
« au nom de l'archevêque et du Dauphin;
« ils se soumirent à tout ce qui leur fut
« imposé et leur obéissance mérita l'abo-
« lition de leur crime (1). »

Mais les atteintes portées à nos libertés ne furent que passagères. Des lettres-patentes de l'empereur Frédéric II à la date du treize juin 1238, les avaient consacrées; les restrictions que Henry de Suze y mit après sa victoire, ne furent pas maintenues; en 1301, d'autres lettres-patentes de la Dauphine Anne confirmèrent de nouveau tous les anciens priviléges des habitants d'Embrun; et nos pères continuèrent à nommer, tous les ans, leurs consuls.

Ceux-ci jouirent des pouvoirs les plus

---

(1) Chorier. Hist. gén. du Dauph. tom. 2, liv. IV, page 137.

larges. Dans peu de villes, ces magistrats eurent personnellement autant d'honneur et d'autorité. Ainsi nous avons déjà remarqué qu'ils avaient le droit de siéger en qualité d'assesseurs aux assises, et ils n'y manquaient jamais, comme en font foi les nombreux extraits de sentences conservés dans nos archives. La garde des clefs de la ville, indice suprême de la domination leur avait appartenu avant leur révolte contre Henry de Suze; ils la recouvrèrent en 1424, sous le pontificat du bon Michel d'Estienne (1). Les officiers archiépiscopaux ou delphinaux eurent souvent à se repentir d'avoir fait faire des publications dans la ville sans leur autorisation. Ils avaient le pas sur tous ces officiers, et lorsque quelqu'un s'avisait de le leur contester, ils défendaient à outrance leur véritable ou prétendu droit (2). Quand ils entraient au chœur revêtus des insignes de leur dignité, ils étaient l'objet d'un cérémonial tout particulier, et le jour de la fête de Notre-Dame, le Chapitre était tenu de

---

(1) Invent. Dongois, n° 71.
(2) Invent. Dongois, n° 504, année 1617. — n° 802, année 1716. — n° 948, année 1765.

leur offrir à chacun un cierge d'honneur (1); enfin ils prenaient la qualité de *nobles* pendant l'année de leur consulat, et ils ne manquaient pas, à ce titre, de se faire un blason. Nous trouvons dans un des plus récents *Annuaires de la noblesse de France*, la description des armes de deux de nos anciennes familles consulaires, celles de la famille Dioque (2) : *d'argent, au croissant de sable, accompagné de trois tours de gueules, et surmonté d'un arbre de sinople, au chef d'azur chargé de trois étoiles d'or rangées en face;* et celles de la famille Carle (3) : *écartelé d'argent et de sable.*

En 1666, le roi Louis XIV nomma un commissaire chargé de rechercher les

---

(1) Arch. Livre carré, fol. 288.

(2) Balthazar Dioque était premier consul d'Embrun en 1638.

(3) La famille Carle a donné un président au parlement du Dauphiné, Joffrey Carle, président du sénat de Milan sous la domination française en 1507, qui fut créé chevalier des mains du roi sur le champ de bataille d'Agnadel, et dont la réputation de science égalait la bravoure. (Chorier, Histoire du Dauphiné, liv. VI, pag. 79 et 85.) Jacques Carle, consul d'Embrun en 1630, par son testament du 3 juillet de la même année, choisit sa sépulture dans l'église de Notre-Dame d'Embrun, et ordonna que ses armoiries fussent gravées sur son tombeau. (Note de l'Annuaire de la noblesse de France, année 1855.)

usurpateurs des titres de noblesse. Les consuls d'Embrun furent assignés pour justifier des leurs. La ville, qui se regardait comme anoblie elle-même dans la personne de ses magistrats municipaux, prit vivement fait et cause pour eux, et le consul Eliot fut député vers le commissaire pour lui présenter l'inventaire des différents titres établissant que les consuls avaient toujours été considérés comme *nobles*. Il faut voir, dans ce curieux document, de quelle manière ces magistrats, si portés ordinairement à rabaisser l'autorité souveraine des archevêques, la proclament et l'exaltent ici :

« Monseigneur l'intendant est très-hum-
« blement supplié d'observer que les con-
« suls de la dite ville et son territoire,
« ont toujours joui et jouissent encore de
« la qualité de nobles pendant l'exercice
« de leur consulat, ayant été qualifiés
« tels despuis un temps immémoré, tant
« par Nosseigneurs les archevêques que
« par Nosseigneurs les dauphins despuis
« qu'ils ont esté communs seigneurs de
« la dite ville. — En second lieu, que
« l'archevesquée d'Ambrun se trouvant

« entrer sous la dépendance de l'empire
« romain, fut, presque despuis la nais-
« sance de l'Eglise, érigée en principauté
« par les empereurs romains, et le sei-
« gneur archevesque establi prince avec
« tous les advantages et facultés des sou-
« verains sans aucune réserve. — Cet
« établissement fut confirmé en l'année
« mil cent quarante-sept par Conrad se-
« cond, roi des Romains, et despuis, par
« Charles quatrième, empereur, en l'an-
« née 1367, ainsi qu'il se justifie par des
« extraits de patentes qui portent ladite
« confirmation ; et qui ont été tirées des
« archives de ladite communauté dans la-
« quelle il y en a encore quantité d'autres
« qui ont été accordées par Guillaume, par
« Rodolphe, Sigismond et autres empe-
« reurs leurs successeurs, avec les mê-
« mes advantages..... Il n'est pas néces-
« saire de justifier plus amplement de
« ces deux puissances souveraines aux
« ville et lieux en dépendant, puisque la
« qualité de prince n'a jamais esté con-
« testée aux seigneurs archevesques.....
« Il suffit donques d'observer encore à
« mon dit seigneur l'intendant, que s'il

« n'appartient, comme en effet, qu'à des
« souverains d'establir des nobles, il n'y
« a pas lieu de contester la qualité de
« noble aux consuls desdits lieux (1). »

Les consuls étaient au nombre de six. Il y en avait trois pour l'enceinte de la ville, un pour Saint-André, un pour Saint-Sauveur et le sixième était pris indifféremment dans les hameaux de la commune actuelle d'Embrun. Sous le roi Louis XIII, en 1630, les protestants obtinrent qu'un des trois consuls de la ville serait choisi parmi eux. Cet état de choses dura jusqu'en 1766, où un édit royal remplaça, partout, les consuls par un maire et deux échevins.

Les consuls étaient élus chaque année dans une assemblée générale, tenue ordinairement le jour de la Purification, avant la fameuse ordonnance de Roussillon (1564), qui fixa le commencement de l'année au premier janvier. Après cette ordonnance, l'assemblée fut fixée aux derniers jours de décembre.

Nous n'avons pu découvrir si l'assem-

---

(1) Inventaire Dongois, n° 318.

blée électorale devait avoir lieu en présence d'un officier du prince-archevêque; mais il est certain qu'après la réunion du Dauphiné à la France, et surtout dans les derniers siècles, les élections à Embrun, comme dans les autres localités, étaient toujours présidées par le vibailli ou châtelain qui installait immédiatement les nouveaux magistrats, en leur mettant sur l'épaule le chaperon consulaire, et en leur faisant prêter serment d'être fidèles et de gérer loyalement les affaires de la communauté.

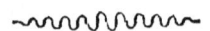

CHAPITRE XVIII.

Fondation du collége royal-delphinal dans la ville de Valence. — La ville d'Embrun a le droit d'y envoyer un écolier. — Jean Morel. — Son étroite amitié avec Erasme. — Il est chargé de l'éducation de Henri d'Angoulème. — Portrait de ce dernier — Les trois filles de Morel. — Sa maison devenue le séjour des Muses. — Jean Marquis et le *Royal-Mausolée*. — Productions littéraires de Camille Morel. — Antoine de Lévi permute son siége avec Balthazard-Hercule de Jarente, évêque de Saint-Flour. — Vertus du nouvel archevêque. — Il fait construire le dôme du grand Réal et la chapelle Sainte-Anne. — Le roi Henri II à Embrun. — Détails de son entrée. — Dernier déploiement de toutes les pompes de l'ancien temple. — Louis de Laval de Bois-Dauphin nommé archevêque d'Embrun. — Robert de Lenoncourt cardinal. — Il possède plusieurs évêchés à la fois. — Il facilite au connétable de Montmorency la conquête des Trois-Evêchés. — Monnaie de Robert de Lenoncourt. — Tombeau de Saint-Remi. — Mort du bon cardinal. — Sa tombe profanée par les protestants.

Dans une des premières élections qui suivirent l'année 1541, l'assemblée générale des habitants d'Embrun fut appelée à nommer un écolier destiné à recueillir le bénéfice de la fondation Morel. Pierre

Morel, chanoine de la cathédrale de Valence et docteur agrégé à l'Université de cette ville, était possesseur d'une fortune considérable ; il crut ne pouvoir en faire un meilleur usage que de la consacrer à l'extention du savoir dans tout le Dauphiné. Il créa donc, dans ce but, sous le titre de *Collége royal delphinal*, dans la ville de Valence, une maison composée de trois serviteurs et de treize écoliers qui étaient nourris, entretenus et enseignés à ses frais pendant les sept années qu'ils passaient à suivre les cours de droit civil et de droit canon de l'Université.

Tous ces écoliers étaient Dauphinois, et choisis dans les familles peu aisées ; deux pouvaient être pris dans quelque lieu que ce fût de la province et étaient à la nomination du Parlement et de la Chambre des comptes. Grenoble, Vienne, Valence et Embrun en nommaient un chacune, les autres étaient envoyés par les villes de Gap, Die, Saint-Paul-trois-Châteaux, Romans, Montélimar et le Buis.

Nous n'avons pu retrouver le nom du jeune Embrunais qui jouit le premier du bienfait du docte chanoine; mais cette cité a conservé avec un soin reconnaissant dans ses archives l'acte authentique de la création du collége de Valence et le souvenir de son généreux fondateur (1).

En même temps que le bon chanoine illustrait ainsi son nom, un autre Morel, né à Embrun même, obtenait un rang distingué parmi les lettrés du siècle de Léon X et de François Ier, et notre ville qui, dans l'espace de quelques années, avait compté un Médicis et François de Tournon parmi ses archevêques, et qui avait vu les rois de France accourir plusieurs fois, en pèlerinage, à son sanctuaire, montrait, en devenant le berceau de Jean Morel et de ses filles, qu'elle avait ressenti la douce influence des Muses, et qu'elle ne voulait point rester indifférente au mouvement littéraire de cette grande époque.

Un seul trait suffit pour donner une idée de l'esprit de Jean Morel. Il était l'intime ami d'Erasme, de cet homme prodigieux qui occupa de son nom et de

---

(1) Inventaire Dongois, n° 150.

ses travaux le monde entier, à qui l'on écrivait : *Au prince des lettres, à l'astre de la Germanie, au soleil des études, à l'antiste des humanistes, au vengeur de la théologie*, sans crainte que l'épître n'arrivât pas à son adresse. Jean Morel suivit toutes les phases de ce soleil des intelligences ; il fut son admirateur dans les jours brillants où les cités allemandes le recevaient sous des arcs de triomphe, son consolateur et son dernier appui, quand vinrent les jours mauvais où, retiré à Bâle, le vieil athlète de la Germanie, usé par les ans et par les maladies, vaincu par Luther, abreuvé de dégoût et d'outrages, finit par tomber et mourir dans les bras du fidèle Embrunais.

Jean Morel voyagea ensuite en Italie où il se fit partout des amis qui admiraient son savoir et chérissaient la douceur de ses manières. Lorsqu'il fut de retour en France, la reine Catherine de Médicis, qui connaissait sa réputation et son mérite, lui confia l'éducation de Henri d'Angoulême, grand prieur de France, fils naturel de Henri II. Or, si les grandes qualités du disciple, celles qui se

donnent et s'acquièrent, font l'éloge du maître, quel ne devait pas être Jean Morel, à en juger par ce portrait qu'un historien a tracé de Henri d'Angoulème?
« Prince d'un royal aspect et maintien,
« beau à merveilles, addroit à toute sorte
« de loüables exercices, courtois, affa-
« ble, libéral, splendide, magnifique,
« docte, sçavant aux langues et aux arts
« libéraux ; aimant les gens de lettres, la
« musique, la peinture et la poësie, en
« quoy il excelloit aussi bien qu'en toute
« sorte de royales vertus (1).

Notre illustre compatriote eut d'Antoinette de Loynes, sa femme, trois filles, Camille, Lucrèce et Diane, toutes trois fort savantes aussi bien que leur mère. Elles connaissaient l'italien, l'espagnol, l'allemand, le grec et le latin ; elles faisaient des vers dans ces deux dernières langues, et les poëtes les plus célèbres du temps, Ronsart, Dorat, du Bellay, fréquentaient cette famille privilégiée, en sorte, dit Scevole Sainte-Marthe, que la

(1) Bouche. Hist. de Provence, liv. X, sect. IV, pag. 691.

maison de Jean Morel était devenue dans Paris, le sacré séjour des Muses (1).

Cependant cet heureux père ressentit,

---

(1) Nous extrayons de deux pièces, adressées à Morel par Ronsard, quelques vers qui montrent à la fois la vive amitié que le roi des poëtes du seizième siècle avait pour l'illustre Embrunais, et combien les Muses qu'honorait celui-ci étaient chastes et saintes.

Dans l'Hymne du ciel *à Jean de Morel Ambrunois*, on lit :

Morel à qui le ciel de luy mesme se donne
Sans qu'un autre te l'offre, oy ma lyre qui sonne
Je ne sçay quoy de grand, ioyau digne de toy,
Voire d'un cabinet, pour l'ornement d'un roy :
Tous les autres ioyaux, tant soient riches, périssent,
Mais les miens, tant soient vieux, touiours se raieunissent :
La rouille, ne le temps ne les enlaidit point :
Tu les a méritez comme celuy qui ioint
La candeur aux mestiers des Muses bien peignées
Que tu as dès enfance au bal accompagnées.

. . . .

Ciel, grand palais de Dieu, exauce ma prière.
Quand la mort deslira mon âme prisonnière,
Et celle de Morel, hors de ce corps humain,
Daigne les recevoir, benin, dedans ton sein
Après mille travaux ; et vueilles de ta grâce
Chez toy les reloger en leur première place.

Dans le poëme, *Quand Jason*, à Jean Morel Ambrunois :

. . . .

Ainsi, mon cher Morel, la fleur de mes amis,

avant de mourir, les cruelles atteintes du sort. Vers les derniers temps de sa vie, il devint aveugle ; sa fille Lucrèce le pré-

Ie t'ay offert le don le premier qui s'est mis
De fortune en ma main, afin qu'en quelque sorte
Ie descouvrisse au iour l'amour que ie te porte,
Comme voulant trop mieux te donner seulement
Un don qui fust petit, que rien totalement
A toy qui as esgard au cœur de la personne
Et non à la valeur du présent qu'on te donne.
Or, ce petit labeur *(ce poëme)* que ie consacre tien
Est de petite monstre, et ie le sçay très-bien :
Mais, certes, il n'est pas si petit que l'on pense ;
Peut estre qu'il vaut mieux que la grosse apparence
De ces tomes enflez, de gloire convoiteux,
Qui sont fardez de mots sourcilleux et venteux,
Empoullez et masquez, où rien ne se décœuvre
Que l'arrogant iargon d'un ambitieux œuvre.
. . . .
Mais tout ainsi, Morel, que par les beaux pourpris
Ou par les champs qui sont diversement fleuris,
On voit errer l'abeille, et de ses cuisselettes
Ne prendre également des prés toutes fleurettes,
Mais avec prévoyance un iugement elle a
De cueillir ceste-cy, et laisser ceste-là :
Ainsi en fueilletant ce mien petit ouvrage
Tu sçauras bien tirer (comme prudent et sage)
Les vers qui seront fols amoureux évantez,
D'avec ceux qui seront plus gravement chantez,
Et plus dignes de toy, qui n'as l'oreille attainte
Si non de chastes vers d'une Muse très-sainte,
Qui parle sagement, et qui point ne rougit
De honte, ny l'auteur, ny celuy qui la lit.

céda d'un an dans la tombe ; Diane mourut aussi avant lui, et Camille, l'Antigone bien-aimée de cet autre Œdipe, fut la seule qui lui survécut. Il la recommanda à Jean Marquis qui était alors principal du collége du cardinal Bertrand, et il expira le dix-neuf novembre 1581, à l'âge de soixante-dix ans. Marquis éleva au noble Embrunais un monument plus durable que l'airain : il intéressa les plus beaux esprits du temps à travailler avec lui à ce tombeau. C'était le recueil de vers français, grecs et latins qu'ils composèrent sur la mort de Morel. Il fut publié en 1583 sous le titre de *Royal mausolée.*

Quant à l'orpheline Camille, devenue la fille adoptive de l'ami de son père, elle continua, sous sa protection, à se livrer au doux commerce des lettres ; elle composa divers poëmes, et, entre les productions de son génie, on admira surtout une épigramme grecque, tribut filial du cœur à la mémoire de son père, et bien digne assurément d'orner le fronton du *Royal mausolée.* L'histoire de cette illustre famille des Morel était inconnue de la plupart des Embrunais. Nous avons voulu la leur rappeler comme un sujet bien digne aussi d'occuper leur souvenir ; car, parmi nos traditions du seizième siècle, il y en a peu d'aussi glorieuses, il n'y en a point d'aussi touchante (1).

Il est temps de revenir à l'archevêque Antoine de Lévi. Ce prélat, obligé de résider à Embrun, sans avoir obtenu du roi les satisfactions qu'il désirait, s'ennuya

---

(1) On trouvera encore dans le passage suivant du P. Fournier, quelques détails intéressants sur la famille Morel. — « Vers l'an 1567, Jean Morel poëte Ambrunois
« estoit à Paris dans une grande réputation. Il fut
« gentilhomme ordinaire de la chambre du roy, qui est la
« qualité que luy donne Joachim du Bellay; du quel et
« de Ronsard il estoit amy intime et l'arbitre de leurs
« poësies. Du Belay luy dédia quantité des siennes particulièrement une où il luy donne cet éloge :
« Morel dont le scavoir sur tout autre je prise.
« Ronsard en fit une en sa faveur. Morel fut marié avec
« une D^{lle} appellée Antoinette de Loine, de la quelle il
« eut trois filles, Camille, Lucrèce et Diane, qui feurent,
« comme écrit le mesme du Belay, toutes trois fort sçavantes en la langue latine et en la grecque. L'on voit
« dans ce poëte, quy estoit neveu du cardinal de ce nom,
« plusieurs piéces qui font visiblement connoistre le mérite de Morel et la très étroite amitié quy estoit entr'eux. L'on trouve aussi sur la fin de ses œuvres l'épitaphe que sa fille Camille composa en forme de dialo-

dans l'antique cité métropolitaine, et il permuta bientôt son siége contre celui de Saint-Flour, abandonnant ainsi un trône illustre pour une église obscure, un beau ciel pour un climat moins pur et des montagnes pour des montagnes (~~1542~~). *1547*

L'évêque de Saint-Flour, qui venait au contraire recueillir à Embrun l'héritage de nos princes-archevêques, s'appelait Balthasar-Hercule de Jarente (1542-53). Il appartenait à une ancienne famille de Pro-

> gue avec sa mère de Loine, dont voicy l'inscription :
> *Camillæ Morellæ Jani Morelli Ebredunœi filiæ dialogus.*
>
> *Janus Morellus et Antonia de Loina.*
>
> « Il y a encore une lettre d'Aubert de Poictiers, ad-
> « vocat au parlement de Paris, à Morel qu'il qualifie
> « Ambrunois et seigneur de Grigny et du Plessis-le-
> « Comte, qu'il lui écrivit pour le consoler de la mort de
> « Joachim du Bellay; dans la quelle cet advocat, parlant
> « de ces deux amis, dit cecy : J'eusse bien et à bon
> « droit mis celle cy (c'est-à-dire cette faveur) au rang
> « des plus grandes, c'est à sçavoir, que i'estois conneu
> « bien voulleu de deux gentilshommes non-seulement
> « très doctes et très vertueux, selon mon iugement ; mais
> « encore doüés d'infinies autres rares perfections, quy
> « rendent les hommes aimables et admirables, et sur-
> « passant de beaucoup le commun ordinaire des autres
> « hommes. »
>
> (Siècle 16e, sect. 8e.)

vence, et son mérite personnel était grand. Il avait été d'abord premier président de la chambre des comptes de Provence et cour des aides du même pays. En sa faveur, la dignité de garde des sceaux fut unie à celle de premier président avec privilége de la transmettre, comme il le fit, à son successeur qui était son neveu. Mais il est à remarquer qu'il garda ses hautes fonctions séculières quelque temps encore pendant son épiscopat. Balthasar de Jarente a laissé dans nos annales une trace immortelle. Depuis saint Marcellin, disent les historiens, aucun prélat ne fit autant de bonnes œuvres et n'emporta, avec plus de droit, dans la tombe, les regrets et les larmes des Embrunais.

On doit à Balthasar de Jarente la construction du dôme qui est en avant du grand Réal, et, avec les fonds qu'il laissa pour continuer ce beau travail que la mort l'empêcha de terminer, le Chapitre fit construire la chapelle de sainte Anne, si remarquable par ses sculptures en bois.

C'est sous l'épiscopat de Balthasar de Jarente que le roi Henri II, revenant d'Italie, où il avait été se mettre en possession du marquisat de Saluces, fit son pèlerinage à Notre-Dame d'Embrun. Tout concourut à rendre éclatante et solennelle son entrée dans nos murs. C'était le huit septembre, jour de la fête patronale de la métropole. Il s'y faisait toutes les années, à cette occasion, un immense concours. C'était, de plus, l'ouverture d'un grand jubilé que le pape venait d'accorder. Aussi jamais nos pères ne furent-ils témoins d'une telle affluence, et, tant fut trouvée digne de mémoire cette triple fête simultanée de Notre-Dame, du pèlerinage du roi de France, et du grand jubilé, qu'on en fit rédiger un récit détaillé qui devait être conservé soigneusement dans les archives de la ville et de l'archevêché.

« La réception se fit de cette sorte.
« L'archevêque avec le prévôt, allèrent
« au devant du roi à Guillestre. Là, ils
« lui présentèrent les bulles du pape qui
« avait créé le roi de France chanoine
« d'Embrun, et ils lui demandèrent s'il
« voulait bien être reçu dans l'église en
« habit de chanoine. Le roi accepta leur
« proposition. Ils s'en retournèrent à

« Embrun pour faire préparer et orner
« l'église..... Le jour arrivé, les chanoi-
« nes habillés en chape, et les autres
« ecclésiastiques revêtus des plus beaux
« ornements, allèrent recevoir le roi à
« l'entrée du cimetière. La croix précé-
« dait la procession accompagnée de deux
« chandeliers d'argent ; l'archevêque sui-
« vait le clergé. La procession, de retour,
« s'arrêta à la porte de l'église, où l'on
« avait dressé une table sur laquelle il y
« avait un surplis et une aumusse pour
« le roi. L'archevêque lui présenta l'un et
« l'autre, et lui fit en même temps son
« compliment. Le roi se revêtit en sou-
« riant de ces habits de chanoine. On lui
« présenta ensuite de l'eau bénite, et on
« lui donna de l'encens. Après quoi la
« procession entra dans l'église où le *Te*
« *Deum* fût chanté en musique (1). »

De grandes réjouissances suivirent les
cérémonies religieuses. Jamais on ne vit
tant d'enthousiasme et de splendeur dans
la capitale des Alpes Maritimes (2). Ce

---

(1) Hist. Ecclés. du dioc. d'Embrun, tom. 2, pag. 310.

(2) « La ville fit encore une entrée fort honorable au

n'était cependant ni pour la première ni pour la dernière fois que le roi très-chrétien venait implorer la vierge miraculeuse du grand Réal ; mais nos pères avaient peut-être le pressentiment secret qu'il ne pourrait plus être donné à leurs fils de déployer encore, comme en ce jour, toutes les pompes de la cité sainte. Embrun, boulevart de la foi dans les Alpes, allait bientôt tomber au pouvoir des hérétiques ; le sanctuaire auguste de Notre-Dame des Rois allait être livré au pillage et aux flammes, et ses splendides ornements, présents de tant de siècles, vendus, profanés, devaient être dispersés au loin par des mains sacriléges. Aussi, quand le roi Louis XIII vint, quatre-vingts ans plus tard, s'agenouiller à son

« roy ce mesme iour ; j'ai trouvé dans un registre de
« maison de ville qu'on y témoigna une très-grande
« ioye, que chacun prit soin de s'y parer, qu'on tapissa
« les rües, et que Turin Disdier, consul, suivy des
« plus notables, présenta au roy un cœur d'argent sur-
« doré, au-dedans duquel il y avoit une figure de Nostre-
« Dame tenant J.-C. en ses bras et des trois roys, et
« celle de S. M. qui rendoit ses hommages à cette s^{te}
« mère qui le recevoit en sa protection. »

(P. Fournier, siècle 16e, sect. 6e.)

tour dans le sanctuaire de Notre-Dame d'Embrun, il dut bien se passer quelque chose d'analogue à ce qui eut lieu dans l'ancienne Jérusalem après le retour de la captivité de Babylone, lorsque le nouveau temple eut été construit. Les jeunes hommes étaient dans les transports de l'allégresse ; mais les vieillards versaient des larmes parce qu'on n'avait pu faire revivre toutes les merveilles de l'ancienne maison du Seigneur !...

L'archevêque Balthasar de Jarente mourut en 1553 à Embrun même, laissant une mémoire vénérée, et proclamé saint par la voix unanime du peuple, si juste appréciateur, dans ces circonstances, du mérite et de la vertu. Le roi Henri II nomma, pour lui succéder, Louis de Laval de Bois-Dauphin, de l'illustre maison de Laval, renommée par les grands hommes qu'elle a produits et par la noblesse de ses alliances ; mais la mort vint le frapper avant qu'il eût pris possession de son siége, et Robert de Lenoncourt, déjà évêque de Metz, fut investi encore de l'archevêché d'Embrun (1553-58).

Il y avait à cette époque un abus que

le concile de Trente fit cesser. On donnait souvent à un prélat plusieurs évêchés à la fois. Robert de Lenoncourt fut simultanément évêque de Sabine en Italie, de Châlons en Champagne et de Metz, archevêque d'Embrun, d'Arles et de Toulouse. A la recommandation de François Ier, le pape Paul III l'avait décoré de la pourpre en 1538. Il jouissait d'une haute considération à la cour ; on se souvenait que son influence sur les sénateurs et les autres principaux personnages de la ville de Metz, avait singulièrement facilité au connétable de Montmorency la conquête des Trois-Evêchés (1552).

Robert de Lenoncourt ne vint peut-être jamais à Embrun ; il restait ordinairement à Metz où l'on n'avait pas vu d'évêque résidant depuis soixante-trois ans. Il usa du privilége qu'avaient les évêques de cette ville, de faire battre monnaie. Le docteur Albert avait encore vu des pièces frappées à son effigie avec cette légende : *In labore requies.* Embrun eut à regretter son absence ; il aurait répandu ses dons dans nos montagnes, car il était si généreux et si bienfaisant qu'on ne l'appelait que le bon Robert. Les arts lui doivent le magnifique tombeau de saint Remi à Reims, où il possédait l'abbaye de ce nom. Il mourut à la Charité sur Loire, le quatre février 1561, après s'être démis, à ce qu'il paraît, de tous ses évêchés. Un an après sa mort, les huguenots prirent la petite ville de la Charité ; ils ouvrirent le tombeau du saint pontife, et outragèrent son corps en haine de la religion catholique dont il avait été un zélé défenseur.

CHAPITRE XIX.

Episcopat de Guillaume VII de Saint-Marcel d'Avançon. — Malheurs du temps. — Noblesse de la famille d'Avançon. — Confiance des Embrunais eu leur archevêque. — Guillaume d'Avançon au colloque de Poissy. — Les consuls lui font donner une assignation pour l'empêcher de se rendre au concile de Trente. — Guillaume d'Avançon à Trente. — Progrès des protestants pendant son absence. — Trahison et supplice de Château-Redon. — Henri III préside les Etats généraux du Dauphiné. — Discours de Guillaume d'Avançon. — Nouveaux Etats présidés par Guillaume d'Avançon. — Etats de Blois. — Contestation au sujet de la préséance entre l'archevêque d'Embrun et celui de Vienne. — Ces deux prélats disputent à l'évêque de Grenoble la présidence des Etats du Dauphiné. — Concile provincial à Embrun. — Lesdiguières. — Prestige qui entoure son nom. — Il se rend maître d'Embrun. — Légende de la mule de Lesdiguières. — La métropole est profanée. — Détails désolants. — Martyrs Embrunais. — Acte par lequel Lesdiguières prend la ville d'Embrun sous sa protection. — La persécution continue. — Retour de Guillaume d'Avançon. — Seconds Etats de Blois. — Guillaume d'Avançon est chargé d'annoncer à Henri de Navarre sa déchéance. — Estime de ce prince pour Guillaume d'Avançon. — L'Eglise Notre-Dame d'Embrun rendue au culte. — Guillaume d'Avançon cardinal.

Le siége d'Embrun fut occupé, après

Robert de Lenoncourt, par Guillaume VII de Saint-Marcel d'Avançon, pendant une durée de quarante-deux ans, de 1558 à 1600. Période lamentable dans nos souvenirs, et dont on peut dire avec l'historien romain, qu'elle fut, non-seulement pour la patrie en général, mais pour une multitude de villes et pour Embrun en particulier, « féconde en grands évène-
« ments, en guerres terribles, en dis-
« cordes, en séditions, en barbaries mê-
« me au sein de la paix (1) ! »

Heureusement que le successeur de Robert de Lenoncourt fut à la hauteur des circonstances et sut forcer l'admiration même de son plus grand ennemi, Lesdiguières, qui, longtemps avant de songer à rentrer lui-même dans le giron de l'Eglise catholique, demanda et obtint pour le vénérable archevêque, le chapeau de cardinal.

Guillaume de Saint-Marcel-d'Avançon était d'une des plus illustres familles du Dauphiné. Le célèbre Marc-Antoine Muret

---

(1) Opimum casibus, atrox præliis, discors seditionibus, ipsa etiam pace sævum. Tacit. Hist. lib. 1º.

a élevé cette famille au-dessus de toutes les autres de la province, en disant que c'est d'elle que sont sortis les hommes les plus recommandables soit en temps de guerre, soit en temps de paix. Jean d'Avançon, père de l'archevêque, avait été honoré de diverses ambassades et de la surintendance des finances, sous le règne de Henri II, et, quand il mourut en 1565, le Dauphiné, dit Chorier, le plaignit comme une de ses lumières éteintes et l'un des plus grands hommes qu'il eût produits. Noblesse oblige. Guillaume d'Avançon ne manqua pas à ce devoir. Dès le début de son épiscopat, il parut dans Embrun, comme le plus ferme soutien de la foi et de la sécurité publique. L'historien Belleforest rapporte qu'il avait garanti la ville d'Embrun de tout commerce avec les hérétiques et de l'approche des ministres de l'erreur, tandis que les peuples des lieux circonvoisins avaient déjà prêté l'oreille à leur voix, ou que la crainte des cruautés qu'ils exerçaient, les avait fait ranger de leur parti.

« Les Ambrunois, dit-il, ont telle mar-

« que de leur ancienne foi qu'encore que
« les calvinistes ayent occupé durant les
« troubles la pluspart du Dauphiné, il leur
« a esté impossible de iamais donner at-
« teinte à Ambrun : cette cité ne voulent
« onques que ministre huguenot entrât
« chez elle pour y semer ses erreurs, et
« moins encore que les ligues contre les
« catholiques y ayent eu force; Ains tous
« y vivent catholiquement, et les Eglises
« y sont aussi entières que iamais. A
« quoy a grandement travaillé messire
« Guillaume d'Avançon, leur pasteur
« diligent et fidèle archevesque, qui n'a
« cessé d'exhorter son troupeau de vivre
« en la communion et unité de l'Eglise,
« suivant ce que leurs premiers pres-
« cheurs apostoliques leur avoient ensei-
« gné (1). »

Aussi, comme l'orage grondait autour
de la ville et que les protestants mena-
çaient de déchaîner contre elle leurs
efforts, les Embrunais, pleins de confiance en l'homme providentiel qui tenait
dans ses mains la houlette pastorale de

(1) Belleforest. Cosmographie, art. Ambrun.

saint Marcellin, ne voulaient à aucun prix qu'il s'éloignât de son troupeau. Ils le laissèrent avec peine se rendre au colloque de Poissy (1561) où deux archevêques d'Embrun, le vieux cardinal de Tournon et lui, défendirent énergiquement l'Eglise catholique. Mais, lorsqu'il voulut, par ordre du roi Charles IX, partir pour se rendre au concile de Trente, l'opposition et les larmes de ses chères ouailles firent tout pour le retenir. Les consuls allèrent jusqu'à lui faire signifier, par deux notaires royaux, de vouloir bien rester dans le diocèse et de ne pas se rendre à Trente. Voici cette curieuse sommation.

« L'an de la nativité de Nostre-Seigneur
« mil cinq cent soixante-deux et le trei-
« zième jour de novembre, par-devant
« nous notaires royaux delphinaux sous-
« signés, et en présence des témoins
« cy-après nommés, ont comparu par-
« devant le seigneur Guillaume arche-
« vesque d'Ambrun, honorables Honoras
« Bonnet, Pierre Garnier et Hugues Gar-
« cin consuls de la présente cité d'Am-
« brun; lesquels estant advertis que le-

« dit seigneur archevesque avait comman-
« dement exprès du roy de se trouver
« au concille qui s'est réuni à Trente,
« l'ont requis au nom de la commune de
« ladite cité et du ressort d'icelle que,
« attendu les grands dangers auxquels
« ils se sont trouvés ces vingt mois en
« ça, à cause des troubles qui ont esté
« en ce pays et auxquels, par son aide,
« ils sont jusqu'aujourd'huy échappés, il
« soit son plaisir de demeurer avecque
« eux, et faire le devoir de pasteur,
« comme il est destiné, sans les aban-
« donner en ce temps auquel il n'en est
« moings de besoing que par icy devant,
« tant pour le service de Sa Majesté et
« conservation du pays en son obéissan-
« ce que pour l'union de la foy en son
« diocèse, s'offrant de faire très hum-
« ble requeste à Sa Majesté, comme ils
« ont déjà fait par icy devant : A quoi le
« seigneur archevesque, pour faire apa-
« roistre qu'il n'est reffusant d'obéir à ce
« qu'il a plu au roy lui commander, a ré-
« pondu que moyennant le bon plaisir de
« Sa Majesté, il ne sera moings prest à
« exposer sa personne, biens et tout ce

« que Dieu luy a donné de moyen pour
« leur instruction, ayde et conservation
« non plus qu'il a esté jusques à ce jour-
« d'huy, les priant de luy faire faire acte
« de leur réquisition, acte qui aurait
« plus fait qu'aucune raison... pour que
« Sa Majesté puisse cognoistre qu'il ne
« désire que de luy rendre toute l'obéis-
« sance, devoir et fidélité au quel il est
« tenu. Ce qui luy a esté octroyé par nous
« notaires soussignés. Faict à Ambrun
« etc. (1). »

Malgré la requête des consuls, le roi persista à exiger que l'archevêque d'Embrun accompagnât le cardinal de Lorraine et les autres prélats français au concile de Trente. Comme au colloque de Poissy et tant de fois plus tard aux Etats généraux du Dauphiné à Grenoble, et aux Etats généraux de France à Blois, Guillaume d'Avançon fit éclater, dans le saint concile, son génie et sa piété; et, le quatre décembre 1563, au jour de la clôture de cette grande assemblée, arrivée enfin

(1) Arch. Invent. Dongois, n° 404.

après dix-huit ans de durée et d'épreuves à la plus triomphante solution, il fut un de ceux qui en souscrivirent avec le plus de bonheur tous les décrets, qui mêlèrent avec le plus de transport leurs acclamations, leurs embrassements et leurs larmes, et pour qui se formèrent avec le plus de vérité ces vœux des anciens conciles. « Aux très saints évêques, vie et
« heureux retour à leurs Eglises! Aux
« hérauts de la vérité, mémoire perpé-
« tuelle! Au sénat orthodoxe, longues
« années! »

Mais hélas! quand d'Avançon reparut au milieu de ses fidèles Embrunais, leurs douloureuses prévisions s'étaient en partie réalisées. L'hérésie de Calvin avait fait des progrès dans le diocèse, et ses sectateurs, déployant une incroyable audace,
« se livraient, dit le docteur Albert, à des
« horreurs et à des excès dont le seul
« souvenir est capable d'arracher des
« larmes. Les églises profanées, les autels
« renversés, les prêtres massacrés, les
« vierges outragées, un grand nombre
« de catholiques dépouillés de leurs biens
« et ignominieusement traités; voilà en

« un mot ce qu'on entendait dire chaque
« jour (1). »

La ville d'Embrun, place fortifiée, et dont le vénérable sanctuaire avait été enrichi par les offrandes magnifiques de tant de rois et de tant de princes, était l'objet spécial de leur convoitise. La trahison faillit les en rendre maîtres, en 1573. Un misérable tisserand, nommé Château-Redon, natif de Digne et se disant faussement catholique, fut l'instrument et la victime de cette coupable tentative. Nous la laissons raconter au docteur Albert.

« Parmi les différentes manœuvres dont
« il (Château-Redon) avait été chargé, la
« principale était de lier et d'attacher, par
« manière de badinage, la sentinelle qui
« était à la porte de la ville, et ensuite,
« après avoir préparé tout ce qu'il fallait
« pour faire réussir sa trahison, de don-
« ner le signal, au jour marqué, de s'ap-
« procher de la place. Les troupes des
« huguenots étaient en partie à Savines,
« et les autres étaient cachées à l'hôpital
« de Saint-Lazare près d'Embrun. Leur

(1) Hist. Ecclés. du dioc. d'Embrun, tom. 2, pag. 231.

« cavalerie était au Pinet, en de là de
« la Durance, dans des embuscades. Le
« bruit qu'elle faisait en s'approchant de
« la ville fut entendu des bergers qui
« étaient à la campagne, et ceux-ci se hâ-
« tèrent d'en venir donner avis à Embrun.
« Ils y furent aux portes ouvrantes, et
« aussitôt les bourgeois se mirent sous les
« armes; les conjurés, voyant qu'ils étaient
« découverts, prirent la fuite. On leur
« avait cependant entendu dire pendant
« la nuit, qu'ils mettraient le feu aux
« églises, qu'ils outrageraient les femmes,
« qu'ils feraient mourir les catholiques
« et qu'ils ne manqueraient pas de faire
« un butin considérable. Château-Redon
« fut soupçonné de trahison : on s'en
« saisit, on fait déposer des témoins et il
« est convaincu de cette perfidie (1).

« Il fut jugé par Balthazar Eme. lieute-
« nant du vibailly d'Ambrun, assisté d'Ho-
« noré Gontier de l'Ange, de Jean de la
« Robiere, de Balthazar Chabran, d'O-
« ronce Disdier, de Jean Denys, de Sé-
« bastien Roland et d'Hugues Remond

(1) Hist. Eccl. du dioc. d'Embr., tom. 1er., pag. 67.

« advocats en ce siége, lesquels en con-
« formité des conclusions de Hierome
« Baile, Procureur du Roy au mesme
« Baillage, depuis auditeur en la cham-
« bre des comptes, donnèrent sentence
« en dernier ressort, par lequel Castel Re-
« don fut condamné à estre traisné sur une
« claye par toute la ville, qu'il demande-
« roit pardon à Dieu, au Roy, à la Justi-
« ce et à ses habitants de son attentat, et
« que de là il seroit conduit au lieu ordi-
« naire pour estre pendu et estranglé à
« une potence, et que son corps seroit
« mis en quatre quartiers pour servir
« d'exemple. Cette sentence luy fut pu-
« bliée, et il fut exécuté sans que l'on
« eut peu iamais tirer de confession de
« sa bouche ny de déclaration de ses
« complices (1). »

Deux ans après cet événement (1575), l'archevêque d'Embrun assista aux Etats généraux du Dauphiné, qui furent présidés par le roi Henri III en personne. Le prélat y figura en qualité de procureur du vieil évêque de Grenoble, François d'A-

(1) P. Fournier, sièc. 16e, sect. 8e.

vançon, son oncle, président né de l'assemblée. Trois discours furent prononcés dans la séance d'inauguration : le premier par le roi, le deuxième par le chancelier et le troisième par l'archevêque d'Embrun. Aux Etats de l'année suivante, le siége épiscopal de Grenoble étant vacant, Guillaume d'Avançon eut l'honneur de présider lui-même. Il y fut désigné avec l'archevêque de Vienne, l'évêque de Valence, l'abbé de Bonnevaux et celui de Saint-Pierre de Vienne, pour aller représenter le clergé de la province aux Etats généraux de France qui devaient se tenir à Blois. Là (1577), les deux archevêques eurent une contestation au sujet de la préséance : l'archevêque de Vienne voulait avoir le pas, comme étant plus ancien évêque; Guillaume d'Avançon le réclamait, comme étant depuis plus longtemps investi de la dignité de métropolitain; il lui fut accordé.

De retour en Dauphiné, il chercha à se faire reconnaître pour toujours, à lui et à ses successeurs, le droit de présider les Etats de la province. Il mettait en avant l'importance de son siége et il invoquait

fièrement les prestations d'hommage rendues à ses prédécesseurs par les anciens Dauphins et par les rois de France. L'archevêque de Vienne, de son côté, prétendit que c'était à lui que la présidence devait être dévolue, se fondant sur des raisons analogues. Mais l'évêque de Grenoble faisant valoir la possession immémoriale, l'emporta sur les deux métropolitains et obtint un arrêt du conseil du roi, qui le maintenait et gardait « en la possession et
« jouissance du droit de préséance et
« présidence aux Etats du Dauphiné pour
« jouir et user d'icelui droit en la même
« forme et manière que ses prédécesseurs,
« évêques du dit Grenoble. »

Cependant, au milieu de tous ces honneurs et démêlés, Guillaume d'Avançon ne perdait pas de vue ce qui doit être la plus grande préoccupation d'un évêque : le salut de son diocèse. Sentinelle vigilante, de loin comme de près, il ne cessait d'observer attentivement les démarches de l'ennemi, et il mettait tout en œuvre pour en arrêter les progrès. D'une part, il appelait, en 1583, tous ses suffragants à un concile dont les actes ont péri malheureusement dans l'incendie de 1585, et qui fut le dixième d'Embrun ; de l'autre, il cherchait à procurer à la cause catholique, le secours des chefs les plus expérimentés (1). Mais il était marqué dans les desseins de Dieu, qu'Embrun tomberait au pouvoir des nouveaux Sarrasins et verrait encore l'abomination de la désolation dans ses temples.

Le roi des montagnes, comme on l'appelait, le plus grand capitaine assurément que le Dauphiné ait jamais produit,

---

(1) En 1581 le duc de Mayenne vint en Dauphiné avec une armée de 7000 hommes de pied et de mille chevaux. Il dissipa d'abord toutes les trouppes des huguenots quy tenoient la campagne ; il les chassa de quantité de petites places et prit la Mure après quarante iours de siége ; et enfin Lesdiguières le fut trouver avec la noblesse de son parti, et il se soumit à luy. D'Avançon fut sans doute l'autheur d'un aussi grand bien, en ce qu'il avoit moyenné vers le roy que ce duc fût envoyé pour dissiper les troubles de cette province, ainsi que le marque en termes exprez l'écrivain domestique de cet archevesque quy a couché par écrit les actions les plus remarquables de ce prélat. Aussi il eut un tel ascendant sur l'esprit de ce duc, qu'il le fit venir à Ambrun, où il fut receu avec un très-grand appareil. Les poëtes de cette ville firent, pour honorer cette cérémonie, quantité de vers latins et françois, qui feurent écrits sur des cartouches que i'ay veües.

(P. Fournier, siècle 16e, sect. 8e.)

l'homme extraordinaire en qui se résume toute l'histoire de cette province pendant la période des guerres de religion, le héros dont le villageois de nos Hautes-Alpes fait encore une espèce de demi-dieu à proportions colossales et dont il place le nom, entouré d'un prestige exagéré, à côté de celui de César et de Napoléon (1), Lesdiguières, après avoir surpris en embuscade près de Chorges et taillé en pièces cinq cents arquebusiers de la ligue et trois compagnies de lances italiennes, sortis d'Embrun pour se rendre à Gap, se présenta tout à coup devant la place ainsi dégarnie et l'emporta d'assaut le dix-neuf novembre 1585 (2).

(1) Albert Du Boys, Essai sur les guerres de religion. Revue du Dauphiné, tom. 2, pag. 303.

(2) Dupleix marque que Jean-Baptiste Gentil, natif de Fleurac en Givaudan, originaire de Gennes, quy estoit un très excellant ingénieur, fit l'ouverture de la faulce porte de la citadelle la nuit avec ses petards. Il y eut un traitre au-dedans, quy donna le signal et quy amusoit cependant la garnison. Montelimar et Guillestre avoient esté déia pris par le moyen de ces petards. Pour revenir à Ambrun, il est certain que d'abord que le petard eut ioué, les soldats se poussèrent teste baissée dans la ville ; mais ils feurent saisis dez qu'ils y feurent d'une terreur panique quy les repoussa aussitôt au dehors, croyant qu'ils es-

Il s'était proposé trois choses en exécutant cet heureux coup de main, à savoir : de conquérir une bonne retraite pour mettre à couvert ses coreligionnaires, de s'emparer d'un riche butin et surtout de se rendre maître de la personne de l'archevêque, en qui il rencontrait le plus redoutable de ses adversaires. Le prélat put s'échapper dans les montagnes et se sauver en Piémont, d'où il alla demander un asile au Père commun des fidèles, dans la ville de Rome. Les habitants se préservèrent d'un pillage général, en donnant au vainqueur une somme de dix mille écus. Mais les églises, l'archevêché et les maisons des ecclésiastiques furent dépouillés de fond en comble ou livrés aux flammes. Il paraît que Mathieu

toient tout-à-fait perdus.... Le capitaine Jacques, dit le Roure, quy estoit parfaitement informé de ce quy se passoit dans la ville, où tout estoit asseuré pour eux à cause de la trahison, coureut l'espée à la main au devant des fuyards, et les ayant ramenez dans la ville, il les anima en telle sorte qu'ils chargèrent brusquement les soldats de la garnison, qui feurent surpris d'une terreur si grande que les ennemis renversèrent les barricades avec bien peu de résistance, et ils firent une grande boucherie dans toute la ville.

(P. Fournier, siècl. 16e, sect. 8e.)

de Rame, seigneur des Crottes, et Gessan, tous deux gouverneurs d'Embrun, réfugiés dans Tour-Brune, auraient jeté eux-mêmes le feu sur le toit de la cathédrale, préférant la détruire que de la voir servir aux usages sacriléges des hérétiques. Lesdiguières aurait fait éteindre l'incendie, et ce serait au vainqueur huguenot que la religion et les arts devraient la conservation de cet admirable monument.

Il existe une autre tradition sur Lesdiguières et la cathédrale d'Embrun. Le superbe guerrier voulait pénétrer à cheval dans cette église et par cette même porte du grand Réal, sur le seuil de laquelle les plus puissants monarques étaient venus s'agenouiller. Soudain, au moment même où sa mule posait les pieds pour pénétrer dans l'enceinte sacrée, elle se cabre et ses deux fers de derrière se détachent. L'intrépide cavalier est sur le point d'être renversé, mais il se remet bientôt et persiste à vouloir entrer; l'animal se cabre encore avec plus de violence et Lesdiguières est obligé d'abandonner au peuple les deux fers. Ils furent cloués derrière la grande porte où on les voit encore aujourd'hui. Nous ne voulons pas nous constituer les champions de la vérité de ce fait; mais qu'on nous dise qui l'a inventé, quand et comment on a pu l'inventer à si peu de distance où nous sommes encore de notre grand connétable, sans que personne ait crié à l'imposture. Quoi qu'il en soit, il est certain que l'armée de Lesdiguières commit d'horribles déprédations dans l'antique métropole. Videl, son panégyriste, tout en jetant un voile sur ces excès, n'a pu s'empêcher d'estimer à un très-haut prix les richesses dont les vainqueurs dépouillèrent l'auguste monument. Écoutons-en la nomenclature par un autre historien plus véridique et presque contemporain de cet épouvantable désastre.

« L'armée des protestants fut envoyée
« dans le Dauphiné où elle fit de très-
« grands dégats vers les montagnes de
« ce pays là, par la prise de plusieurs
« places, comme de Montélimar et de
« Chorges, et particulièrement cette mê-
« me année 1585, en la prise de la ville
« d'Embrun, le dix-neuf novembre où
« elle fit un butin incroyable dans l'église

« si célèbre de Notre-Dame d'Embrun,
« emportant l'image d'argent de la sainte
« Vierge, appréciée à six cents écus,
« et celle de saint Marcellin pesant envi-
« ron six mille écus, les croix, les cali-
« ces, les chandeliers, les chasses, les
« reliquaires, les custodes, les ciboires,
« les encensoirs, les couronnes, les cros-
« ses, les mîtres d'or et d'argent, pré-
« sents faits à cette église par un grand
« nombre d'empereurs, rois, princes et
« évêques ; et par-dessus cela les riches
« parements d'autel, chasubles, dalmati-
« ques et poeles ; quelques uns desquels
« furent apportés en Provence pour y
« être vendus ; j'ai connu un ecclésiasti-
« que qui avoit acheté à bon marché d'un
« soldat une de ces riches chasubles. La
« même armée brûla tous les livres et les
« documents des églises de cette ville,
« mit au pillage les maisons des ecclé-
« siastiques et leurs têtes à la rançon,
« exerçant partout des cruautés horribles,
« tant en la personne des ecclésiastiques
« qu'en celle de quelques autres catholi-
« ques ; elle convertit les églises de cette
« même ville d'Embrun en des temples

« pour sa religion et en des forteresses
« et garda l'église métropolitaine jusques
« à l'an 1599, auquel temps, avec beau-
« coup de peine et de grandes prières, le
« sieur de Lesdiguières la rendit à Guil-
« laume d'Avançon, archevêque de cette
« même ville et moyennant encore la
« somme de seize cent cinquante écus,
« comme il en avait tiré auparavant dix
« mille pour préserver la ville d'un pil-
« lage général (1). »

Comme au temps des archevêques saint Benoît et saint Libéral, il y eut des martyrs et des confesseurs dans notre ville infortunée, et quelques-uns d'entre eux, dit le P. Fournier, pourraient être du nombre de ces glorieux athlètes de la foi dont le martyrologe romain honore la mémoire le vingt-quatre juin, pour avoir été chassés de leur pays et être morts dans leur exil. Les plus célèbres sont noble Honoré Gontier de l'Ange qui fut meurtri de coups de pied et ignominieusement banni parce qu'il avait généreusement protesté qu'il n'abandonnerait jamais la foi de ses pères ; noble Albert de Chan-

---

(1) Bouche. Hist. de Provence, liv. X, sect. IV, pag. 690.

cella qui subit le même sort; noble C. de Levesie, procureur du roi, brutalement chassé de sa maison et proscrit sans qu'il lui fût permis de rien emporter avec lui, parce qu'il refusa aussi d'embrasser le protestantisme; enfin le médecin P. Léal qui fut attaché, pour la même cause, à la queue d'un cheval indompté et traîné de la sorte par les rues de la ville où il aurait expiré au milieu des tourments, si le désespoir de sa malheureuse mère n'avait attendri le cœur de Lesdiguières.

Quant aux prêtres, ils étaient pourchassés comme des bêtes fauves. L'un d'eux, ayant voulu dire la messe, fut massacré au pied des autels; les autres furent obligés de se cacher et, dépouillés de tout, d'errer çà et là mendiant leur pain et buvant à la coupe amère des outrages et des ignominies. Les plus affreuses tortures étaient réservées à ceux qui tombaient dans les mains des persécuteurs, témoin ce curé de Réotier pour qui l'on renouvela le supplice de l'antique Régulus, en l'enfermant dans un tonneau rempli de pointes et en le faisant rouler du haut de la montagne vers la Durance, le long des rochers et des précipices; témoin encore cet autre curé de Molines en Queyras, qui fut écorché vif, puis enterré jusqu'au menton seulement, de manière que la tête qui sortait de terre, servait de but à ses barbares bourreaux pour jouer au palet, jusqu'à ce que l'ayant enfin coupée, ils missent le comble à leur sauvagerie en lançant cette tête elle-même, comme une boule (1).

Tout était dans la consternation à Embrun; il n'y avait plus de sécurité que dans l'apostasie. Lesdiguières avait donné le gouvernement de la ville au protestant Prabaud de Bonne, son cousin, et lui-même y avait établi son quartier d'hiver. Cependant il ne tarda pas à comprendre qu'il importait de faire cesser un peu le désordre des premiers jours de la conquête et de donner aux habitants quelque garantie de sécurité, tout en les laissant sous l'impression de la terreur. Le cinq décembre, parut donc la déclaration suivante dont le texte authentique, revêtu de la signature du

---

(1) P. Fournier. — doct. Albert. — Gioffredo, Storia delle Alpi Maritime, pag. 1509 et suiv.

chef et du sceau de ses armes, est encore conservé dans les archives de l'Hôtel de Ville (1).

« Le Seigneur des Diguières.

« Nous avons prins et prenons en nos
« protection et sauvegarde les manants
« et habitants de la ville d'Ambrun, et
« permis aux absents de se retirer et
« négocier leurs affaires librement et
« seurement, tout ainsi qu'ils soulaient
« faire avant la prinse d'icelle. Mandons
« qu'ils restent et se comportent paisi-
« blement et sans attenter aucune chose
« au préjudice du parti de la religion
« réformée et payant leurs contributions.
« Defendons à tous gens de guerre et
« autres deux partis de quelque qualité
« et condition qu'ils soient, de troubler,
« molester ou inquiéter les sieurs habi-
« tants, soit en leurs personnes, familles,
« serviteurs ou biens quelconques ; ni de
« chercher, prendre ou enlever aucuns
« grains, vins, bestail, foins, pailles ou
« autres meubles quelqu'ils soient, sinon

(1) Inventaire Dongois, n° 342.

« en payant au taulx par nous ordonné
« et de bon gré et consentement, ou de
« notre commandement exprès, à peine
« de la vie. Faict à Ambrun le cinquième
« jour du mois de dexambre mil cinq
« cent quatre-vingt et cinq.

« Lesdiguières. »

Malgré cette déclaration, la persécution, loin de cesser, devait continuer tout le temps de l'occupation protestante (14 ans). Les lignes suivantes du docteur Albert nous feront juger combien elle était encore intense en 1589, à une époque où un édit royal était cependant intervenu en faveur des malheureux Embrunais :
« L'édit du roi de 1589, qui rappella
« dans leurs églises et dans leurs béné-
« fices ceux qui en avaient été chassés,
« ne garantit pas pour cela ces hommes
« infortunés des maux les plus atroces. A
« leur retour, on leur multiplia les im-
« pôts. On les obligea de fournir des
« vivres aux officiers et aux soldats,
« manquant eux-mêmes du nécessaire.
« Chaque jour, ils étaient forcés de faire
« de nouvelles fournitures pour la troupe.

« Les fonds ecclésiastiques qui devaient
« être exempts de tailles et d'impôts en
« étaient chargés. On faisait supporter aux
« présents les charges des absents. En
« un mot, on les opprimait en tout. Il
« n'y avait point de juge pour les catho-
« liques. Leur sort était si malheureux,
« tant celui des laïques que celui des
« ecclésiastiques, qu'il n'était pas permis
« à deux amis de s'assembler dans une
« maison particulière, sans être suspectés
« de rebellion. Ils étaient obligés de
« souffrir sans se plaindre, les insultes,
« les coups, les soufflets, comme si ç'avait
« été de la part des Turcs et des barba-
« res (1). »

Réfugié dans la ville de Rome, le pasteur de ce troupeau désolé n'aspirait qu'au moment où il pourrait revenir dans son diocèse pour réparer tant de ruines et sécher tant de larmes. Il paraît qu'il rentra en France, au moins en 1588, car nous le voyons cette année-là, figurer encore comme député du clergé du Dauphiné, aux seconds Etats généraux de

---

(1) Histoire Ecclés. du diocèse d'Embrun, tom. 2, p. 232.

France qui se tenaient de nouveau dans la ville de Blois. Funeste assemblée au milieu de laquelle l'assassinat des deux princes de Lorraine, Henri le Balafré et son frère le cardinal de Guise, jeta une épouvantable confusion, en même temps qu'il imprimait sur la couronne du faible monarque Henri III, une tache indélébile! Dans une des premières réunions, les députés des trois ordres déclarèrent unanimement Henri de Navarre à jamais exclu du trône de France, et l'archevêque d'Embrun fut chargé d'aller, accompagné de douze membres de chaque ordre, porter cette décision à la connaissance de Henri IV qui se contenta de répondre qu'il l'examinerait.

Quand le Béarnais fut devenu roi de France, il ne garda point de rancune à Guillaume d'Avançon, et c'est chose admirable de voir cet illustre monarque ainsi que Lesdiguières, se plaire à respecter dans la personne du prélat leur adversaire, la constance d'un grand caractère qui, pendant les vicissitudes d'un long épiscopat, ne s'était jamais démenti et avait toujours honoré, par sa fermeté et par ses vertus, la cause du catholicisme.

Guillaume d'Avançon profita de l'estime qu'il avait su inspirer à Henri IV et *au petit roi du Dauphiné* (1), pour recouvrer au moins sa cathédrale, la vieille et sainte Notre-Dame-d'Embrun. Il alla à Paris, et fit tant, par la force de son éloquence et par l'onction de ses discours, que le roi lui rendit non-seulement la métropole, mais toutes les églises de son diocèse qui étaient occupées par les protestants. Toutefois, il ne put en obtenir la cession de Lesdiguières qu'en 1599, après de longues démarches et moyennant une indemnité de mille six cent cinquante écus qu'exigea encore, comme nous l'avons déjà remarqué, le rusé huguenot. Mais dans toutes les lettres que Lesdiguières écrivit durant la conduite de cette affaire, il ne cessa d'exprimer la profonde vénération que lui inspirait le caractère de l'archevêque. Nous citerons celle qu'il adressa enfin à son cousin de Bonne, gouverneur de la ville, pour lui enjoindre

---

(1) C'est ainsi qu'on appelait Lesdiguières.

d'effectuer la remise de la célèbre basilique :

« A Monsieur mon cousin, monsieur de
« Bonne, commendant pour le service du
« roy à Ambrun et au baillage de l'Am-
« brunois.

« Monsieur mon cousin. J'ay accordé
« à monsieur d'Ambrun son église et me
« suis contenté pour le gratifier davan-
« tage de seize cent et cinquante escus
« pour les réparations. Je vous prie que
« huit iours aprez qu'on aura payé la
« moitié de ladite somme de lui fere
« rendre sans excuse ny remise son égli-
« se, et ses cloches et chaires, mesme
« celles des cordeliers qui y sont, ensem-
« ble les paroisses de Ste-Cécile et de
« St-Donat, ne pouvant point encore lui
« fere rendre celle de St-Vincent employée
« pour le service du Roy. Et comme ie
« m'asseure que ledit sieur d'Ambrun
« contiendra la haut chacun en union sous
« l'obéissance de Dieu et de S. M., aussi
« desire-ie qu'il y soit accueilly, avec le
« mesme honneur et service que ie desire
« luy rendre : En quoy i'auray tres agré-

« able que vous serviez d'exemple aux
« autres. Cela est deu à son sang et à ses
« mérites qui le rendent des plus recom-
« mendables prélats de ce siècle. Je par-
« ticiperay à la satisfaction qu'il aura de
« vous, et de façon que vous iugerez
« que ie veux l'honorer et obliger en
« toutes sortes. Je remets vos occur-
« rences à ce porteur que vous aimerez ;
« Si le vous recommende ie de plus en
« plus, monsieur mon cousin, ensemble
« la continuelle souvenance de vostre
« etc.

Au bas de cette lettre, il y avait encore ceci écrit de la main de Lesdiguières :

« Il faut que vous retiriez la première
« moitié qui sont 825 escus, et pour l'au-
« tre moitié, bonne caution qui s'oblige à
« son propre et privé nom à payer à Noël
« prochain, et aussitôt leur fairez delivrer
« le grand Temple; Mais ie vous prie
« qu'on ne touche aux chaires ny aux
« cloches, ny à rien qu'à la chaire du
« ministre.

« Vostre humble cousin pour vous fere
« service.

        « Lesdiguières. »

Outre les témoignages qui sont dans ses lettres, Lesdiguières donna encore une preuve non équivoque de son attachement pour Guillaume d'Avançon. Il engagea Henri IV à solliciter en faveur de ce prélat la dignité de cardinal, ce que le monarque ne manqua pas de faire. Le souverain pontife fut heureux de cette demande; il s'empressa de l'exaucer, et d'envoyer le chapeau au vieil athlète de la foi, le dernier survivant des évêques qui avaient assisté au concile de Trente. Mais Guillaume d'Avançon mourut à Grenoble en 1600, âgé de 75 [65] ans, pendant que le messager du pape était en route pour venir vers lui. Le peuple d'Embrun aima à se consoler, en pensant que Dieu lui-même avait voulu agréger le vénérable Guillaume, dans le ciel, à un collége bien plus illustre encore que celui des cardinaux de la terre.

CHAPITRE XX.

Honoré du Laurens. — Merveilles et Sainteté. — Eloquence du prélat. — Carême prêché à Embrun. — Oraison funèbre de Marguerite d'Autriche. — Du Laurens assiste Henri IV mourant. — Il meurt lui-même après un dernier triomphe oratoire. — Honoré du Laurens exécute l'idée féconde que son prédécesseur avait rapportée du concile de Trente, de fonder un collège à Embrun et d'en confier la direction aux Jésuites. — Lettres-patentes de Henri IV pour autoriser cette création. — Episcopat de Guillaume d'Hugues. — Il est chargé des négociations politiques et matrimoniales les plus délicates. — Il administre publiquement le sacrement de Confirmation en Angleterre. — Embellissements de l'archevêché. — Louis XIII dernier pèlerin royal de Notre-Dame-d'Embrun. — Eclat de sa réception. — Certificat concernant les clefs de la ville présentées au roi. — Charles-Salomon du Serre, évêque de Gap, conduit sa confrérie de Pénitents blancs en pèlerinage à Notre-Dame-d'Embrun. — Inscription de l'église de Boscodon. — Conversion du maréchal de Lesdiguières. — Guillaume d'Hugues marie le maréchal avec la marquise de Treffort. — Il reçoit son abjuration. — Détails de la cérémonie par Videl. — Lesdiguières Connétable. — Il reçoit les insignes de l'Ordre du Saint-Esprit. — Il communie des mains de l'archevêque d'Embrun. — Hôpital du Saint-Esprit — Bonnes œuvres de Guillaume d'Hugues.

Un prélat d'une vertu antique succéda

à Guillaume d'Avançon (1600-1611). S'il avait vécu au temps de saint Marcellin ou de saint Pélade, on lui aurait élevé des autels. Il s'appelait Honoré du Laurens. Contemporain de saint François de Sales, il fut pour le diocèse d'Embrun, ce que le saint fut pour celui de Genève. Constamment occupé à réparer les ruines de l'hérésie, il vit de nombreux succès couronner ses efforts.

On racontait de lui des merveilles. Des anges éclatants de lumière avaient été vus à ses côtés, pendant une cérémonie sacrée. Dans ses courses apostoliques, il traversait à pied sec les torrents les plus débordés. Sa patience rappelait celle de saint Marcellin : un malheureux lui dit, un jour, mille injures et l'assaillit en lui jetant des boules de neige; du Laurens continua son chemin sans paraître s'en apercevoir. Comme saint Martin de Tours qui s'était dépouillé de la moitié de son manteau pour le donner à un pauvre, il se défit de sa propre soutane pour en revêtir un ministre protestant converti; il donnait tout aux pauvres, jusqu'à son anneau que ses domestiques furent obligés de racheter plusieurs fois.

Au don de la piété et de la charité, il joignait une éloquence admirable (1). Un religieux venu de la capitale pour prêcher le carême à Embrun, fut tellement émerveillé par tout ce qu'on lui rapporta du talent oratoire du pontife, qu'il n'osa point monter en chaire après lui et s'en retourna sur-le-champ vers Paris. Honoré du Laurens, obligé de suppléer lui-même au prédicateur, ne fut jamais si sublime.

---

(1) « Honoré du Laurens avoit en luy toutes les qualités
« du corps et de l'esprit, quy peuvent rendre un homme
« recommendable. Il entendoit parfaitement la langue
« latine et la langue grecque. Il avoit une impétuosité
« dans l'âme quy le portoit à la poésie, en quoy il réus-
« sissait à merveille. Il avoit du génie pour toutes les
« sciences et les belles lettres, et il avoit encore un pro-
« fond jugement, une mémoire prodigieuse. Il avoit com-
« posé en sa jeunesse un livre de poésie latine de plu-
« sieurs mille vers, qu'il récitoit tous, sans hésiter, à ses
« amis intimes dans les dernières années de sa vie. Il
« s'appliqua en ce même temps à faire un livre, *De la*
« *puissance Ecclésiastique*, par l'ordre du pape Paul V,
« avec quy il avoit esté compagnon d'étude à Turin. Cet
« ouvrage fut un fruit que la mort perdit en faisant mourir
« son autheur.... Un de ses secretères m'a dit que, pour
« haster cet ouvrage, il dictoit à six personnes suivant
« la diversité des langues dont il employoit les au-
« theurs. »

(P. Fournier, siècle 17e, section 1re.)

En 1610, il fut appelé à la Cour et choisi pour prononcer l'Oraison funèbre de Marguerite d'Autriche, femme de Philippe III, roi d'Espagne, et mère de la grande Anne d'Autriche qui épousa Louis XIII. Henri IV, assassiné par Ravaillac, expira dans les bras du saint archevêque d'Embrun, accouru aussitôt pour porter ses secours à ce généreux monarque qui avait toujours été son bienfaiteur et son ami. Honoré du Laurens prêcha une dernière fois devant la Cour, le premier janvier de l'année suivante. « La voix de ce cygne, « dit le P. Fournier, ne parut jamais si « charmante. Aussi tendoit-il à sa fin. » Quelques jours après, il succomba à une opération douloureuse endurée par lui avec un héroïsme tout chrétien.

Sous son pontificat, la ville d'Embrun fut un peu consolée des maux affreux que lui avaient causés les protestants, et elle vit s'ouvrir dans son enceinte, en 1604, ce fameux collége des Jésuites dont la glorieuse renommée ne devait pas tarder à se répandre au loin. Guillaume d'Avançon eut, le premier, la pensée d'appeler les Jésuites à Embrun. Il avait connu, au concile de Trente, Laynez, Salméron et quelques autres pères de la compagnie. Il leur avait proposé d'accepter la direction d'un collége qu'il voulait fonder dans son diocèse. Les Jésuites y arrivèrent quelque temps avant qu'Embrun tombât au pouvoir de Lesdiguières; mais ils durent s'enfuir avec Guillaume d'Avançon, et l'honneur d'une fondation réelle et définitive du collége, fut réservé à Honoré du Laurens. Quelques lignes des lettres-patentes en forme d'édit, que cet archevêque obtint, pour cela, du roi Henri IV, méritent de trouver place dans cette histoire.

« Henry, par la grâce de Dieu roi de
« France et de Navarre, Dauphin de
« Viennois, comte de Valentinois et Diois,
« à tous présents et advenir salut.

« Par nostre édit du mois de septembre
« dernier, nous avons pour le bien et in-
« struction de la jeunesse, à l'honneur de
« Dieu et aux bonnes sciences et mœurs, et
« plusieurs autres grandes considérations,
« restably la société et compagnie des
« Jésuites aux colléges qu'ils avoient cy

« devant aux villes spécifiées par ledit
« édit, et de nouveau estably un en la
« ville de la Flêche en Anjou ; et, considé-
« rant qu'un desdits colléges est autant et
« plus nécessaire en nostre ville d'Am-
« brun en nostre pays du Dauphiné
« qu'en nul autre de nostre royaume,
« à cette cause, pour satisfaire à la très
« instante supplication et requeste que
« nous en a faite nostre amé et féal cons^{er}
« l'archevesque dudit Ambrun, les pré-
« vost, chanoines et Chapitre de l'église
« cathédrale et les nobles, bourgeois,
« manants et habitants de ladite ville,
« Permettons à ladite société et compa-
« gnie des Jésuites de pouvoir establir
« un collége en ladite ville d'Ambrun,
« composé de tel nombre de personnes
« d'icelle société qu'ils verront y estre
« nécessaire pour le service divin et
« instruction de la jeunesse aux bonnes
« lettres tant d'humanité, philosophie
« que sacrée théologie, aux classes et
« règles et formes dont ils ont accoustu-
« mé user aux colléges qu'ils ont aux
« autres villes de nostre dit royaume....
« Car tel est nostre plaisir. Et, afin que ce

« soit chose seure et stable à ce et tou-
« jours, nous avons fait mettre nostre
« scel à ces présentes. Sauf en autre
« chose nostre droit. etc. Donné à Paris
« au mois de février, l'an de grâce mil
« six cent quatre, etc. et de nostre règne
« le quinzième. »

Signé, Henry.

C'est la gloire de la ville d'Embrun de n'avoir eu presque toujours pour archevêques que des hommes du plus haut mérite. Après Honoré du Laurens, vint Guillaume d'Hugues, non moins illustre par son éloquence qui lui avait fait une réputation européenne (1611-1645). Ce prélat était général des cordeliers quand il fut investi de l'archevêché des Alpes Maritimes. Le roi Henri IV l'avait employé aux négociations diplomatiques les plus délicates, et toujours l'habile cordelier les avait fait réussir au gré de son maître. Ainsi, dans les démêlés de l'empereur Rodolphe et de son frère Mathias, le talent de Guillaume d'Hugues avait procuré la couronne à ce dernier, conformément aux intérêts de la France. Devenu archevêque d'Embrun, il continua de rendre à la patrie des services signalés. Le mariage d'Elisabeth de France avec Philippe IV, roi d'Espagne, et celui de la princesse Henriette avec Charles, fils aîné de Jacques Ier, roi de la Grande-Bretagne, furent conclus par son intermédiaire. Il accompagna les princesses dans ces deux royaumes, et, en Angleterre, il gagna si bien l'estime du monarque, qu'il en obtint la permission de conférer publiquement le sacrement de Confirmation à plus de dix mille personnes, sur cette terre protestante dont les anciens princes catholiques avaient été si célèbres par leur dévotion à Notre-Dame d'Embrun (1).

Le soin principal de Guillaume d'Hugues, dans sa ville métropolitaine, fut de réparer les désastres matériels que l'incendie et le pillage des protestants avaient causés au sanctuaire de Notre-Dame et au palais archiépiscopal. L'inscription sui-

---

(1) Le P. Fournier va même jusqu'à dire que « le roy « Jacques fut heureusement converti à la foy catholique « par les soins et par les remonstrances de Guillaume d'Hu- « gues. Le roy Louis XIII, ajoute-t-il, en est parfaitement « informé et l'on en a une relation quy a esté donnée au « public. »
(Siècle 17e, section 2e.)

vante, mise en lettres d'or sur le vestibule de l'archevêché, après l'achèvement des travaux, donne une idée des embellissements magnifiques qui y furent faits :
« *Guillelmus d'Hugues ex generali Ordi-*
« *nis sancti Francisci, inter Gallos sexto,*
« *archiepiscopus et princeps Ebredunensis,*
« *ecclesiæ deiparæ Virginis œdes exor-*
« *navit, ita palatium hoc, ex rudi mole,*
« *hortis amœnum, picturis clarum, aulis*
« *amplum, et augustum æternum que suæ*
« *in successores et Ebredunenses voluntatis*
« *monumentum excitavit.* M. D. C. XXX.
« IX (1). »

C'est dans ce palais qu'on cherchait ainsi à rendre vraiment digne de la majesté des princes-archevêques, que Guil-

---

(1) Le P. Fournier enregistre en cet endroit de son histoire, une tradition, différente de celle que nous avons rapportée nous-même sur l'origine de la mystérieuse Tour-Brune de l'archevêché. « Ce superbe palais, dit-il,
« est iont à Tour-Brune que quelques-uns disent estre
« l'ouvrage des habitants de Chasteauroux, en peine
« d'une rebellion commise contre l'archevesque, ce qu'on
« ne scauroit iustifier par nul titre, et ie pense que ce
« fut un ouvrage de Gontran que ce roy fit construire
« contre les irruptions des Lombards. »
(Siècl. 17e, sect. 2e.)

laume d'Hugues fit les honneurs de l'hospitalité au roi Louis XIII, en mars 1629. Ce prince allait en Italie pour faire lever le siége de Casal à Gonzalve de Cordoue, gouverneur du Milanais. Comme Charles VIII, Louis XII et Henri II, il parut en habit de chanoine dans la stalle d'honneur de la métropole. Mais nous avons déjà remarqué que le sanctuaire de Notre-Dame d'Embrun, malgré les restaurations qu'y avaient fait faire Honoré du Laurens et Guillaume d'Hugues, était misérablement dépouillé de ses richesses et de son antique splendeur. Le noble héritier de saint Marcellin dut donc éprouver dans son cœur une douleur bien amère, de ne pouvoir plus déployer aux yeux du royal pèlerin, les magnificences des anciens jours. Toutefois la réception du monarque dans la ville, se fit encore avec toute la décence et tout l'éclat qu'exigeait la dignité d'un roi de France. Nous avons retrouvé un certificat de François de Bonne, neveu du connétable de Lesdiguières et gouverneur de l'Embrunais, duquel il résulte que trois clefs de la ville faites en argent furent solennellement offertes à Louis XIII. Voici cette pièce :

« Nous François de Bonne, baron et
« seigneur de Vitrolles et autres places, gou-
« verneur pour le roy de l'Ambrunois,
« certiffions qu'estant en cette ville de
« Grenoble à l'arrivée du roy et ayant ap-
« prins son intantion estre telle que de pas-
« ser les monts, avons commandé et baillié
« à priffait trois clefs d'argent, pour l'entrée
« de Sa Majesté à la d^{te} ville d'Ambrun,
« à M. Istier le Tondu, orphevre de ceste
« ville, pour vingt-deux livres le marc et
« une pistole et demy de fasson. Mais
« à ceste condition qu'à chacune des dits
« trois clefs, il y feroit les armes de Sa
« Majesté et celles de la dite ville d'Am-
« brun, ce qu'il a faict ; les quelles clefs
« pesant deux marcs et demy sont esté
« retirées et payées par le sieur consul
« Donadieu, venu en ceste ville. Es mes-
« mes temps estoit encore deus les four-
« nitures dudit orphevre. Montant le tout
« soixante huict livres trois souls. Ce XII
« febvrier 1629.

« Signé, F. DE BONNE. »

Cette même année 1629, le huit septembre, jour de la nativité de la sainte Vierge, le sanctuaire de Notre-Dame d'Embrun reçut encore un hommage éclatant. On y vit arriver Charles-Salomon du Serre, évêque de Gap, conduisant processionnellement les pénitents blancs de sa ville épiscopale, et revêtu lui-même du sac de la confrérie. Malgré l'opposition du gouverneur de Gap, toujours attaché au protestantisme, la procession put parcourir tranquillement l'espace qui sépare les deux villes et accomplir son pieux pèlerinage sans encombre. Le temps de la toute-puissance des protestants était passé : la chute de la Rochelle, cet inexpugnable boulevart des réformés, renversé quelques mois auparavant (nov. 1628) par le génie de Richelieu, avait abattu leur orgueil dans toute la France ; et, à partir de cet événement, les catholiques avaient recouvré complétement la liberté de leur culte, dans les villes qui avaient été soumises aux protestants, sans craindre désormais aucune insulte.

L'archevêque Guillaume d'Hugues voulut signaler cette véritable époque de la délivrance du catholicisme par la consécration d'un monument qui en rappelât à jamais la mémoire. Ce monument fut l'église de l'abbaye de Boscodon, comme on le voit par l'inscription suivante qui était sur le portail et qui a été récemment transportée dans la bibliothèque du Petit-Séminaire d'Embrun par les soins de Monseigneur Depéry, évêque de Gap :

Rᴹᵘˢ GVILLEM. D'HVGVES ARCHIÉPISCOPVS PRO GRATIARVM ACTIONE OB RVPELLAM VRBEM A LONGISSIMIS TEMPORIBVS A PERDVELLIBVS ET REBELLIBVS SVBDITIS DETENTAM OBSIDIONE VNIVS ANNI CVM DIMIDIO A LVDOVICO XIII REGE EXPVGNATAM ET CAPTAM HANC ECCLESIAM IN HONOREM BEATÆ VIRGINIS ASSVMPTA· OLIM DICATAM CONSECRAVIT PRIDIE CALEND· DECEMBRIS ANNO DNI 1628.
Rᵈᵒ D : ABELE DE SAVTEREAV VIVS MONASTERII ABBATE QVI AD REI MEMORIAM HANC SCRIPTVRAM FIERI FECIT.

Tous ces faits si consolants pour le cœur du pontife d'Embrun avaient été précédés d'un autre événement non moins heureux pour le triomphe de l'Eglise catholique dans la province du Dauphiné : la conversion du chef des huguenots, le maréchal duc de Lesdiguières. L'archevêque Guillaume d'Hugues y avait eu personnellement une grande part.

Dès l'année 1616, le saint évêque de

Genève, François de Sales, prêchant l'avent à Grenoble, avait, par l'onction de ses sermons et le charme de ses conversations privées, fait une impression profonde sur l'esprit du héros dauphinois; et les ministres protestants, craignant que celui-ci ne revînt à la foi catholique, s'étaient attirés cette réponse peu encourageante, à la demande qu'ils lui avaient adressée de vouloir bien leur accorder un entretien : « que s'ils venaient le visiter « comme amis ou pour lui parler de « quelque affaire, il les recevrait volon- « tiers; mais que s'ils se permettaient de « lui faire des remontrances, ils pouvaient « se tenir assurés qu'étant entrés par la « porte, ils sortiraient par la fenêtre (1). » Deux ans après (1618), Lesdiguières suivit avec le même attrait la station de carême prêchée encore par saint François de Sales et il s'affermit dans la disposition d'abjurer le protestantisme (2). Or,

---

(1) M. le Curé de Saint-Sulpice. Vie de saint François de Sales, liv. VI, chap. V.

(2) « Celuy quy a écrit la vie de ce connestable attribue « cette conversion à la complaisance qu'il eut pour le roy « et pour obtenir l'espée de connestable dont il avoit eu

Guillaume d'Hugues, archevêque d'Embrun, sage prélat, dit Videl, fort estimé du maréchal, tant pour l'intelligence des grandes affaires qu'il avait souvent et heureusement traitées, que pour son savoir et sa piété, fut, après le saint de Genève, celui qui eut le plus d'influence sur la détermination de Lesdiguières. En 1617, il bénit son mariage avec la marquise de

« quelque asseurance. Mais il se trompe, car ces sortes
« d'impressions n'estoient pas capables de toucher un
« homme de cette manière. Il n'auroit pas désiré avec
« tant d'ardeur sur la fin de ses jours l'Eucharistie, ny
« fait une mort aussy pieuse; il n'auroit pas fait une si
« nette et si sincère déclaration du libre mouvement quy
« l'avoit porté à ce changement; et il n'auroit pas fait
« venir à luy ses domestiques qui estoient prétandus ré-
« formés pour les exhorter à suivre son exemple, dans
« l'espérance qu'il leur donna d'y trouver la mesme paix
« de conscience qu'il y avoit reçüe. La ioye qu'il témoi-
« gna le jour de sa conversion et la prière qu'il fit au
« parlement de se trouver à la messe où elle fut faite,
« monstrent bien que la crainte d'estre arresté en cas
« qu'il ne l'eusse pas fait ne l'y porta en nulle manière,
« et que ce que l'on a publié qu'on se devoit asseurer de
« sa personne s'il y eut résisté est une invention mali-
« cieuse des calvinistes qui feurent enragés de cette action
« héroïque de Lesdiguières, quy donna une ioye et aux
« anges du ciel et à tous les fidelles de la terre quy en
« eurent connoissance. »

(P. Fournier, siècle 17e, section 2e.)

Treffort, et, le vingt-quatre juillet de l'année 1622, il arriva à Grenoble, appelé par l'illustre converti qui voulait faire publiquement et solennellement abjuration entre ses mains. La cérémonie se fit avec la plus grande pompe dans l'église de Saint-André, en présence du parlement et au milieu des acclamations d'allégresse de tout le peuple fidèle.

Notre ville se trouva trop honorée dans cette circonstance en la personne de son archevêque, et Lesdiguières, ce redoutable huguenot qui avait autrefois profané sacrilégement le sanctuaire de Notre-Dame d'Embrun, offre un trop beau spectacle, converti, agenouillé aux pieds du vénérable archevêque, son ami, pour que nous ne transcrivions pas ici les détails que nous a laissés son historien sur la cérémonie de l'abjuration......
..... « Estant dans l'église, où, à cause
« de la foule, l'on avoit fait dresser des
« barrières, depuis la porte jusques au
« chœur, l'archevesque qui l'avoit reçeu
« à l'entrée, lui ayant marqué sa place
« sous un days, préparé par le soin de
« sainct Mauris, intendant de cette céré-

« monie, il s'assit et deux aumosniers se
« mirent en mesme temps à ses costez
« pour l'avertir des respects qu'il devoit
« rendre au sainct sacrifice, soit en se
« mettant à genoux, soit en se tenant
« debout selon l'occasion. Derrière luy
« estoient Halincourt et sainct Chamont.
« La cour de parlement en sa place ordi-
« naire, et à sa teste le maréchal de Cré-
« quy. Pour la noblesse, elle se plaça sans
« ordre, à cause de la foule. La messe
« ayant esté célébrée par l'archevesque
« avec des solennitez dignes de l'action,
« il fit une exhortation sur ce texte de
« Baruch: *Esveille-toy Ierusalem, et re-*
« *garde du costé d'Orient tes enfants qui*
« *s'unissent iusques à l'Occident.* Et après
« un discours plein de doctrine et de
« piété, il asseura le peuple comme le
« duc n'estoit point entré par dissimula-
« tion en l'Eglise, mais par l'abiuration de
« sa première créance, en suitte de la
« protestation qu'il avoit faite, de vou-
« loir desormais vivre et mourir en la
« religion catholique, apostolique romai-
« ne, en continuant à servir le roy et
« l'Estat avec la mesme affection et la

« mesme fidélité qu'il avoit touiours fait.
« Après cela, le duc s'en estant retourné
« au mesme ordre qu'il estoit venu, re-
« ceut de tout le peuple des benedictions
« et des tesmoignages publics de la ioye
« qu'il avoit de sa conversion. Comme il
« fut dans la grande salle de son logis, et
« que les tambours et les trompettes eu-
« rent fait silence, le Mareschal luy pré-
« senta les lettres de Connestable, avec ces
« paroles : *Monsieur, puisque vous estes*
« *catholique, le roy vous fait Connestable,*
« *et m'a commandé, cela estant, de vous*
« *en donner les lettres avec celles de la*
« *dispense du serment.* Aussitôt, elles
« furent leuës par le secretaire du Ma-
» reschal. Entr'autres dignes termes aux-
« quels elles estoient conceües, et où
« l'on peut bien asseurer que la flatterie
« n'avait point de part, ce rare et vérita-
« ble éloge y fut remarqué : *Que le roy le*
« *faisoit Connestable pour les grands et con-*
« *tinuels services qui avoit rendus à la Cou-*
« *ronne, et pour avoir touiours esté vain-*
« *queur et n'avoir iamais esté vaincu* (1). »

(1) Videl, Hist. du Connestable de Lesdiguières, liv. 20e, chap. 4e.

Le jour suivant, vingt-six juillet, le connétable assista à la messe de l'archevêque d'Embrun dans la chapelle des capucins. Le soir du même jour il se rendit à vêpres, dans l'église cathédrale, au milieu d'une pompe plus magnifique encore que celle de la veille. Là, Guillaume d'Hugues officiant toujours, Lesdiguières fut fait chevalier du Saint-Esprit et reçut le manteau et le grand collier de l'ordre. Enfin, le lendemain matin, vingt-sept juillet, l'archevêque d'Embrun célébra encore pontificalement et le connétable ainsi que les autres chevaliers du Saint-Esprit communièrent pieusement. Louis de Simiane, prieur de Lagrand, et Gilles, frère prieur de Bellegarde, qui la veille avaient servi d'aumôniers à l'illustre converti, l'assistèrent encore dans ce moment solennel. « Ayant reçu le saint Sacrement, dit
« Videl, par les mains de l'archevesque,
« avec une profonde humilité, et les dé-
« votions particulières estant achevées,
« ils s'en retournèrent au mesme ordre
« qu'ils étoient venus. »

Parmi toutes ces consolations, l'archevêque d'Embrun cherchait à se rendre recommandable devant Dieu et devant les hommes par ses libéralités pleines de largesse (1). C'est chose touchante que ce qu'il fit pour l'hôpital d'Embrun, cet antique hôpital du Saint-Esprit qui avait

(1) « Tout le monde connoît assez les largesses que ce
« prélat a faites et qu'il continüe tous les jours de fere
« aux pauvres. Il a déclaré une guerre sainte non-seule-
« ment à toutes les nécessités de ses citoyens et de ses
« diocésains, mais encore de tous les misérables quy
« passent dans son diocèse;.... il a rachepté jusqu'aux
« manteaux et aux habits des pauvres honteux et les leur
« a renvoyés avec de l'argent pour fere leur voyage et se
« retirer dans leur pays; enfin il n'y a pas une nécessité
« qu'il ne semble avoir pris à cœur de combattre par ses
« largesses, et quelquefois on l'a veu si saintement
« prodigue lors de la descente ou de la montée des armées
« en Italie, qu'il a donné beaucoup plus en un seul an
« que les rentes de son archevesché ne montoient; il a
« tiré cent familles de l'oppression et de la dernière
« extrémité par ses biens; enfin il aime si tendrement
« les pauvres qu'il ne se fie pas à ses domestiques dans
« les charités qu'il leur fait.... et il vient en personne à
« la basse-cour pour voir si cette distribution se fait
« avec fidélité. Toute la famille de ce prélat a des en-
« trailles de miséricorde pour les pauvres. Louis d'Hu-
« gues son neveu et son grand vicaire suit glorieusement
« les routes de son oncle ; et les témoignages publics
« que tout le peuple en donne forment à l'un et à l'autre
« des monuments plus glorieux que ne sauroient fere
« toutes les paroles et les arcs les plus magnifiques de la
« terre. »

(P. Fournier, siècle 17e, sect. 2e.)

toujours été un asile ouvert aux indigents, aux malades et aux pèlerins de Rome et de Jérusalem. Il était maintenant pauvre et délabré. Non-seulement Guillaume d'Hugues le fit restaurer, agrandir et meubler; mais, comme ses revenus ne suffisaient pas pour nourrir tous les pauvres, le généreux pontife avait encore soin de faire apporter chaque jour de l'archevêché les aliments qui leur étaient nécessaires. La ville était accablée par la multiplicité des impôts et par le passage continuel des troupes; elle ne pouvait tenir les promesses qu'elle avait faites de bâtir l'église et le collége des jésuites. Il lui vint en aide et donna six mille livres pour la construction de l'église; il put la voir terminer et il en fit la consécration en 1646. Enfin, après avoir encore contribué beaucoup, par sa générosité, à l'érection du couvent des capucins, cet archevêque alla recevoir, dans un monde meilleur, la récompense de ses vertus. Il mourut le vingt-sept octobre 1648. « Ambrun, dit l'historien Morery, « n'a pas eu de plus grand prélat et lui a « des obligations qui dureront toujours. »

CHAPITRE XXI.

Georges d'Aubusson, archevêque. — Benoîte Rencurel et le Laus. — L'archevêque constate par un monument que la vertu du grand Réal a passé au Laus. — D'Aubusson ambassadeur en Espagne. Evénement célèbre qu'il procure. — Il est transféré à Metz. — Charles Brulart de Genlis. — Son zèle pastoral. — Il prend part aux actes de la fameuse assemblée du clergé de France de 1682. — Déclaration d'orthodoxie. — Siége d'Embrun par le duc de Savoie. — Belle conduite du marquis de Larré, commandant de la place. — Charles de Genlis se présente en manteau d'écarlate devant le vainqueur. — Les Allemands veulent se venger de l'incendie du Palatinat. — Le duc de Savoie est atteint de la petite-vérole. — Exactions commises dans Embrun. — Le métal des cloches de Notre-Dame est transporté à Turin. — Les quarts de lire. — Patriotisme du docteur Giraud. — Création d'un séminaire à Embrun. — Bonnes œuvres de Charles de Genlis. — Deuil universel à sa mort. — Son épitaphe.

Le successeur de Guillaume d'Hugues apporta à Embrun la gloire d'un grand nom. C'était un membre de cette noble famille des d'Aubusson de la Feuillade à jamais illustrée par le fameux cardinal-diacre de Saint-Adrien, grand-maître des chevaliers de Saint-Jean de Jérusalem, Pierre d'Aubusson qui soutint contre Mahomet II ce siége mémorable de Rhodes, et que les papes et les rois nommaient *le bouclier de l'Eglise* et le *dompteur des Ottomans*. Le descendant de sa race, Georges d'Aubusson, désigné archevêque d'Embrun, après le refus du vertueux Artus de Lyonne, évêque de Gap, qui ne voulut pas quitter cette église, sa première épouse, fut possesseur pendant vingt ans du siége de saint Marcellin, de 1648 à 1668. La ville fut heureuse sous son administration et il ne s'y passa humainement aucun fait digne d'être enregistré par l'Histoire. Nous disons humainement, car aux extrêmes limites du diocèse, venait de naître une petite fille nommée Benoîte Rencurel, dont la merveilleuse vie devait opérer dans les Alpes une révolution pacifique qui dépouillerait l'antique Embrun de son plus beau titre de gloire.

La sainte Vierge apparaissait à la jeune fille dans la solitude du Laus ; les populations se portaient en foule vers ce lieu naguère inconnu, et l'on ne venait plus aux fêtes de Notre-Dame d'Embrun, comme autrefois. Marie semblait avoir abandonné sa ville bien-aimée ; elle n'y opérait plus de prodiges. La métropole, d'abord indifférente au départ de son auguste patronne, se réveilla bientôt au bruit des miracles de tout genre qu'elle faisait ailleurs que sous le célèbre portique, et elle s'aperçut avec douleur qu'ils devenaient, tous les jours, de plus en plus déserts, les chemins qui conduisaient à ses solennités. Mais la vie de la bergère du Laus et le récit des luttes qu'elle eut à soutenir contre l'autorité archiépiscopale, jalouse de maintenir intactes la gloire et la renommée du Réal, n'appartient point à cet ouvrage ; et l'historien d'Embrun doit se borner à constater ici la disparition de sa Vierge tutélaire et la fin des merveilles qui avaient rendu son temple si fameux.

Georges d'Aubusson fut guéri d'une maladie dangereuse par l'intercession de la sainte Vierge, invoquée, non pas sous le titre de Notre-Dame d'Embrun, mais comme reine du Laus. En mémoire de cet événement, il fit construire le grand portail de l'église qu'on édifiait dans le lieu du nouveau pèlerinage. Ce fut tout à fait reconnaître officiellement que l'âme et la vertu du Réal avaient passé au Laus.

L'archevêque avait obtenu sa guérison en Espagne où il représentait alors le roi Louis XIV (1661). Il eut l'honneur d'y négocier avec succès une affaire importante dans les annales du grand siècle : la réparation solennelle de l'injure faite au comte d'Estrades, ambassadeur de France en Angleterre, par le baron de Batteville, ambassadeur d'Espagne, près de la même cour. Ce dernier avait voulu avoir la préséance sur le représentant de Louis XIV. Georges d'Aubusson décida le roi d'Espagne à envoyer en France le marquis de Fuentes, en qualité de ministre extraordinaire, pour venir déclarer à la cour du grand roi, que Sa Majesté catholique entendait désormais que ses envoyés auprès des puissances étrangères, cédassent le pas à ceux de France (1).

(1) Georges d'Aubusson ne fut pas aussi heureux contre ses ennemis personnels : il s'était attiré la haine des jansénistes en condamnant une traduction du Nouveau Testament, publiée à Mons, par les gens de Port-Royal.

Louis XIV, pour récompenser l'archevêque d'Embrun de l'heureux succès de son ambassade, lui donna le cordon du Saint-Esprit (1661) et lui offrit, quelques années plus tard, l'évêché de Metz qui était un des plus riches du royaume. D'Aubusson accepta cette nouvelle Eglise.

Ils déployèrent contre lui l'animosité la plus vive. L'arme dont Pascal s'est servi avec tant d'habileté dans ses *Petites lettres*, celle du ridicule et de la calomnie, fut malicieusement employée contre le malheureux archevêque, et on fit tout pour le rendre le jouet du monde. Il dut s'en plaindre au roi à qui il adressa une requête fort éloquente contre la secte nouvelle. Mais il paraît que d'Aubusson n'était pas de force à lutter contre *les solitaires*. Leur chef, qu'on appelait le *grand Arnaud*, rédigea, à son tour, une plainte contraire à celle du prélat. Elle fut distribuée, un soir, à tous les ministres, et portée, le lendemain, au lever du monarque, par le marquis de Louvois. Georges d'Aubusson s'y trouvait ainsi que le prince de Condé, le maréchal de Grammont, Montausier l'abbé Letellier et quelques autres personnages de distinction. « On fit, dit Juvénis, plusieurs railleries contre
« le prélat, sçavoir s'il n'avoit pas condamné cette tra-
« duction sans la lire, s'il sçavoit le grec, et autres
« propos de cette manière, qui mirent en colère l'arche-
« vesque, et obligèrent le roy à lui fere connoître qu'on
« ne disoit cela que pour rire. Et ensuitte le roy entra
« dans son cabinet, seul avec le marquis de Louvoy. On
« en fit un récit qu'on envoya partout sous le nom de
« l'*Ambrunade* ou de la *daube d'Ambrun*, qu'on fit
« aussitôt imprimer. »

Il la gouverna pendant vingt-neuf ans, après quoi, il mourut dans la quatre-vingt-huitième année de son âge.

L'austère Charles Brulart de Genlis lui succéda à Embrun (1668-1714). Prélat d'un grand mérite, qui, pendant un épiscopat de près d'un demi-siècle (quarante-six ans), fut constamment occupé tantôt à visiter les paroisses de son diocèse, tantôt à appeler en synode autour de sa personne tous les membres de son clergé, s'informant attentivement des abus pour les réformer, réglant les cérémonies, publiant des ordonnances pleines d'une rare sagesse et veillant, par-dessus tout, à ce que ses prêtres se rendissent recommandables par leur science et par leurs vertus.

Pourquoi faut-il qu'un levain de jansénisme ait fermenté dans ses œuvres, et que la mémoire d'un de nos plus grands prélats ne se trouve pas à l'abri de tout reproche sous le rapport doctrinal? Il était à la fameuse assemblée du clergé de France de 1682, il en souscrivit toutes les déclarations, il en partagea toutes les démarches, il en a assumé avec les trente-trois autres archevêques ou évêques qui la composaient, toute l'accablante responsabilité devant Dieu et devant l'Histoire. Disons cependant que si l'on ne voit pas qu'il ait désavoué sa participation aux actes de cette assemblée, il manifesta au moins, quelques mois avant sa mort, qu'il avait des sentiments orthodoxes sur les matières de la grâce, et fit tomber ainsi les soupçons auxquels il avait donné lieu, en accordant trop de faveur aux prêtres jansénistes.

Pendant le long règne de Charles Brulart de Genlis, la ville d'Embrun n'eut à traverser qu'une phase douloureuse; mais peu s'en fallut que l'événement qui la signala ne fût aussi désastreux que celui du jour fatal où l'antique cité catholique était tombée au pouvoir des bandes protestantes de Lesdiguières. Le duc de Savoie, Victor-Amédée, guidé par les vaudois, envahit le Dauphiné par des chemins réputés jusqu'alors impraticables, et, après avoir pris Guillestre, la première ville qu'elle rencontra, son armée se posta sur les hauteurs d'Embrun, le trois août 1692. Au bout de deux jours, le duc, étant arrivé lui-même devant nos murs, fit sommer les habitants de se rendre, avec menace de ne leur point donner de quartier s'ils résistaient. Le marquis de Larré, qui commandait la place, répondit qu'il tâcherait de mériter l'estime de Son Altesse Royale, et le duc et le célèbre prince Eugène durent commencer un siége en règle.

Après dix jours de la plus vigoureuse défense, les munitions manquant aux assiégés, le noble marquis de Larré demanda à capituler. Il fut convenu que la ville serait préservée du pillage et que la garnison aurait les honneurs de la guerre, à condition qu'elle ne servirait point de cette campagne et se retirerait au fort Barreau.

Ce siége, quoique fort court, dit l'historien du prince Eugène, devint funeste aux vainqueurs : Eugène y reçut une contusion à l'épaule; le Prince de Commerci, un coup de mousquet au visage, qui lui cassa trois dents; le marquis de Léganez y eut les deux jambes percées aussi d'un coup de mousquet. Plusieurs autres officiers de distinction furent tués ou blessés, outre douze cents soldats morts, et trois cents blessés (1).

Victor Amédée entra en vainqueur dans Embrun. Mais le grand archevêque de Genlis, célèbre autant par sa fermeté à défendre ses droits temporels que par son austère vertu, osa se présenter devant lui en manteau d'écarlate, pour lui montrer qu'il était prince. Le duc qui voulait être seul souverain dans Embrun, le trouva mauvais; mais il n'est pas dit que le fier de Genlis ait rien fait pour s'excuser.

Les Allemands de l'armée du duc de Savoie voulaient, par l'incendie du Dauphiné, venger l'épouvantable dévastation du Palatinat opérée quelques années auparavant par les soldats français. Le château de Tallard, Gap, tous les villages situés entre ces villes et Embrun, devinrent la proie des flammes, et les Embrunais, qui s'étaient couverts de gloire par leur vaillance, purent s'applaudir encore, en apprenant tous ces désastres, d'avoir au moins conquis une capitulation qui les

(1) Hist. du Prince Eugène de Savoie, liv. II, pag. 169.

mettait à l'abri d'une semblable ruine.

Bientôt ils virent reparaître leur superbe ennemi, Victor-Amédée, atteint de la petite-vérole que, pour le salut de la France, il avait contractée à Gap. Ce prince, soigné dans la maison des jésuites, y priait Dieu en latin, pendant que les ministres des vaudois, s'étayant de sa protection, préchaient publiquement le calvinisme en français sur les places. La maladie du duc empira; il régla sa succession au trône de Savoie et nomma le prince Eugène régent de ses Etats pendant la minorité de son successeur. Sur ces entrefaites, la duchesse, informée de la maladie de son époux, passa les monts et arriva à Embrun. Mais Victor-Amédée se rétablit, et, soit qu'il cédât aux sollicitations de sa noble compagne, soit qu'il craignît la bravoure de Catinat qui accourait du Briançonnais pour lui fermer le chemin de l'Italie et pour délivrer Embrun, il se hâta de quitter cette ville après l'avoir démantelée; il avait exigé en outre, des habitants, quatre cent mille livres de contributions, indépendamment de six cent mille de l'argent du roi qui fut découvert, malgré les soins que l'on avait pris pour le cacher; enfin, il avait fait abattre et briser les cloches de la tour de Notre-Dame, dont le beau et précieux métal fut transporté à Turin et employé à frapper des pièces de monnaie appelées *quarts de lire.*

Un médecin d'Embrun, le docteur Giraud, donna alors un bel exemple de patriotisme. Victor-Amédée, qu'il avait traité pendant sa maladie, voulut l'emmener; mais Giraud ne consentit pas à quitter son pays pour suivre un prince qui en était l'ennemi et qui avait porté le fer et le feu dans un aussi grand nombre de communes des Hautes-Alpes. Hippocrate refusa ainsi les présents d'Artaxercès.

L'archevêque de Genlis, après le départ du duc de Savoie, s'occupa d'une œuvre qui lui était à cœur et qui devait être le complément de tous les efforts qu'il n'avait cessé de faire pour mettre ses prêtres à la hauteur de leurs sublimes fonctions. Nous voulons parler de la création d'un séminaire. Les prêtres du séminaire actuel d'Embrun, qui se regardent, à bon droit, comme les légitimes héritiers de la fondation de M. de Genlis et du célèbre collége auquel elle fut annexée, sont dépositaires de l'ordonnance de ce prélat et des lettres-patentes de Louis XIV, portant établissement d'un séminaire dans la ville d'Embrun, à l'effet d'y élever et d'y instruire les jeunes clercs qui se destineraient à la prêtrise. De ces pièces, qui sont comme leurs lettres de noblesse, il résulte que Charles de Genlis avait d'abord formé le projet d'édifier son séminaire dans le vallon du Laus qui lui paraissait être le lieu le plus propre à favoriser les études et la piété. Il avait ensuite songé au bourg de Guillestre, point central du diocèse, et enfin il s'était arrêté à la ville métropolitaine, croyant avec raison, qu'en plantant ainsi au pied des tours de Notre-Dame-d'Embrun, la pépinière sacrée et féconde d'où lui et ses successeurs tireraient les rameaux bénis du sacerdoce, il serait mieux à portée de la surveiller par lui-même. Après avoir pensé quelque temps à en confier la culture aux prêtres de Saint-Sulpice, il s'était déterminé à choisir les Pères de la compagnie de Jésus, qui avaient déjà élevé le collége au plus haut point de splendeur.

Aux innombrables libéralités que fit l'illustre prélat pour bâtir le séminaire et lui assurer des revenus annuels, il en ajouta de nouvelles pour soulager la vieillesse des prêtres en retraite et pour plusieurs autres bonnes œuvres ; enfin, par son testament, il légua tous les biens qui lui restaient, par égale portion, à l'Eglise, représentée par le Chapitre, et aux pauvres, représentés par l'hôpital. Il mourut le trois novembre 1714, et sa mort fut le signal d'un deuil universel dans la ville et dans tout le diocèse.

Pendant les derniers temps de sa vie, il ne s'était plus occupé que des années éternelles; il s'était appliqué à ce que chacun des jours de sa longue carrière fût marqué par quelque bonne action. Il fut enterré sous le dôme qui est devant le grand Réal, puis, plus tard, dans l'église même, et l'on grava cette inscription sur sa tombe :

MEMOR CRUCIS ET MORTIS
TUMULUM
SUIS SUBJECIT OCULIS

ESSAI HISTORIQUE

CRUCIFERUM
UT SALVUS PER CRUCEM
IN TUMULO JACEAT
CAROLUS BRULART DE GENLIS
ARCHIEPISCOPUS PRINCEPS EBREDUNENSIS.
SISTE VIATOR
SIC VIVE ET MORERE
ANNO DOMINI MDCCIX.

CHAPITRE XXII.

François Elie de Voyer d'Argenson. — Jean-François-Gabriel de Hennin Liétard. — Episcopat de Pierre Guerin de Tencin. — 10ᵉ concile d'Embrun. — Dernier éclat de cette illustre Eglise. — Jean Soanen, évêque de Senez. — Son éloquence. — Sa fameuse instruction pastorale en forme de Testament. — Noms des évêques suffragants d'Embrun qui furent appelés au concile. — Incident touchant de l'arrivée de l'évêque de Nice. — Noms des évêques étrangers à la province, qui furent aussi convoqués. — Soanen récuse la plupart de ses juges. — Son animosité contre l'archevêque et contre le grand Belzunce, évêque de Marseille. — Larmes de Soanen. — Les jansénistes se plaisent à comparer le concile d'Embrun aux assemblées les plus factieuses. — Lettre de Soanen pour demander des prières publiques à l'occasion du concile. — Ses deux théologiens ne sont pas admis. — Soanen a souvent recours au ministère des huissiers. - Noble conduite de l'archevêque. — Te Deum du 7 septembre. — Citations canoniques faites à Soanen. — Il paraît à la barre du concile pour y donner lecture du plus scandaleux de tous les écrits. — Monitions canoniques. — Session du 20 septembre. — Condamnation de Soanen. — Pourquoi Belzunce n'apposa pas sa signature au bas de la sentence. — Soanen est exilé à Lachaise-Dieu en Auvergne. — Lettre écrite de Grenoble à l'archevêque. - Confirmation du concile par le Pape. — Condamnation des doctrines du P. Le Courrayer. — Pierre de Tencin continue à montrer le plus grand zèle en faveur des doctrines orthodoxes. — Il est élevé aux plus hautes dignités à la Cour. — Il devient cardinal. — Fêtes dans Embrun à cette occasion. — Le cardinal est transféré à Lyon. — Anecdotes. — Conclave qui précède l'élection de Benoît XIV. — De Tencin, ministre d'Etat. — Projet de descente en Angleterre. — Fin du crédit du cardinal.

François-Elie de Voyer d'Argenson succéda à Charles de Genlis (1715-19); mais il fut bientôt appelé à l'archevêché de Bordeaux et remplacé à Embrun par Jean-François-Gabriel de Hennin-Liétard, évêque d'Alais (1719-24). Celui-ci occupa le siége cinq ans et mourut de la pierre à Paris. Nous ne dirons rien de ces deux prélats, car aucun fait saillant ne marqua leur règne rapide, et nous arrivons immédiatement à l'un de ces événements majeurs qui suffisent à eux seuls pour illustrer à jamais le lieu où ils se sont produits, et pour fournir à l'histoire générale de l'Eglise une de ses pages les plus importantes. Il s'agit du dixième concile d'Embrun, de tous le plus solennel et l'un des plus célèbres qui aient été tenus en France depuis bien des siècles. Pierre Guerin de Tencin, successeur de Jean-François de Hennin (1724-40), en fit l'ouverture avec pompe dans sa ville métropolitaine le seize août 1727.

« Semblable à un flambeau qui, sur le
« point de s'éteindre, jette un dernier reflet
« de lumière sur ce qui l'entoure; avant
« de disparaître dans le gouffre révolu-
« tionnaire qui devait l'engloutir, cette
« antique métropole eut l'honneur de
« fixer un moment sur elle les regards
« du monde catholique. En effet, une
« cause des plus célèbres allait s'instruire
« et se juger dans ses murs. Le prévenu
« était un évêque octogénaire, autrefois
« pasteur recommandable, aujourd'hui
« loup ravisseur, abusant de la double
« autorité de son âge et de son caractère
« sacré pour fomenter dans son diocèse
« l'esprit de révolte et de schisme, égarant
« ainsi ceux qu'il devait conduire dans
« la voie du salut (1). »

Ce prélat, que les bonnes gens du peuple d'Embrun baptisèrent du nom d'*Evêque huguenot*, était Jean Soanen, évêque de Senez, suffragant d'Embrun. Elevé dans la congrégation de l'Oratoire

---

(1) Hist. du Synode diocésain de Gap, pag. 638.

où il eut pour confesseur le père Quesnel, il se laissa séduire de bonne heure par les nouveautés jansénistes ; mais il sut déguiser, longtemps et si bien, ses sympathies secrètes pour le parti de l'erreur, qu'il parvint à gagner l'affection de M. de Harlay, archevêque orthodoxe de Paris, et du père Lachaise, confesseur du roi. Il était grand orateur, et il prêcha avec applaudissement deux carêmes à la cour, à l'époque même où Bossuet, Bourdaloue et Massillon avaient porté à son apogée l'éloquence de la chaire. Le roi, quoique prévenu contre les prêtres de l'Oratoire, le nomma à l'évêché de Senez, en 1697, afin de récompenser son mérite.

Arrivé dans son diocèse, Soanen édifia, par l'austérité de ses vertus, le peuple qui lui était confié ; mais quelques années après, il jeta le masque et n'eut pas honte de faire éclater au grand jour, soit à Senez, soit dans les assemblées du clergé de France, ses opinions coupables. Enfin le vingt-huit août 1726, il publia, en forme de testament, une instruction pastorale qui devait être lue en chaire, dans toutes les églises de son diocèse. Il y rendait son clergé et son peuple dépositaires de ses derniers sentiments sur les contestations qui agitaient l'Eglise; et ces derniers sentiments n'étaient qu'une profession expresse et scandaleuse du jansénisme. La constitution *Unigenitus*, qui condamne le livre des Réflexions morales de Quesnel, était honnie et accusée de porter atteinte au dogme, à la morale, à la discipline et à la hiérarchie de l'Eglise. Le livre de Quesnel, au contraire, était conseillé comme plein de lumière et d'onction, et comme très-propre à nourrir la piété. Une interprétation fausse et illusoire était donnée à la bulle *Vineam Domini Sabaoth* du pape Clément XI (1); le formulaire d'Alexandre VII était audacieusement traité de mesure vexatoire, de véritable tyrannie exercée sur les consciences ; enfin les fidèles du diocèse de Senez étaient vivement exhortés à persé-

---

(1) « La bulle même *Vineam Domini Sabaoth*, donnée « par Clément XI, y est expliquée d'une manière si illusoi- « re, qu'elle ne semble avoir été rappelée, que pour y être « ou indignement jouée, ou ouvertement démentie. » (Paroles de l'abbé d'Hugues, promoteur du concile, dans sa plainte contre l'Instruction pastorale.)

vérer dans la manière de penser de leur vieil évêque et à ne point écouter le successeur qui lui serait donné après sa mort, s'il leur prêchait des enseignements contraires.

De pareils excès jetèrent l'alarme dans le clergé. Le métropolitain, Pierre Guerin de Tencin, archevêque d'Embrun, prélat recommandable par son zèle pour les saines doctrines, porta ses remontrances au pied du trône et obtint l'autorisation de convoquer, dans sa ville épiscopale, ce concile devenu si célèbre et par le nombre des évêques qui y figurèrent, et par l'importance de la cause qui y fut examinée et de la sentence qui y fut portée, et par la sanction solennelle du Saint-Siége qui l'approuva, et enfin par la résurrection donnée à ces antiques réunions où, avec l'assistance du Saint-Esprit, les prélats catholiques ont toujours dégagé des nuages profonds de l'erreur, les purs et éclatants rayons de la vérité.

Les limites de ce travail ne comportent pas un récit détaillé de tous les actes du concile d'Embrun. Ce que nous en dirons cependant suffira pour faire comprendre quelle dut être la portée de ce mémorable événement.

Louis XV adressa une lettre de cachet aux évêques suffragants d'Embrun, pour les engager à se trouver présents dans cette ville au jour indiqué par l'archevêque. C'étaient Flodoard Moret de Bourchenu, évêque et seigneur de Vence ; Laurent Dominique des Bertons de Crillon, évêque de Glandèves ; Charles Octavien d'Anthelmy, évêque de Grasse ; Henry de Puget, évêque de Digne, et l'évêque prévaricateur de Senez, Jean Soanen. Quant à Raymond Recroscio, évêque de Nice, il était sujet du roi de Sardaigne ; il reçut de ce prince, ainsi que tous ceux du diocèse de Nice qui avaient droit ou coutume d'intervenir au concile provincial, la permission de se rendre à Embrun. Il n'était pas encore sacré quand eut lieu l'ouverture du concile, et il n'y arriva que le seize septembre, porteur d'un bref apostolique, par lequel le pape Benoît XIII invitait l'archevêque à conférer lui-même, selon l'antique usage, à son suffragant, la consécration épiscopale. A cette époque, les travaux de la vénérable assemblée touchaient à leur terme, puisque la condamnation de Soanen eut lieu le vingt septembre, et fut publiée solennellement le lendemain vingt-un, dans la métropole, à l'issue de la cérémonie du sacre de l'évêque de Nice.

Il se passa quelque chose de bien touchant dans la congrégation du dix-sept septembre. « Raymond Recroscio reçut les « compliments de l'archevêque et de tout « le concile sur son heureuse arrivée. « Après quoi, ce prélat déclara publi- « quement les sentiments d'estime et « d'amitié que le pape avait pour M. l'ar- « chevêque. Il dit que c'était pour mar- « quer à M. l'archevêque son estime, « que le Saint-Père l'avait envoyé à Em- « brun pour y être sacré pendant la tenue « du concile. Sa Sainteté, continua M. de « Nice, m'a ordonné de m'attacher à « M. l'archevêque, et de me conformer « en tout à sa créance et à ses senti- « ments (1). » Précieuse recommandation dont le souvenir dut toujours consoler

---

(1) Journal historique du concile d'Embrun, tom. 2, pag. 62.

abondamment le noble métropolitain des injurieuses imputations des jansénistes qui se plurent à jeter sur le compte de son ambition, le zèle admirable qu'il ne cessa de déployer pour conserver intacte l'intégrité de la foi !

Outre ses comprovinciaux, à l'exception de Henry de Puget qui, pour cause de maladie, s'était fait représenter par procureur, l'évêque de Nice trouva réunis dans ce saint concile des prélats des provinces de Vienne, d'Aix, d'Arles, de Lyon et de Besançon. Dans la congrégation générale du vingt août, les pères avaient résolu de convoquer ces prélats pour examiner avec eux le procès de Jean Soanen, soit par égard pour un droit qu'ont les évêques de France de ne pouvoir être jugés que par douze de leurs pairs, soit afin de donner plus de solennité à la sentence qui allait être rendue dans une affaire de si haute importance pour la religion et pour l'épiscopat. Les évêques qui s'étaient rendus à l'invitation du concile étaient le *saint des Alpes*, François Berger de Malissoles, évêque et comte de Gap ; le *Charles Borromée de la Provence*, le héros de la peste de 1720, Henry-François-Xavier de Belzunce de Castelmoron, évêque de Marseille ; Jean de Dousset, évêque et seigneur de Belley; Pierre-Joseph de Castellane, évêque et seigneur de Fréjus; Pierre-François Laffiteau, évêque de Sisteron; Antoine-François de Bliterwich de Moncley, évêque d'Autun ; François-Reginald de Villeneuve, évêque de Viviers; Jean-Baptiste de Vaccon, évêque d'Apt; Alexandre Milon, évêque et comte de Valence; Jean de Caulet, évêque et prince de Grenoble.

Le prélat réfractaire ne voulut pas reconnaître la compétence de l'auguste assemblée pour le juger ; il la récusa d'abord en général, se basant 1° sur l'appel qu'il avait fait de la bulle *Unigenitus* au futur concile œcuménique; 2° sur un autre appel comme d'abus, interjeté au parlement de Paris, de tout ce qui pourrait être fait en faveur de la bulle, au préjudice de son appel au futur concile ; 3° sur l'indivisibilité de sa cause avec celle des autres personnages qui en avaient aussi référé au concile œcuménique. Mais l'assemblée passa outre, sur les réquisitions du promoteur qui établit solidement la nullité de ces trois moyens d'incompétence, démontrant 1° que, selon les règles de l'Eglise et du bon sens, l'appel de la constitution *Unigenitus* au concile œcuménique était schismatique et nul ; 2° que l'appel comme d'abus au parlement de Paris était contraire aux lois de l'Etat qui reconnaissaient ladite constitution ; 3° que le troisième moyen était aussi ridicule que si plusieurs criminels de différents ressorts, associés à un même crime, se prétendaient par là même exempts des tribunaux particuliers et voulaient être jugés par les Etats du royaume.

Soanen récusa ensuite chacun des évêques en particulier, d'abord ceux de la Province, dans la congrégation générale du dix-huit août ; et plus tard, le onze septembre, tous les autres, à l'exception des évêques de Fréjus, de Valence et de Sisteron, qui furent peu flattés de l'exception qu'il plaisait au vieil hérétique de faire en leur faveur. L'archevêque et le grand Belsunce furent les plus maltraités dans ces accusations ; le dernier surtout fut l'objet d'un véritable déchaînement de sa fureur; il le représenta comme son ennemi personnel. Quant au premier, il osa l'accuser calomnieusement, en plein concile, de simonie et de confidence. Hâtons-nous d'ajouter que l'illustre de Tencin se justifia si bien de ce crime, et sut traiter avec tant de douceur et de générosité l'impudent évêque, que celui-ci, après sa condamnation, ne put s'empêcher, dans un mouvement de reconnaissance et d'attendrissement, de dire à l'archevêque, en versant des larmes, qu'il était très-fâché de ce qu'il avait avancé de faux et d'injurieux contre lui, dans ses actes de récusation, et qu'il voudrait pouvoir laver de son sang ce qu'il avait fait. C'était la seule nécessité, ajoutait-il, qui l'avait porté à ces extrémités ; il avait été trompé et il suppliait M. de Tencin de croire qu'il avait pour lui toute l'estime et tout le respect qui étaient dus à ses vertus.

Quelle que dût être la modération et la charité des évêques réunis à Embrun, c'était un parti pris à l'avance par les jansénistes d'assimiler leur concile à ces anciens brigandages d'Éphèse et de Tyr, où des saints furent injustement accusés et déposés. On put le pressentir dès l'apparition du mandement de l'évêque de Senez, en date du premier août 1727, pour demander des prières publiques à l'occasion du concile d'Embrun. Il commençait par ce salut au moins étrange. « *Jean, par la permission divine, évêque de Senez, au clergé séculier et régulier de notre diocèse, salut en celui qui est au milieu de ses ministres, lorsqu'ils ne s'assemblent que pour la gloire de son nom et quand ils ne parlent que par son esprit.* »

Le vieux chef de la plus hypocrite des sectes se mit en route pour Embrun, muni d'une multitude d'actes bien opposés aux sentiments que l'amour de la paix et de la vérité aurait dû lui inspirer. Il était suivi de deux personnages mystérieux, accourus en grande hâte de Paris pour l'assister en qualité de théologiens. Tout le monde ignorait leur patrie, leur nom et leur état. Soanen lui-même avouait ne connaître ni leur véritable nom, ni leur profession. Des bruits très-fâcheux couraient sur leur compte ; rien n'autorisait à penser qu'ils eussent les qualités requises pour être admis dans un concile. L'un deux avait dit d'abord qu'il s'appelait *de la Neufville*, et en donnant son nom au secrétaire pour être mis au rang des théologiens, il s'était appelé *Boulenois*; l'autre s'était fait inscrire sous le nom de *Bourret de Vaumenil*.

Le concile ne put admettre de tels hommes et les expulsa de son sein; mais ils restèrent auprès de l'évêque de Senez jusqu'à la fin des travaux. Ils étaient occupés jour et nuit à forger des armes à leur maître, cherchant matière à toute sorte de chicanes et composant des actes souvent iniques et calomnieux, que l'infortuné Soanen, tantôt faisait signifier par des huissiers, tantôt venait lire lui-même avec une souveraine impudence et au grand déshonneur de ses cheveux blancs, à la barre de l'assemblée. Ainsi, avant même d'arriver à Embrun, du lieu de Savines où il s'était arrêté, il envoya, par un huissier, une première pièce de ce genre à l'archevêque. C'était une protestation contre le droit que pourrait s'arroger le concile de juger ses écrits et sa personne ; puis, quand il eut avis que la signification était faite, il se mit en marche vers Embrun où, étant parvenu, il alla descendre à l'hôtel, refusant obstinément d'accepter le logement que l'archevêque lui avait fait préparer. Et sa conduite et ses procédés furent conformes jusqu'à la fin à un tel début.

Bien différente au contraire fut la manière d'agir de Pierre Guerin de Tencin et de tous les pères du concile : ils n'épargnèrent ni égards, ni attentions, ni politesse d'aucune sorte pour la personne de Soanen ; ils épuisèrent toutes les voies de la douceur et de la conciliation pour le ramener.

L'archevêque surtout fut d'une bienveillance sans égale et offrit bien des fois l'exemple de la plus magnanime générosité envers cet indomptable vieillard qui l'outrageait ; il alla, le premier jour, accompagné de l'évêque de Vence, le visiter dans son auberge, et ses pressantes sollicitations et ces mots de l'évêque de Vence : « *Monseigneur, ce serait une chose* « *très-scandaleuse de voir un évêque qui* « *vient dans la métropole pour un con-*

« *.cile provincial, préférer le cabaret à la
« maison qui lui a été destinée par son
« métropolitain,* » le déterminèrent enfin
à quitter cet indigne asile. A l'issue de
la congrégation générale du dix-huit août,
où Soanen avait fait entendre contre tous
ses collègues des injures, et contre l'archevêque l'infâme accusation de simonie
et de confidence, celui-ci, le rencontrant
sur son chemin, l'aborda avec la plus affectueuse politesse et lui dit : « *Je n'avais
« pas lieu, Monseigneur, de m'attendre à
« toutes ces injures de votre part. Je vous
« les pardonne pourtant; comptez qu'il ne
« m'en reste du tout point d'aigreur, et que
« je me comporterai toujours avec toute la
« douceur et toute la charité possible à vo-
« tre égard.* » Soanen balbutia quelques
mots d'excuse; mais le soir, le valet de
M. de Tencin lui ayant apporté, comme
il le faisait tous les jours, un bouillon, il
le renvoya brutalement avec ces paroles :
« *Va-t'en dire à ton maître que je ne veux
« rien de ce qui vient de chez lui.* »

Quand les évêques des provinces voisines furent arrivés, aucun ne manqua de le
visiter en particulier, et de lui représenter

ce que la religion exigeait de lui et les suites fâcheuses où l'allait exposer une plus longue résistance. Il resta sourd à leurs prières. Bientôt même il prit texte à de violentes récriminations contre eux, de la répugnance qu'ils témoignèrent de l'admettre à la cérémonie du *Te Deum* solennel qui fut chanté dans la métropole, par ordre du roi, le dimanche sept septembre, à l'occasion de l'heureux accouchement de la reine.

Cependant les prélats étrangers avaient été adjoints régulièrement au concile. L'instruction pastorale de l'évêque de Senez, la dénonciation du promoteur et les pièces de la procédure leur furent communiquées. Il fut ensuite résolu qu'on ferait à Soanen trois sommations de comparaître. Les évêques de Vence et de Sisteron firent la première le dix septembre. Le lendemain, les évêques de Belley et de Grenoble firent la seconde. L'évêque de Belley, profondément ému, exhorta le vieillard de la manière la plus touchante à donner à ses confrères la consolation de le voir se réunir à eux. Mais ce furent toujours les mêmes fins de non-recevoir, les mêmes réponses illusoires et vaines : « *Qu'on me montre la vérité, qu'on me fasse entendre la voix de l'Eglise ; j'ai appelé au futur concile et je m'en tiens là.* »

La troisième citation fut faite le soir du même jour par les évêques d'Autun et de Viviers ; elle aboutit à amener Soanen à l'assemblée ; mais ce ne fut que pour y lire un nouvel écrit, le plus fanatique et le plus insensé de tous ses actes. Il était revêtu de sa signature et de celle de l'évêque janséniste de Montpellier. La lecture qu'il en fit lui-même sans lunettes, avec une incroyable fermeté et une force extraordinaire pour son âge, dura près d'une heure et demie. Tout ce que les sectaires ont jamais dit de plus séduisant et de plus subtil pour se dispenser de souscrire à leur condamnation, s'y trouvait ramassé. Toutes les erreurs de son instruction pastorale y étaient renouvelées, spécialement ses diatribes contre le formulaire d'Alexandre VII, avec une telle violence que le vénérable Belzunce, évêque de Marseille, ne put entendre toutes ces infamies, sans regretter la vigueur des anciens conciles où l'on se serait écrié : « *Ah! l'hérétique! qu'on chasse* « *l'hérétique! Anathème à Soanen!*

Les trois citations n'ayant pas eu l'effet qu'on espérait, le concile se vit obligé de procéder aux *monitions canoniques.* La première eut lieu le quinze septembre; elle fut faite par les évêques d'Autun et de Valence assistés du secrétaire et des deux notaires du concile. Les mêmes officiers accompagnèrent le surlendemain les évêques de Sisteron et de Glandèves chargés de faire la deuxième monition, enfin, le dix-huit, pour la dernière monition, les évêques de Belley et de Grasse qui firent un suprême, mais toujours inutile effort pour engager le malheureux Soanen à renoncer à ses erreurs.

Toutes les ressources de la charité étant épuisées, il fallut en venir à une condamnation. Ce fut, de toutes celles que prescrivait le devoir, la moins sévère et la plus indulgente; elle fut terrible néanmoins; elle exaspéra les jansénistes et provoqua de leur part cette multitude de pamphlets et de libelles dans lesquels, débitant toutes les calomnies contre le saint concile d'Embrun, ils le comparaient, ainsi que nous l'avons déjà remarqué, au conciliabule de Tyr, au brigandage d'Ephèse et surtout à l'assemblée du Chêne où l'on vit une faction d'évêques entreprendre de déposer saint Jean Chrysostôme; car, dans sa modestie, Soanen se comparait lui-même au grand archevêque de Constantinople et signait ordinairement ses lettres après sa condamnation : † *Jean, évêque de Senez, prisonnier de J. C.*

Rien ne fut imposant et majestueux comme la congrégation solennelle du vingt septembre, où fut portée la sentence contre l'évêque de Senez juridiquement convaincu de schisme et d'hérésie. « Je ne sais, dit en rendant compte de
« cette séance célèbre un des membres
« du concile, Pierre-François Laffiteau,
« évêque de Sisteron, je ne sais s'il s'est
« jamais passé une action où la présence
« de Dieu se soit rendue plus sensible
« que dans celle-ci. J'avoue que tout ce
« que j'avais lu dans nos histoires, dans
« nos annales, dans les fastes sacrés de
« l'Eglise, et que tout ce que j'avais appris
« pris de la majesté qui règne dans les

« conciles, ne m'en avait pas donné une
« idée aussi auguste que le fit la seule
« séance dont je parle. L'esprit-Saint
« rendu visible au milieu de nous, ne
« nous aurait peut-être pas imposé un
« silence plus absolu, ni imprimé un
« respect plus profond. La séance dura
« cinq heures. Pendant tout ce temps-là,
« pas un seul évêque qui fît le moindre
« mouvement, ni qui parlât hors de son
« rang. Ils me parurent immobiles, tou-
« chés de la plus vive douleur, pénétrés
« du jugement qu'ils allaient prononcer,
« absorbés en Dieu, remplis de l'Esprit-
« Saint qui les animait (1). »

Voici le résumé de la sentence de cet auguste sénat : L'instruction pastorale de l'évêque de Senez était condamnée comme téméraire, scandaleuse, séditieuse, injurieuse à l'Eglise, aux évêques et à l'autorité royale, schismatique, pleine d'erreurs et d'un esprit hérétique et fomentant des hérésies. Il était défendu, sous peine d'excommunication, de la lire ou de la répandre. L'évêque de Senez lui-même était

(1) Hist. de la Constitution *Unigenitus*, liv. V.

déclaré suspens de tout pouvoir et juridiction épiscopale et de l'exercice des fonctions de l'ordre tant épiscopal que sacerdotal. Un grand-vicaire était établi dans le diocèse de Senez pour gouverner à la place du pasteur interdit, et le tiers des revenus de ce dernier lui était enlevé pour fournir à l'entretien de la nouvelle administration (1).

Tous les évêques confirmèrent cette sentence; mais elle ne fut signée ni par l'évêque de Nice, qui ne devait être sacré que le lendemain, ni par l'évêque de Marseille. Par une extrême délicatesse, Belsunce crut devoir s'abstenir d'inscrire son nom parmi ceux des juges du malheureux vieillard qui l'avait récusé d'une manière plus spéciale et plus odieuse que les autres en affectant de le faire passer pour son ennemi personnel; mais il déclara par acte authentique, conjointement avec l'évêque de Nice, qu'il approuvait tout ce que le concile avait fait et qu'il y adhérait de tout son cœur.

1) Voir le texte de la sentence du concile aux Pièces justificatives, n° XX.

Quoique nous n'ayons pas voulu faire une histoire complète des opérations du concile d'Embrun, nous devons mentionner encore la condamnation qui y fut portée contre les ouvrages du P. le Courrayer, chanoine régulier de Sainte-Geneniève. Ce moine audacieux professait les erreurs les plus graves sur le sacrifice de la messe, sur le sacerdoce, sur les cérémonies et les formes des sacrements; désireux de plaire aux anglicans, il soutenait la validité de leurs ordinations et il attaquait l'Église dans l'autorité et la primauté de son chef. Sur le rapport de Belzunce, évêque de Marseille, le concile avant de se séparer, infligea à d'aussi coupables enseignements une censure sévère. Il rendit un décret qui frappait les écrits du génovéfain comme contenant une doctrine *fausse, téméraire, scandaleuse, injurieuse au Saint-Siége et aux Evêques, favorable au schisme et à l'hérésie, erronée, hérétique et déjà condamnée comme telle par le saint concile de Trente.*

Cependant l'Evêque de Senez, à qui nous devons revenir, apprit, avec une grande fermeté, sa sentence, et il se contenta de répondre ces mots à ceux qui vinrent lui en donner lecture : « Ibo gau-« dens à conspectu Concilii quoniam di-« gnus habitus sum pro nomine Jesu « coutumeliam pati (1). » Le roi lui assigna pour résidence l'abbaye de Lachaise-Dieu en Auvergne; il y vécut jusqu'en 1740, s'obstinant toujours de plus en plus, jusqu'au dernier soupir, dans ses erreurs. Les jansénistes affectaient de le vénérer comme un confesseur de la foi, et un pèlerinage à Lachaise-Dieu était par eux réputé un devoir. Nous savons les diatribes qu'ils publièrent contre le concile d'Embrun, principalement contre l'archevêque de Tencin. Mais une lettre datée de Grenoble, adressée à ce dernier par Soanen, lorsqu'il se rendait au lieu de son exil, est un témoignage irréfragable de l'ingratitude du parti et des vrais sentiments du prélat réfractaire quand il n'écoutait que son cœur.

(1) Voir aux Pièces justificatives, n° XXI, une lettre de Soanen à un chanoine de sa cathédrale.

De Grenoble le 16 octobre 1727.

« Monseigneur. Rien ne peut égaler la
« reconnaissance que j'ai de vos bontés,
« si ce n'est ma vénération pour votre
« personne. Le voyage a été fort heureux
« et l'excellente voiture que vous avez eu
« la charité de me fournir, m'a conduit
« sûrement au travers des précipices. Je
« suis arrivé si tard qu'il m'a été impos-
« sible d'aller saluer Monsieur le Président
« votre illustre frère, dès ce soir; mais
« ce sera demain un de mes premiers et
« plus doux devoirs, avant mon départ.
« Recevez, je vous prie, mes remercie-
« ments et faites-moi la grâce d'être con-
« vaincu du parfait respect avec lequel
« j'ai l'honneur d'être etc.

Signé † Jean évêque de Senez.

Une autre consolation, la seule que l'archevêque d'Embrun et tous les membres du concile désiraient, ne manqua pas de leur être accordée bientôt. Par un Bref du dix-sept décembre de la même année, le souverain pontife Benoît XIII confirma pleinement, en les comblant d'éloges, les décisions des pères d'Embrun, et, en particulier, la sentence qu'ils avaient portée contre l'évêque de Senez. Le jansénisme se trouvait frappé au cœur par cette approbation. Rome consacrait solennellement le concile d'Embrun. Tous les enfants de l'Eglise catholique devaient dès lors s'écrier comme aux temps anciens : Des rescrits sont venus de Rome. Rome a parlé; la cause est finie.

Pierre Guerin de Tencin s'était créé, par ses efforts, contre le jansénisme, de violents ennemis parmi les gens de la secte. Ils cherchèrent à le tenir relégué loin de la Cour, au fond de nos montagnes; ils y réussirent quelques années, pendant lesquelles cet archevêque ne laissa pas de continuer à combattre vigoureusement pour la vérité, en signalant les fauteurs des mauvaises doctrines dans des mandements et des instructions pastorales qui faisaient sensation par toute la France. La Cour comprit que ce pontife qui avait dû ses premières dignités à l'influence de sa sœur, la trop fameuse Claudine-Alexandrine de Tencin, était véritablement doué d'un génie supérieur et méritait d'être appelé dans les conseils de l'Etat. Il eut la permission de reparaître à Paris. Louis XV lui donna le cordon du Saint-Esprit et le fit Commandeur de ses ordres. Le prétendant de la maison de Stuart, Jacques III, connu sous le nom de chevalier de Saint-Georges, avait conservé à Rome le droit de présenter des cardinaux ; triste dédommagement d'un trône perdu ! Comptant avec raison, pour intéresser la France à ses malheurs, sur le crédit toujours croissant et sur l'éloquence de l'archevêque d'Embrun qui paraissait devoir succéder au cardinal de Fleury comme premier ministre, il demanda pour lui la pourpre romaine. Le pape Clément XII consentit à la lui accorder, et au mois de mai de l'année 1739, Pierre Guerin de Tencin reçut à Embrun la barrette que ce souverain pontife lui envoya par un de ses prélats.

Nous ne saurions dire si les Embrunais pressentirent alors que ce jour éclairait une de leurs dernières splendeurs, et comprirent qu'ils devaient l'embellir et le célébrer comme une gloire, hélas ! qui n'aurait pas de retour. Mais ils déployèrent, dans cette circonstance, tout ce que

l'allégresse et leur amour pour les fêtes purent leur inspirer. « Quelles réjouis-
« sances ne fit-on pas à Embrun ? s'écrie le
« bon docteur Albert. Feux d'artifices,
« fusées, illuminations, bals, concerts,
« festins, rien ne fut épargné. Chaque
« corps se piquait de l'emporter sur les
« autres par ses démonstrations de joie ;
« les femmes même du premier rang ne
« voulurent pas le céder aux hommes.
« Elles firent leur partie comme eux ;
« et après avoir fait un tour de promena-
« de à cheval, habillées en amazones,
« elles allèrent souper ensemble dans la
« salle de l'Hôtel de Ville. Plus de quin-
« ze jours se passèrent que l'on voyait
« toujours quelque chose de rare dans
« Embrun. Les habitants des commu-
« nautés voisines y allèrent à leur tour
« jouer leur personnage ; les uns étaient
« habillés en fantassins, les autres en
« cavaliers, et chacun d'eux amusait et
« prêtait à rire. Son Eminence en parut
« satisfaite. Mais les Embrunais semaient
« sur une terre dont les fruits ne de-
« vaient pas être pour eux (1). »

(1) Hist. Ecclés. du diocèse d'Embrun, tom. 2, pag. 282.

L'année suivante (1740), Pierre Guerin de Tencin fut transféré à l'archevêché de Lyon. On dit que si le succès eût couronné ses vues ambitieuses, cette même année 1740 l'aurait vu s'asseoir non pas seulement sur le trône de la Rome des Gaules, mais sur celui bien plus illustre de la grande Rome d'Italie.

C'est donc à l'année 1740 que se rapportent deux anecdotes d'une authenticité très-douteuse. Pierre Guerin de Tencin avait brigué autrefois une place au Chapitre noble de Lyon; mais elle lui avait été refusée parce qu'il n'avait pu produire le nombre de quartiers de noblesse exigés pour être admis dans cette illustre compagnie, qui avait compté en même temps, à une époque, un fils d'empereur, neuf fils de rois, quatorze fils de ducs, trente fils de comtes et vingt barons. Lorsque ce vénérable Chapitre se présenta pour la première fois devant Pierre Guerin de Tencin devenu son archevêque, le malicieux prélat s'adressant aux chanoines, leur cita ces paroles d'un Psaume : *Lapidem quem reprobaverunt œdificantes hic factus est in caput anguli;* mais l'un d'eux, sans se déconcerter, continua spirituellement le texte en ajoutant *A domino factum est istud et est mirabile in oculis nostris.* — Au conclave qui suivit la mort de Clément XII, Pierre de Tencin cherchait à se faire nommer pape; sa qualité de Français étant un obstacle, il se disait originaire de la Savoie, mais les Italiens qui ne l'agréaient pas, jouaient, dit-on, sur son nom et faisaient circuler cette plaisanterie: *Nolumus Papam tam sanctum.*

Ce qui est plus certain que ces histoires, c'est que de Tencin cherchait à faire donner pour successeur à Clément XII, le cardinal Aldovrandi. Il était sur le point de réussir, lorsque, sans le vouloir et sans y penser, le cardinal Lambertini, par un bon mot, détourna sur sa propre personne les suffrages du conclave et prit le grand nom de Benoît XIV. Lambertini était lié d'amitié avec Madame de Tencin, et ils entretenaient ensemble une correspondance littéraire. Notre cardinal se rallia sincèrement à l'ami de sa sœur. Benoît XIV, en retour, le combla d'égards, envoya son portrait à Madame de Tencin, et reçut d'elle en réponse une lettre des plus spirituelles.

De retour en France, le cardinal fut fait ministre d'Etat sans portefeuille. Fidèle aux intérêts du roi Jacques III, il en plaida la cause auprès des autres ministres, avec une chaleur qui entraîna tous les esprits. Il fit résoudre le projet d'une descente en Angleterre; mais la flotte qui devait menacer ce royaume ayant subi une tempête, on fit semblant d'être découragé et on renonça au dessein du cardinal, bien à tort certainement; car l'audacieuse entreprise que fit le jeune prince Charles Edouard, l'année suivante, ses rapides succès chez les Ecossais, la terreur qu'il porta jusque dans Londres, annoncent combien l'Angleterre eût été déconcertée si le gouvernement français avait sérieusement donné dans les vues de Pierre Guerin de Tencin. Le crédit de ce cardinal cessa dès lors, et il se retira à Lyon où il mourut à l'âge de soixante-dix-neuf ans, en 1768, après s'être rendu recommandable par ses abondantes aumônes. Il était né à Grenoble. Mais les Embrunais prétendent que sa famille était originaire du village de Ceillac, à trois lieues de la ville métropolitaine, et en conséquence, ils réclament Pierre Guerin de Tencin et sa gloire comme étant leur patrimoine à double titre.

CHAPITRE XXIII.

Bernardin-François Fouquet. — Sa charité. — Le maître-autel de la cathédrale. — Retraite du vénérable archevêque. — Touchante affection qu'il conserve à ses anciens diocésains. — Pierre-Louis de Leyssin, dernier archevêque d'Embrun. — Portrait de ce prélat. — Etablissement d'un Mont-de-Piété à Embrun et à Guillestre. — Suppression de l'abbaye de Boscodon. — Suppression des jésuites. — Le célèbre collège d'Embrun ne perd rien de sa renommée. — Lettre d'un vieillard, ancien élève de ce collége, à Monseigneur Depéry, évêque de Gap. — Dernier privilége accordé à l'archevêque d'Embrun. — Talent oratoire de M. de Leyssin. — Révolution française. — Ignace de Cazeneuve est nommé évêque constitutionnel des Hautes-Alpes. — L'archevêque d'Embrun et l'évêque de Gap excommunient l'intrus. — Libelles contre eux. — Belle lettre de l'évêque de Gap à Ignace de Cazeneuve. — L'intrus à Embrun. — Les deux pontifes légitimes partent pour l'exil.

Après le cardinal de Tencin, l'archevêché d'Embrun fut donné à Bernardin-François Fouquet, ecclésiastique jeune encore par l'âge, car il avait à peine atteint sa trente-cinquième année, mais vieux déjà par les vertus et par les mérites.

C'était un arrière-petit-fils du fameux surintendant des finances, Nicolas Fouquet, si célèbre par ses prodigalités et par sa disgrâce, et un neveu du maréchal de Belle-Isle, Louis-Charles-Auguste Fouquet, duc de Gisors, pair de France, prince du saint Empire, ministre et secrétaire d'Etat.

Le nouvel archevêque d'Embrun administra son diocèse avec toute la bonté et tout le dévouement d'un père. Il répandit constamment ses revenus dans le sein des pauvres ou les employa à l'ornement de son église métropolitaine. On doit à sa libéralité le magnifique autel en marbre, dont les Embrunais sont si fiers, quoiqu'il soit peu en harmonie, comme tout ce qu'on faisait au dix-huitième siècle, avec la vieille cathédrale du moyen âge.

L'épiscopat de Bernardin-François Fouquet fut paisible. Rien ne vint en troubler la tranquillité; aucun nuage ne s'interposa jamais entre ce père et ses enfants, et l'on peut dire que sa démission, qu'il donna après vingt-sept ans de règne, fut le premier chagrin qu'il leur causa. Le dur climat des Alpes, qui altérait sa santé, et l'amour de la retraite le décidèrent à se séparer de ses bien-aimés diocésains. Mais il ne les oublia jamais dans son éloignement. Il aimait à en entendre parler, et, lorsqu'il pouvait leur être de quelque utilité, il était tout entier à leur disposition. Il donna encore, dans son dernier testament, des marques bien sensibles de son attachement pour eux, en léguant trois mille livres à l'hôpital de la ville d'Embrun; mille livres aux pauvres et la même somme aux dames hospitalières qu'il avait appelées de Grenoble. Il mourut à Paris, le jour même de la fête de saint Marcellin, le vingt avril 1785.

Le roi lui avait donné pour successeur Pierre-Louis de Leyssin, chanoine-comte de la très-noble église de Saint-Pierre et de Saint-Chef de Vienne (1767...). Pierre-Louis de Leyssin fut le quatre-vingt-huitième et dernier archevêque d'Embrun. Son siége disparut avec lui, au milieu de cet épouvantable cataclysme de la Révolution, dans lequel se sont abîmées toutes nos grandeurs locales. Quelques rares vieillards existent encore qui ont vu dans leurs jeunes ans M. de Leyssin et ses chanoines et son clergé et les pompes de sa cathédrale. Les yeux se mouillent de larmes à leurs récits; mais, hélas! ces vieillards s'en vont. Bientôt il ne restera plus d'autres témoins vivants des anciens jours, que ces monuments sacrés, affectés aujourd'hui à des services profanes, et cette antique église de Notre-Dame des Rois, l'orgueil encore et le joyau de nos montagnes, malgré ses ruines et les sombres tristesses qui l'entourent.

Pierre-Louis de Leyssin fit son entrée solennelle dans la ville le dix-neuf septembre 1768; il en sortit en fugitif vers le milieu de l'année 1791, quelques mois après l'élection de l'évêque constitutionnel des Hautes-Alpes, Ignace de Cazeneuve. Durant cet intervalle, il se signala, comme son prédécesseur, par la bonté et par l'affabilité qui étaient l'essence de son caractère. Le docteur Albert, son contemporain, nous l'a dépeint dans les lignes suivantes : « C'est dans le cours de ses
« visites pastorales que ses diocésains
« les plus éloignés de la ville métro-
« politaine peuvent se convaincre par
« eux-mêmes combien cet illustre prélat

« est bon et affable envers ses ouailles.
« Il les reçoit tous avec une bonté pater-
« nelle ; il les écoute, il leur parle com-
« me un père parle à ses enfants. Il s'in-
« forme s'il y a des contestations et des
« procès dans la contrée, fait ensuite
« appeler les parties intéressées et termi-
« ne lui-même leurs différends à la satis-
« faction des uns et des autres (1). »

Dès son arrivée dans le diocèse, Pierre-Louis de Leyssin voulut en connaître les besoins, et il s'occupa constamment à y remédier. Entre autres établissements utiles de bienfaisance, les villes d'Embrun et de Guillestre lui durent un *Mont-de-Piété* ou grenier d'abondance, où les pauvres, sans avoir besoin de recourir aux riches cupides, empruntaient, sur gage, du blé, à charge de le rendre après la moisson, avec un intérêt en nature qui couvrait les frais et accroissait insensiblement la quantité des grains de réserve. Noble institution qui fut accueillie avec le plus vif enthousiasme et fit penser que le pacte d'attachement réciproque entre

---

(1) Hist. Ecclés. du diocèse d'Embrun, tom. 2, pag. 300.

M. de Leyssin et son peuple serait indissoluble ! On ne se croyait pas à la veille d'un orage qui allait tout déraciner et tout détruire.

La destruction cependant avait déjà commencé. Un édit du roi de 1768, supprima le monastère de Boscodon qui ne contenait plus que douze religieux et n'avait pas assez de revenus pour en entretenir un plus grand nombre. Le dernier abbé fut aussi un de Leyssin, frère de l'archevêque. Il était dans la destinée de ce nom de se rattacher à toutes nos ruines. Cinq ans après (1774), une suppression plus retentissante, celle de l'ordre des jésuites, eut lieu dans toute l'Eglise. Des arrêts des différents parlements du royaume les avaient déjà proscrits de France dès 1763. Ils durent donc abandonner le célèbre collége et séminaire qu'ils avaient à Embrun. Mais, grâce à l'énergie et à la sagesse de l'archevêque, la gloire et la réputation de cette maison fameuse ne furent point obscurcies et se continuèrent jusqu'à la fin, sous les prêtres séculiers qui remplacèrent les religieux proscrits. Qu'il nous soit permis d'en dérober un touchant témoignage dans les lignes suivantes d'une lettre qu'écrivait, à la date du deux février 1858, à Monseigneur Depéry, évêque de Gap, un savant vieillard, ancien élève du collége d'Embrun (1).

« Je regrette qu'il ne me soit plus per-
« mis de revoir une ville que j'ai quittée
« en 1790, époque de la fin de mes étu-
« des et de la clôture même du collége,
« me séparant ainsi pour toujours et avec
« tant de peine, de maîtres tels que le
« Père Rossignol et le saint abbé Blanc,
« auteur de la *Botanique pratique*, et
« mon dernier professeur de philosophie.
« Comment oublier des noms pareils et
« d'autres encore qui me reportent sou-
« vent aux premiers temps de ma vie ?
« Temps heureux encore aujourd'hui
« pour une imagination qui a besoin d'é-
« chapper à quelque chose d'un peu moins
« triste que ce qui forme ordinairement
« le cortége d'une tête octogénaire ! »

Au milieu de tous ces acheminements vers la grande catastrophe révolution-

---

(1) M. Ed. de la Plane, historien de Sisteron.

naire, on se demande s'il vaut la peine de constater un dernier privilége qui fut accordé par le roi au dernier archevêque-prince d'Embrun. Par un édit de 1768, le consulat fut aboli dans toutes les villes de France ; et dans celles où la population excédait deux mille âmes, comme à Embrun, le corps municipal fut constitué de la manière suivante : un maire, deux échevins, quatre conseillers, un syndic-receveur et un secrétaire greffier. M. de Leyssin demanda au roi et en obtint deux choses, 1° que, conformément à l'ancien droit du Chapitre d'Embrun, un chanoine assistât toujours en qualité de conseiller aux assemblées de l'Hôtel de Ville ; 2° que la nomination du maire d'Embrun appartînt alternativement à l'archevêque et au gouverneur de la province du Dauphiné. Ce qui fut accordé, observe le docteur Albert, sur ce principe sans doute que la juridiction de la ville avait toujours été partagée entre l'archevêque et le Dauphin.

M. de Leyssin était orateur ; il fut chargé de prêcher le discours d'ouverture de l'assemblée générale du clergé de

France de l'année 1770. Il s'en acquitta aux applaudissements unanimes, et le roi lui-même lui adressa de vives félicitations. Mais la plus grande gloire de ce prélat sera toujours la conduite qu'il tint, quand la Révolution éclata, pour empêcher le schisme qu'il voyait se répandre dans le royaume. Le sacrifice d'une portion de ses revenus ne lui eût rien coûté pour prévenir ce malheur; le vœu qu'il en manifesta et les remontrances qu'il fit à ce sujet au clergé le prouvent assez. Enfin, le mal devint incurable; ses lettres pastorales et ses mandements respirèrent alors cette fermeté et cette force d'esprit non moins remarquables en lui que la tendre bonté dont nous avons parlé.

Mais, hélas! nos pères n'avaient point repoussé la constitution civile du clergé, et, au mois de mars de l'année 1791, un chanoine de la cathédrale de Gap, Ignace de Cazeneuve, fut nommé par les électeurs civils, évêque du département des Hautes-Alpes et promené en triomphe dans les rues de Gap. Les deux prélats que cet acte dépossédait excommunièrent l'audacieux chanoine qui avait osé accepter sacrilégement l'épiscopat. Il leur fut répondu non par une soumission, mais par des outrages tels que ceux qu'on peut lire encore dans l'écrit intitulé : *Réplique à la lettre de M. de Leyssin, soi-disant archevêque d'Embrun, aux électeurs du département.* Dans cette violente diatribe, l'archevêque est comparé à Catilina et à Mathan, et est accusé d'hypocrisie, de noirceur, de scélératesse ; les écrits du vénérable François-Henry la Broue de Vareilles, évêque de Gap, sont traités avec le dernier mépris ; le pamphlétaire n'y voit qu'un galimatias prolixe et digne du feu.

Que les fulminations de l'archevêque n'eussent pas ébranlé le cœur de l'intrus, on le concevrait encore ; mais qu'il soit demeuré insensible aux accents attendris que lui fit entendre, dans une lettre sublime, François-Henry de Vareilles, avant de lancer aussi l'excommunication, c'est ce qu'on ne saurait expliquer que par la plus déplorable aberration de l'esprit et du cœur. Deux paragraphes de cette lettre, admirable mélange de force et de suavité, doivent être rapportés ici :

Gap, le 14 avril 1791.

« Votre arrivée dans cette ville, Mon-
« sieur, et les insignes que vous portez
« de la dignité épiscopale, nous appren-
« nent que, sur une nomination à l'évê-
« ché prétendu des Hautes-Alpes, que
« tout catholique ne peut regarder que
« comme nulle, vous avez obtenu une
« consécration également illicite ; et nous
« annoncent, sans doute, en même
« temps votre prochaine installation dans
« l'Eglise métropolitaine d'Embrun. Vous
« n'ignorez pas les obstacles sans nom-
« bre que vous opposeront et le noble
« courage de Monseigneur l'archevêque,
« et la fermeté de son respectable clergé,
« et la religion éclairée du plus grand
« nombre des fidèles. Les uns vous
« regarderont comme un usurpateur qui
« vient s'asseoir sur un siége qui n'est
« pas vacant ; guidés par les lumières
« de leur conscience et de leur religion,
« les autres ne verront en vous qu'un
« intrus, qui n'est pas entré dans la ber-
« gerie par la véritable porte ; et vous ne
« serez, aux yeux de tous, qu'un pasteur

« mercenaire, un faux pasteur, portant,
« à la vérité, l'habit de vrai pasteur,
« mais n'ayant aucun des traits qui le
« caractérisent et qui doivent mériter la
« confiance du troupeau. . . . . . .
. . . .

« Cette Eglise, Monsieur, l'Eglise de
« Gap que je préside seulement de-
« puis peu d'années, et pour laquelle
« Dieu seul connaît toute l'étendue de
« mon attachement, doit aussi vous être
« bien chère ; vous êtes né dans son
« sein ; elle a reçu vos premiers vœux,
« en vous adoptant au nombre de ses
« enfants ; vous avez été élevé à l'ombre
« de ses autels ; elle vous donna les pre-
« miers principes du christianisme ; vou-
« driez-vous déchirer les entrailles de
« votre propre mère ? Après lui avoir
« juré, comme moi, une fidélité inviola-
« ble, vous l'avez suivie longtemps ; vous
« étiez un de ses principaux ministres ;
« elle avait droit de vous regarder com-
« me un de ses plus zélés défenseurs ;
« par quelle fatalité deviendriez-vous un
« de ses plus cruels ennemis ? Vous avez
« étudié sa tradition, vous avez étudié sa

« doctrine; mérita-t-elle jamais à vos
« yeux la persécution qu'elle éprouve,
« la proscription dont elle est menacée?
« et pourriez-vous concourir à sa destruc-
« tion? Quel aveuglement! Ne serait-ce
« pas celui prédit par le prophète : *Audite*
« *cœli, et auribus percipe terra, quoniam*
« *Dominus locutus est : Filios enutrivi et*
« *exaltavi, ipsi autem spreverunt me. Is.*
« 1. 2. Cieux, écoutez, et toi, terre, prête
« l'oreille. C'est le Seigneur Dieu qui
« a parlé, et ses paroles méritent notre
« attention. Voici ce qu'il a dit : J'ai nourri
« des enfants, je les ai élevés, et, après
« cela, ils m'ont accablé de mépris et se
« sont révoltés contre moi?

« J'ai l'honneur d'être, Monsieur,
« votre très-humble et très-obéissant
« serviteur.

† F. H. Ev. de Gap.

Au mépris de ces éloquentes paroles
et de la double excommunication qui
pesait sur lui, Ignace de Cazeneuve partit
pour Embrun et alla s'asseoir sur ce trône
auguste qu'avaient occupé tant de princes
de l'Eglise et du saint Empire; des car-

dinaux, un pape, des saints répudiés tous en ce jour, dans la personne de Pierre-Louis de Leyssin, le dernier et l'un des plus illustres de leurs successeurs. L'intrus, dit Théodore Gauthier, trouva plus qu'il n'en voulait, des grands vicaires et des chanoines pour occuper les stalles de la superbe métropole des Alpes Maritimes, descendue au rang d'église cathédrale des Hautes-Alpes. Et comme l'antique saint Libéral qui avait été chassé par les Sarrasins, Pierre-Louis de Leyssin partit pour un éternel exil, en proie à une douleur bien plus amère encore, car pour lui aussi se vérifiaient dans toute leur douloureuse vérité ces paroles lamentables du Seigneur dans Isaïe : *Cieux, écoutez, et toi, terre, prête l'oreille. C'est le Seigneur Dieu qui a parlé et ses paroles méritent toute notre attention. Voici ce qu'il a dit : J'ai nourri des enfants, je les ai élevés, et, après cela, ils m'ont accablé de mépris et se sont révoltés contre moi.*

L'archevêque fugitif traversa l'Italie et la Suisse, et se fixa en Bavière, dans la ville de Munich, où, par une singulière coïncidence, vint aussi chercher un refuge le second des prélats, dont l'élection de l'évêque schismatique des Hautes-Alpes détruisait également le diocèse. Mais le vertueux François-Henry de Vareilles eut le bonheur de rentrer un jour, sinon dans sa ville épiscopale, au moins sur le sol du pays natal. Il y mourut en 1835, à l'âge de quatre-vingt-dix-huit ans, emportant dans son cœur une bien douce consolation. La chaîne des successeurs de saint Démétrius et de saint Arnoux avait été renouée glorieusement dès 1823, dans la personne du saint et savant François-Antoine Arbaud, détaché, comme un rameau béni, de l'Eglise de Digne, pour apporter l'espérance et la paix aux deux antiques diocèses réunis de Gap et d'Embrun. Il n'en fut pas ainsi du vénérable archevêque de Leyssin ; il mourut sur la terre étrangère en 1802, et il ne sera peut-être jamais donné aux restes encore inconsolés de cet illustre défunt, de tressaillir dans leur tombe et d'apprendre la résurrection de son siége, de sa principauté et de ses gloires.

CHAPITRE XXIV.

L'abbé Rous de la Mazelière administre le diocèse d'Embrun au nom de l'archevêque légitime. — Sa noble conduite. — Retour au devoir de la plupart des prêtres assermentés. — Combien la foi demeure vive dans Embrun. — Solitude qui se fait autour du clergé constitutionnel. — La métropole profanée. — Pie VI est traîné captif à travers les Alpes. — Belle page de l'abbé Baldassari à l'honneur de la ville d'Embrun. — Touchants témoignages de respect et d'affection donnés au pape par les habitants des Alpes. — Un *presbytère* ou conseil de prêtres gouverne l'Eglise constitutionnelle. — Un nouvel intrus s'assied sur le trône de saint Marcellin. — Sa lettre pastorale de prise de possession. — Sa pénitence. — Charles de la Font de Savines, évêque de Viviers, vient pleurer ses fautes dans son pays natal. — La mère de M. de Savines. — La procession du saint Sacrement à Aix et la folle.

Pierre-Louis de Leyssin, obligé de s'enfuir devant la faction de l'évêque schismatique, avait donné à son peuple un dernier gage de sa paternelle sollicitude. Ne voulant pas, tandis que le loup était dans la bergerie, laisser ses brebis sans pasteur, il avait appelé de Pignerol où il était déjà en émigration, le plus expérimenté et le

plus saint de ses vicaires généraux :
Jacques-Joseph Rous de la Mazelière.
Celui-ci appartenait à une très-ancienne
famille, originaire d'Italie et issue des
Rossi de Parme, qui vint s'établir en
Dauphiné au quatorzième siècle. M. de
Leyssin lui avait fait promettre de rester
dans le diocèse pour le gouverner en son
nom et servir toujours comme d'enseigne
et de guide au peuple et au clergé fidèles.
Le noble vicaire général, demeuré seul
dépositaire de tous les pouvoirs de l'archevêque, se montra digne de cette haute
confiance. Caché dans Embrun ou dans
le village de Châteauroux, il administra
le diocèse pendant toute la terreur, malgré les violentes persécutions du gouvernement révolutionnaire et du clergé constitutionnel. Son âme était pénétrée de
ces belles paroles que nous aimons à
retrouver dans la devise de ses neveux :
In Deo tuta fides, et elles le soutenaient
dans l'accomplissement de sa difficile
mission. Il mourut à Châteauroux, le
douze janvier 1796, après avoir refusé
les secours d'un prêtre assermenté. Les
larmes de tous les catholiques furent sa

plus belle oraison funèbre, et sa mémoire en vénération dans le pays continua de prêcher aux Embrunais la haine du schisme et la fidélité au pontife exilé.

Car, hâtons-nous de le dire à la gloire des ecclésiastiques et du peuple d'Embrun, si la constitution civile fut accueillie favorablement parmi eux, ce ne fut que l'erreur d'un moment. Les nombreux prêtres assermentés furent ramenés presque tous au devoir par les deux bulles du pape Pie VI contre cette constitution schismatique. La saine partie de la population, se séparant de ceux qui restaient attachés à l'évêque constitutionnel, s'empressa toujours de témoigner ses sympathies aux bons prêtres cachés dans la ville, en leur facilitant les moyens d'échapper aux recherches des persécuteurs, et en assistant, avec la foi des premiers siècles, aux saints mystères qu'on ne pouvait célébrer qu'en secret au fond des demeures et dans le silence de la nuit.

Vainement l'évêque intrus put croire un moment que les Embrunais étaient dévoués au schisme, le jour où le Père Rossignol de Vallouise, le dernier des jésuites anciens, ayant publié une version de la bulle qui condamnait la constitution civile, une espèce d'insurrection éclata dans la ville contre la personne de ce religieux. Il fut assailli à coups de pierres, et devint l'objet de quelques huées. Mais la masse de la population ne prit aucune part à cette démonstration; même, le bon sens ne tarda pas à revenir à ceux qui s'en étaient rendus coupables, et la solitude la plus complète se fit bientôt autour du clergé constitutionnel. Ignace de Cazeneuve, nommé député à la Convention nationale, en septembre 1792, et devenu plus tard, sous le directoire, membre du Conseil des Cinq-Cents, ne songea plus à reparaître à Embrun. Les schismatiques furent comme des brebis sans pasteur dès qu'il les eut quittés. Tout culte chrétien fut abandonné de leur part dans la ville de saint Marcellin et de saint Pélade. Et alors, pendant que les catholiques fidèles se réunissaient mystérieusement la nuit pour leurs cérémonies saintes et offraient aux anges le spectacle des premiers chrétiens dans les catacombes, on vit les révolutionnaires, tantôt ériger des autels à l'infâme déesse Raison dans l'antique église de Notre-Dame d'Embrun, tantôt transformer cet auguste monument en un lieu de dépôt pour les foins.

Mais au mois de juin 1799, il se fit tout à coup du sentiment chrétien qui vivait au fond des âmes une explosion d'autant plus admirable et plus significative, que le signal en fut donné officiellement par la municipalité elle-même. Le vénérable pontife Pie VI, captif depuis quelques semaines, à Briançon, allait être transféré à Valence.

Or, vingt-cinq jours avant son départ, sur un ordre barbare du Gouvernement, le saint pontife, à l'exception de son confesseur et d'un camérier, fut brutalement séparé de ses autres compagnons d'exil. On les conduisit, sous bonne escorte d'officiers et de soldats, jusqu'à Grenoble. Ils durent s'arrêter à Embrun, et c'est à cette occasion qu'eut lieu la manifestation dont nous voulons parler et que nous laissons rapporter à l'un des prisonniers qui en furent l'objet (1) :

---

(1) L'abbé Baldassari. — Enlèvement et captivité de Pie VI, chap. VI.

« Nous passâmes la première nuit à
« Embrun, où nous descendîmes à l'au-
« berge. Le bruit s'étant répandu que
« des ecclésiastiques de la suite du pape
« étaient arrivés, il accourut en un
« instant une foule de peuple empressé
« de nous voir. Mais les officiers mirent
« des soldats à la porte de l'auberge pour
« en défendre l'entrée. L'aubergiste nous
« accueillit d'un air affable, et s'entretint
« quelque temps avec nous. Au moment
« où nous allions nous lever de table, on
« nous annonça que le corps municipal
« venait nous complimenter. Nous le
« reçûmes aussitôt ; et celui qui en était
« le chef, après beaucoup de choses
« polies et obligeantes, nous dit que la
« municipalité avait décidé que nous
« logerions chez les familles les plus
« aisées de la ville. Monseigneur Spina,
« répondant pour nous tous, remercia
« la municipalité de ses attentions bien-
« veillantes ; mais il lui fit entendre que,
« pour ne pas être à charge aux citoyens,
» nous désirions rester dans l'auberge où
« nous étions réunis ; d'autant plus que
« l'hôte, qui s'était montré fort civil,

« avait été averti de préparer les cham-
« bres nécessaires, et s'en occupait peut-
« être en ce moment même : Vous ne me
« reconnaissez donc pas? dit alors l'of-
« ficier municipal, lequel était l'auber-
« giste lui-même qui avait déposé ses
« habits ordinaires pour revêtir les insi-
« gnes de sa dignité. Il ajouta qu'il pré-
« férait notre plus grande commodité à
« son intérêt, et que nous devions nous
« conformer aux mesures arrêtées, parce
« que les familles qui devaient nous rece-
« voir avaient été prévenues.

« Chacun de nous fut donc conduit à la
« maison qui lui avait été assignée. Nous
« fûmes accueillis avec des témoignages de
« joie et de respect qui nous étonnèrent.
« Nous vîmes avec consolation combien
« la foi s'était conservée vive et pure,
« surtout parmi les dames. Ces religieu-
« ses familles appartenaient à l'ancienne
« noblesse. Elles avaient employé les sol-
« licitations, et même les présents, pour
« obtenir l'honneur, ainsi qu'elles s'ex-
« primaient, de loger quelqu'un des
« ecclésiastiques enlevés au pape. Le len-
« demain, plusieurs dames, amies ou

« parentes de la maîtresse de la maison,
« se trouvèrent au repas qui nous fut
« offert avant notre départ ; et, quand
« nous prîmes congé de la compagnie,
« ces vertueuses dames se mirent toutes à
« genoux pour recevoir notre bénédic-
« tion, en nous suppliant de nous souve-
« nir d'elles et de la France dans nos
« prières. En vain, nous leur représen-
« tions que nous ne méritions pas ces
« marques de vénération ; elles nous
« répondaient que l'honneur d'appartenir
« au Vicaire de Jésus-Christ persécuté,
« et de partager ses épreuves, nous ren-
« dait dignes des plus grands respects. »

Que n'auraient pas fait les Embrunais pour le pape lui-même, eux qui venaient de témoigner d'une manière si attendrissante leur foi et leurs vrais sentiments ? Mais le misérable équipage de l'infortuné vieillard ne devait faire halte qu'à Savines et avait même l'ordre de passer en dehors de nos murs. « La ville d'Embrun, qui
« nous avait si bien accueillis, continue
« Baldassari, aurait pu lui offrir une
« station commode et déjà plusieurs de
« ses principaux citoyens se disputaient

« l'honneur de recevoir un hôte si illustre.
« Mais le commissaire de Gap, dont la
« brutalité pouvait aller de pair avec
« celle de son ami Bérard (1), ordonna
« de poursuivre jusqu'au petit village de
« Savines, au delà d'Embrun. Il ne vou-
« lait même pas qu'on entrât dans la ville.
« Toutefois, quand il vit le peuple, qui
« était sorti en foule au-devant du pon-
« tife, s'indigner et se plaindre ouverte-
« ment, il jugea prudent de ne pas insis-
« ter. Pie VI passa par Embrun au mi-

---

(1) Bérard *l'aveugle* était né à la Salle. C'est un des hommes les plus savants que les Hautes-Alpes aient produits. Quoique privé de la vue par suite d'un accident, il ne laissa pas de se livrer encore à l'étude des sciences mathématiques; il avait un secrétaire qui lui lisait les ouvrages qu'il voulait consulter et à qui il dictait ensuite son propre travail; il expliquait les problèmes de Géométrie à ses élèves, à l'aide des solides qui remplaçaient pour lui les lignes. Pendant la Révolution, il se fit remarquer par l'exaltation de ses opinions républicaines et par sa haine contre le clergé. Quand l'ordre fut arrivé de transférer Pie VI de Briançon à Grenoble, Bérard qui était commissaire voulait le faire partir immédiatement sans attendre qu'on eût pu se procurer des voitures convenables. Une charrette, criait-il, sera bonne pour transporter le Pape. Puis il ajoutait, en parlant des ecclésiastiques de sa suite : Quant aux autres, n'ont-ils pas des jambes pour voyager, comme voyagent tous les jours, les braves défenseurs de la république?

« lieu des marques de respect et de
« compassion que lui attiraient son ca-
« ractère et l'état de langueur où il était
« réduit (1). »

Ainsi donc, malgré tous ses désirs, la bonne population d'Embrun ne put faire ses honneurs au Saint-Père; elle dut se borner à s'agenouiller sur son passage, à recueillir avec amour sa bénédiction et à contribuer par son attitude et par ses cris à la véracité de cette relation du voyage de Pie VI qui fut insérée dans le *Courrier universel* du trente thermidor an VII.

« L'esprit de religion qui subsiste en Fran-
« ce s'est montré avec éclat dans les lieux
« où est passé le souverain pontife. Depuis
« Grenoble jusqu'à Briançon tous les habi-
« tants des campagnes, et ceux même des
« villes, accouraient en foule sur son passa-
« ge. Il est vrai qu'une partie était poussée
« par la curiosité, qui pourtant se chan-
« geait bientôt en vénération. Mais le plus
« grand nombre venait par un sentiment
« de religion. A la vue du pape, tous se
« tenaient en silence; silence majestueux,

---

(1) L'abbé Baldassari, loc. cit.

« qui cédait de temps en temps à des
« expressions de respect et d'enthousias-
« me. Les personnes pieuses ne pou-
« vaient s'empêcher de demander au
« pontife sa bénédiction. Cette foule reli-
« gieuse a entouré Pie VI, et a suivi sa
« voiture jusqu'à Grenoble. »

L'Eglise constitutionnelle des Hautes-Alpes n'avait plus d'évêque, soit qu'Ignace de Cazeneuve fût regardé comme démissionnaire, soit qu'il eût formellement renoncé à son titre, comme semblerait l'indiquer le Mandement de son successeur. Cependant l'exercice du culte avait été autorisé et la cathédrale de Notre-Dame d'Embrun avait été rendue à sa destination, en vertu des décrets du vingt-un février et du trente mai 1795. Alors les schismatiques s'agitèrent et s'empressèrent, conformément à l'encyclique du conciliabule dit *des évêques réunis*, de former un *Presbytère* ou Conseil de prêtres séant à Embrun, appelé à gouverner le diocèse pendant la vacance du siége. Cette vacance se prolongea jusqu'au dimanche dix février 1800, auquel jour fut installé sur le trône de saint Marcellin un nouvel intrus, le citoyen André Garnier, ancien prieur d'Avançon, à qui le public décerna une épithète de moquerie (1), la seule chose de lui qui soit restée dans la mémoire du peuple.

Nous avons retrouvé sa lettre pastorale de prise de possession. Elle a ce début menteur, commun à tous les évêques civils, constitutionnels, mais non catholiques : « André Garnier, par la grâce de
« Dieu et *dans la communion du Saint-
« Siége apostolique*, évêque du département des Hautes-Alpes. »

On nous saura gré de reproduire à titre de renseignement quelques phrases de ce curieux document :

« Appelé du sein de ma retraite par
« les évêques comprovinciaux et par la
« majorité du clergé du diocèse pour
« aller occuper le siége épiscopal de la
« cathédrale d'Embrun vacant par la démission du citoyen Cazeneuve, je n'ai
« pu résister à leurs pressantes invitations, quelque répugnance que j'eusse

---

(1) On l'appelait *l'évêque de plâtre*, parce qu'Avançon, son pays, était renommé par ses carrières de plâtre.

« à courber la tête sous un aussi pesant
« fardeau................

« Mais comme celui qui doit présider
« à tout, doit tout faire pour se rendre
« agréable à tous (S. Léon), un de mes
« premiers devoirs, devoir bien cher à
« mon cœur, d'après l'avis du vénérable
« presbytère qui a gouverné le diocèse
« pendant la vacance du siége, et qui
« m'a installé dimanche 20 pluviôse,
« au milieu d'un peuple nombreux, a été
« de vous annoncer mon *événement* à
« l'épiscopat................

« Pourrions-nous voir plus longtemps
« parmi nous le schisme qui nous divise
« et qui n'ayant qu'une diversité d'opi-
« nions qui ne tiennent ni au dogme, ni
« à la morale, est néanmoins cause que
« les fidèles sont divisés parmi eux, au
« grand scandale de la Religion, qu'ils
« se disent les uns, nous sommes à Paul;
« les autres, nous sommes à Apollon ou
« à Céphas, comme si Jésus-Christ pou-
« vait être divisé, et comme si la vertu et
« l'efficacité des sacrements et de l'augus-
« te sacrifice de la messe dépendait de la
« bonté et du mérite des prêtres.....

Ce passage, où l'erreur cherche à se cacher sous le couvert de l'ingénuité et de la bonne foi, est suivi de quelques recommandations irréprochables. Puis, vient une dernière exhortation vraiment éloquente que nous reproduisons encore. L'accent de tendre piété qui paraît la dicter et les prières qui sont demandées pour obtenir un digne vicaire de Jésus-Christ, (Les cardinaux étaient alors réunis en conclave à Venise, à l'effet de donner un successeur au vénérable Pie VI qui avait succombé aux douleurs de l'exil) pénètrent l'âme catholique d'une sympathie généreuse pour ce pasteur infortuné, misérablement enlacé dans les filets du schisme, et lui font espérer une conversion sincère dont, en effet, le prieur d'Avançon ne tarda pas à donner le plus éclatant exemple.

« Nous vous invitons donc, chers col-
« laborateurs; nous vous conjurons par
« tout ce qu'il y a de plus touchant, par
« les entrailles de la miséricorde du Sei-
« gneur, par le sang précieux que Jésus-
« Christ a répandu pour le salut de tous
« les hommes, avec lequel il a signé le

« Testament de la nouvelle alliance, de
« ne rien négliger de tout ce qui peut
« concourir au bien et au repos des peu-
« ples qui vous sont confiés, de prier Dieu
« pour tous les hommes; mais en parti-
« culier pour que nous ayons au plutôt
« un digne successeur de saint Pierre,
« pour les magistrats suprêmes et pour
« tous ceux qui sont établis pour gou-
« verner, afin qu'il leur donne à tous cet
« esprit de sagesse et de justice qui peut
« leur mériter la juste confiance du peu-
« ple et le leur attacher toujours de plus
« en plus par des liens indissolubles. »

Cette lettre pastorale est signée

† André Garnier, évêque d'Embrun.

Elle est suivie d'un post-scriptum annonçant entre autres choses, que l'évêque bénira les saintes huiles, et que chaque paroisse fournira trente sols « pour les
« frais de la matière et tiendra compte
« de l'excédant comme du déficit pour
« l'an prochain. »

Lorsque ce dernier évêque schismatique des Hautes-Alpes eut quitté Embrun pour aller pleurer dans Avançon le tort qu'il avait eu de céder à l'ambition, et édifier ses compatriotes par la pratique de toutes les vertus, la ville d'Embrun, elle-même, devint le refuge d'un autre évêque, né dans son sein et qui s'était fait une bien plus triste et bien plus déplorable célébrité. Nous voulons parler de Charles de la Font de Savines, évêque de Viviers.

Ce gentilhomme embrunais, parvenu à l'épiscopat en 1778, s'était signalé au moment de la Révolution par les écrits les plus malheureux. Il avait été l'un des quatre évêques français qui, sur le nombre de cent trente-cinq, avaient seuls prêté serment à la constitution schismatique du clergé. Il s'était démis de son évêché et l'avait accepté de nouveau de la part des électeurs civils de l'Ardèche. Ensuite ses démarches avaient été si extravagantes, ses discours et sa conduite avaient été si impies et si déraisonnables, qu'on put croire que sa prévarication était un effet de la folie. Ainsi, le premier décembre 1793, il renonça publiquement à ses fonctions en se dépouillant de tous les insignes de l'épiscopat et en livrant à l'administration départementale sa crosse, ses mitres, sa croix, son calice et tous les ornements de l'Eglise. Il prononça à cette occasion le discours le plus scandaleux et il écrivit ensuite contre la célébration des fêtes, le célibat ecclésiastique, le jeûne et les règles les plus saintes de la discipline. La grâce toucha enfin son cœur; il fit une rétractation éclatante dans laquelle il déplorait vivement ses fautes et suppliait le clergé de l'oublier pour toujours, excepté dans ses prières.

On rapporte que quand il arriva à Savines, sa noble mère, qui était âgée de plus de quatre-vingts ans, se présenta sur le seuil du château et lui en interdit l'entrée; il fallut une longue intercession du marquis de Savines, frère de l'évêque, pour fléchir cette femme courroucée dont les joies avaient été empoisonnées par la scandaleuse apostasie de son fils; femme éminemment chrétienne, qui, au jour du passage du pape Pie VI, n'ayant pu obtenir la faveur inestimable à ses yeux de loger le Saint-Père dans son château, avait brigué et obtenu, comme un grand bienfait, de pouvoir lui envoyer au moins un fauteuil pour reposer ses membres dans la pauvre maison du lieu où on le descendit. Elle imposa pour pénitence à son fils d'être enfermé dans un appartement du château et d'y observer pendant un mois le jeûne le plus rigoureux. L'évêque, tremblant et respectueux devant cette majesté maternelle qui le condamnait, se soumit en versant des larmes de repentir. Il vint ensuite habiter à Embrun l'hôtel de sa famille où il était né et où il devait mourir au mois de janvier de 1815. Il ne cessa jusqu'à sa dernière heure de pleurer et d'apaiser la Justice divine, en se livrant aux austérités les plus rudes pour un vieillard.

Un jour, un autre vieillard, accompagné d'un jeune enfant son neveu, vint le visiter. C'était un de ces prêtres fidèles qui, pendant les jours mauvais de la terreur, n'avaient jamais cessé d'offrir dans Embrun même, le sacrifice des autels, pour la gloire de Dieu et la consolation des catholiques. L'enfant ne comprenait pas la conversation du prêtre et de l'évêque ; il remarquait seulement la sombre tristesse du dernier et l'accent de douleur avec lequel

il s'exprimait. Tout à coup, du doigt montrant le ciel, M. de Savines dit à son interlocuteur, en poussant un profond soupir : Ah! mon ami, la providence m'avait bien prédit mon sort! Le vieux prêtre tâcha de détourner l'entretien sur un sujet moins pénible. Mais la parole de l'évêque avait frappé l'enfant, et au sortir, il demanda ce que M. de Savines avait voulu dire par ces mots : Ah! mon ami, la providence m'avait bien prédit mon sort! Le vieillard raconta alors que, peu de mois après son avénement à l'épiscopat, Charles de la Font de Savines alla visiter l'archevêque d'Aix, au temps des pompes de la fête-Dieu. Suivant la touchante coutume des prélats catholiques, l'archevêque fit les honneurs à son jeune collègue, et voulut lui faire porter solennellement le saint Sacrement dans les rues de sa cité métropolitaine. Comme M. de Savines arrivait sous le portique de l'église, revêtu des ornements sacrés et tenant dans ses mains l'ostensoir, une folle se jette tout à coup au-devant de lui, en criant : « Otez-lui le saint Sacre-
« ment ; c'est un indigne. » La rumeur

et le scandale ne furent pas de longue durée, car on se hâta d'éloigner cette femme et tout le monde dans Aix savait qu'elle avait perdu la raison. Mais l'impression de cet événement fut profonde sur l'esprit du malheureux évêque. Pendant ses années de pénitence à Embrun, elle lui revenait encore et sans cesse. Or, au jour de la visite du vieux prêtre, il la ressentit avec plus d'émotion que jamais ; ce prêtre était précisément celui qui lui avait servi de diacre à la procession d'Aix. On peut croire à ce récit. Nous le tenons de la bouche même de l'enfant d'alors, mort, il n'y a que quelques mois, étant devenu l'un des prêtres et des vieillards les plus respectables de la ville d'Embrun (1).

(1) M. l'abbé Guigues, chanoine honoraire, ancien curé-archiprêtre de Ventavon.

CHAPITRE XXV.

Ce qu'il convient de mentionner encore pour compléter le but de cet ouvrage.

I. Hommes remarquables des deux derniers siècles. — Jean Comiers, Claude Comiers, dit l'*Aveugle royal*. — Le chanoine Jacques Jacques. — Ses poésies burlesques. — Le général de la Peyrouse. — L'historien Fantin des Odoards. — Ses principaux ouvrages. — Le baron Anthoine de Saint-Joseph.

II. Suppression de l'archevêché d'Embrun. — Les Embrunais n'ont pas préféré une maison centrale de détention à l'archevêché. — Leurs fréquentes réclamations auprès du Gouvernement et du Saint-Siége. — Précaution de Pie VII pour conserver la mémoire de l'illustre métropole. — Lettre de son secrétaire d'Etat aux Embrunais. — Extrait d'une supplique adressée par ceux-ci au pape, toujours à l'effet d'obtenir le rétablissement de l'archevêché.

III. Egards des évêques de Gap pour Embrun. — L'église de Notre-Dame d'Embrun est foudroyée. — Instances des Embrunais et de l'évêque de Gap pour obtenir la restauration de cet admirable monument. — Monseigneur Depéry écrit la vie des Saints de Gap et d'Embrun. — Société littéraire à Embrun. — Pèlerinage du mont Guillaume. — Deux traditions sur son origine. — Histoire de saint Guillaume, abbé de Calme. — Miracle de *la Main angélique*. — La montagne qui domine Embrun prend le nom du berger Saint-Guillaume.

— Pèlerinage de 1857. — Beauté de cette fête. — L'évêque de Gap et le sous-préfet d'Embrun acceptent la dignité de *prieur*. — Pèlerinage de 1858. — l'évêque *prieur* en fait les honneurs. — Rentrée triomphante dans Embrun. — Ce que signifiait la présence de l'évêque de Digne en ce jour. — Souscription pour l'érection d'une chapelle commémorative des pèlerinages de 1857 et de 1858. — Indulgence plénière accordée par le pape Pie IX à ceux qui feront le pèlerinage du mont Guillaume. — Mandement de Monseigneur l'évêque de Gap relatif à ce pèlerinage. — Pèlerinage de 1859.

Parvenus à ce point de notre histoire locale où les événements commencent à se mêler aux souvenirs personnels des hommes de la génération présente, il conviendrait de mettre un terme à cet ouvrage. Cependant, afin d'en compléter le but, qui est de rappeler tout ce qu'il y a de glorieux pour Embrun dans le passé, nous mentionnerons encore quelques hommes remarquables des deux derniers siècles ; ensuite nous noterons les instances vives et réitérées que firent les Embrunais, après le concordat de 1801, pour obtenir le rétablissement de leur archevêché ; et enfin, nous rendant l'interprète de la reconnaissance publique, nous raconterons quelques actions d'un prélat, héritier de nos grands archevêques, et dont toute l'ambition est de rendre à leur illustre Eglise un peu de cet éclat, et de cette majesté que leur présence, leur dignité, leur gloire lui procurèrent pendant une si longue série d'années.

I. Les hommes remarquables nés à Embrun pendant les deux derniers siècles sont : le docteur Giraud, dont nous avons déjà parlé, les deux Comiers, le chanoine Jacques Jacques, le général du génie de la Peyrouse, l'historien Fantin des Odoards, et enfin le baron Anthoine de Saint-Joseph.

Jean Comiers avait tant de réputation pans l'art de guérir, que Louis XIV le nomma son médecin ordinaire. Des jaloux cherchèrent, dit-on, à se débarrasser de lui par le poison. Il vint mourir à Embrun.

Claude Comiers, son frère, devint chanoine de la métropole de Notre-Dame d'Embrun, prévôt du chapitre de Ternan et protonotaire apostolique. C'était un savant de premier ordre. Il enseigna avec distinction les mathématiques à Paris et travailla pendant plusieurs années au journal des savants. Il y publia des articles remarquables ; il fut, en outre, l'auteur de trois ouvrages intitulés : *Nouvelle science des Comètes.* — *Nouvelle instruction pour réunir l'Eglise réformée à l'Eglise romaine.* — *La pratique curieuse ou l'Oracle des Sibylles.* Sur la fin de ses jours, Comiers perdit la vue ; il obtint une place aux Quinze-Vingts ; il y prit le titre d'*Aveugle Royal* et y mourut en 1693.

Le chanoine Jacques Jacques avait une facilité extraordinaire pour les vers facétieux. Il publia en 1666, à Lyon, un poëme burlesque, intitulé : *Le faut mourir, et les excuses inutiles que l'on apporte à cette nécessité, augmentées des excuses d'un cabaretier à la mort.* Il composa encore dans le même genre : *L'ami fidèle et le démon travesti.* Il y a, dans *Le faut mourir* surtout, de l'esprit et de l'imagination, quelquefois du ridicule, souvent les maximes et les préceptes les plus utiles.

Gabriel-Théodore Vallier de la Peyrouse naquit à Embrun le 23 janvier 1734. Il entra fort jeune au service, s'éleva successivement par son mérite jusqu'au grade du général de génie et devint chevalier de Saint-Louis. Sous la terreur, ce vaillant guerrier fut jeté dans les prisons de Gap ; il en sortit après le neuf thermidor, et il se retira dans sa délicieuse demeure de la Robéyère, près d'Embrun, où il donna constamment l'exemple de toutes les vertus. Sa mort arriva en 1803.

L'historien Fantin des Odoards était un fils de la cité Embrunaise comme les précédents. Il était né en 1738. Quand la Révolution éclata, il avait le titre de vicaire général du diocèse d'Embrun, mais il ne paraît pas qu'il en ait jamais exercé les fonctions. Il tomba dans les écarts les plus malheureux, contracta mariage et se lia particulièrement avec Robespierre, Collot d'Herbois, Marat et Chaumette ; il écrivit dans les journaux du temps, et surtout dans les *Annales patriotiques* dont il fut un des premiers rédacteurs. Ses principaux ouvrages sont : *Nouvel abrégé de l'Histoire de France ; Histoire d'Italie ; Louis XV et Louis XVI ;* enfin, *Histoire philosophique de la Révolution*, celui de tous ses livres qui obtint le plus de succès. Fantin des Odoards fut nommé membre de l'Institut ; mais son élection n'obtint pas l'approbation du Gouvernement. Il mourut à Paris le vingt-cinq septembre 1820.

Le baron Anthoine de Saint-Joseph, naquit à Embrun en 1749. La France lui doit le commerce de la mer Noire ; il composa un ouvrage remarquable sur ce sujet. Louis XVI, pour le récompenser de ses services, lui donna des lettres de noblesse. « Marseille, dit Ladoucette,
« conservera précieusement le souvenir
« de l'administration éclairée et paternelle
« de M. de Saint-Joseph, qui, du temps
« de l'empire, devint l'allié des rois. La
« famille et les nombreux amis de cet
« homme de bien l'ont perdu le 21 juillet
« 1826. Il laissa trois fils et deux filles, les
« duchesses de Crès et d'Albuféra (1). »

II. Le concordat de 1801 supprima plusieurs Eglises métropolitaines et cathédrales de France. Dans le nombre se trouva Embrun, dont le diocèse fut réuni à celui

---

(1) Ladoucette. Histoire des Hautes-Alpes, 3e édition, page 227.

de Digne. La fille hérita des dépouilles de la mère. Mais cette mère infortunée, de reine devenue vassale, aurait dû au moins être respectée. Il n'en fut rien. L'opinion se répandit qu'on avait donné à choisir aux Embrunais entre le rétablissement de leur archevêché et la fondation d'une maison centrale de détention, et qu'ils avaient préféré la maison centrale. Calomnie odieuse contre laquelle protestent hautement et les faits et les sentiments de tous les catholiques Embrunais! La maison de détention fut établie par les soins du préfet Ladoucette en 1804, comme un dédommagement à la privation du siége de la préfecture, que l'ancienne capitale des Alpes Maritimes ambitionna longtemps (1). Mais on ne mit jamais en présence les avantages même matériels qui résulteraient, pour la ville, de la création de ce pénitencier, avec ceux que lui procurerait le rétablissement de l'archevêché. L'Eglise d'Embrun ne fut pas consultée quand on la condamna au veu-

(1) Ladoucette. Histoire des Hautes-Alpes, 3ᵉ édition, page 209.

vage, et cet arrêt fut pour elle et pour tous ses enfants, le signal d'une immense douleur, dont l'impression n'est pas encore calmée, même après soixante ans.

Plusieurs fois elle insista avec force auprès du Gouvernement et du souverain pontife Pie VII pour qu'on lui rendît son archevêque, ses chanoines et son antique splendeur. Le pape eut égard autant qu'il le put à ces réclamations si légitimes. Dans la bulle *Commissa divinitùs* du dix août 1817, où fut réglée une nouvelle circonscription des diocèses du royaume de France, il accorda une mention touchante à l'Eglise d'Embrun et, pour que le souvenir de cette métropole illustre et très-ancienne, *pervetustæ et insignis*, ne fût pas entièrement effacé, il déclara que son titre serait joint au siége archiépiscopal d'Aix (1). Puis, à la date du vingt septembre suivant, par l'organe de son secrétaire d'Etat, il fit parvenir aux fidèles Embrunais le témoi-

---

(1) Ac ne alterius pervetustæ et insignis Metropolitanæ sedis Ebredunensis quæ præfatarum Litterarum (dat. 3o cal. x^{bris} MDCCCI) vigore suppressa remanet, memoria penitus obliteretur, ipsius titulum Archiepiscopali Aquensi adjungimus.

gnage de la profonde sensibilité que causaient à son cœur les maux de leur Eglise et l'assurance que l'archevêché leur serait rendu dans des temps plus heureux.

On a bien voulu nous communiquer le texte d'une éloquente supplique que les membres d'une commission, nommée à ce sujet par la ville, adressèrent au pape, quelque temps après ces événements. Dans ce beau plaidoyer, les nobles enfants d'Embrun redisent avec orgueil tous les titres de leur Eglise. Il nous semble y retrouver comme un résumé de notre ouvrage. Un double motif nous porte donc à en reproduire une grande partie.

Après avoir rappelé au souverain pontife qu'il a lui-même préconisé la justice du rétablissement du siége archiépiscopal d'Embrun, dans sa bulle du sixième jour des calendes d'août, et qu'il a bien voulu depuis manifester plus particulièrement ses intentions paternelles et bienfaisantes par l'organe de son ministre d'Etat, les exposants ajoutent : « Votre Sainteté en
« effet savait parfaitement que l'établisse-
« ment du siége d'Embrun remonte aux
« premiers siècles du christianisme. Elle

« n'ignorait pas que ce siége d'abord
« épiscopal, établi en l'an 311, sous le
« règne de Licinius, fut, quelques années
« après, sous le pontificat de saint Eusèbe
« et le règne de Constantin le Grand,
« érigé en siége métropolitain et qu'il eut
« pour suffragants les évêchés de Vence,
« Glandèves, Grasse, Digne et Nice dont
« deux encore sont actuellement con-
« servés, à savoir Digne et Nice.

« Votre Sainteté se rappelait encore
« les priviléges de l'archevêque d'Em-
« brun, qui étaient de n'avoir point de
« primat au-dessus de lui, de ne relever
« que du Saint-Siége, décoré qu'il était
« en outre, des titres de prince d'Em-
« brun, de prince et grand chambellan
« du saint Empire et de comte de plu-
« sieurs cités.

« Les rois de France eurent, de tous
« les temps, une vénération particulière
« pour cette église métropolitaine. Char-
« les VII y établit deux services solen-
« nels en 1477 et 1478 ; Louis XI y éta-
« blit aussi une messe solennelle, qui
« devait se célébrer tous les jours pour
« le roi et pour la famille royale. Depuis

« ce prince, lui et ses successeurs furent
« les premiers chanoines prébendés du
« Chapitre. Il vint à Embrun la vingt-
« unième année de son règne, pour rem-
« plir un vœu, et fut reçu comme cha-
« noine. Henri II et Louis XIII voulurent
« être comptés parmi les chanoines et en
« portèrent l'habit.

« Votre Sainteté se rappelle également
« que cette Eglise d'Embrun, objet de
« nos recommandations, a eu une suite
« non-interrompue de quatre-vingt-huit
« archevêques, parmi lesquels l'un, Jules
« de Médicis, fut élu pour diriger la bar-
« que de saint Pierre, dix autres furent
« revêtus de la pourpre romaine, et treize
« enfin furent inscrits au catalogue des
« saints. »

« La ville d'Embrun, capitale des
« Alpes Maritimes sous les empereurs
« romains, est située au centre du dio-
« cèse : son auguste cathédrale se ressent
« encore de la munificence des rois de
« France dont un grand nombre de pré-
« sents ont pu être furtivement sauvés
« des spoliations et des désastres des
« récentes révolutions. Elle possède tou-

« jours le magnifique palais de ses anciens
« archevêques avec ce jardin délicieux
« qui y est contigu et qui domine sur
« une plaine riante.

« Mais si Votre Sainteté jugeait néces-
« saire, dans sa haute sagesse, de différer
« encore une grâce qu'ils désirent
« avec la plus vive ardeur, les habitants
« d'Embrun osent la supplier très-hum-
« blement et très-instamment de trans-
« férer au moins dans leur ville jusqu'au
« rétablissement de la métropole, le
« siége de l'évêché du département des
« Hautes-Alpes, qui paraît actuellement
« fixé à Gap; car la ville d'Embrun, par
« sa situation, est beaucoup plus propice
« que celle de Gap, puisque de trois
« arrondissements dont se compose le
« département des Hautes-Alpes, celui
« d'Embrun est au centre, et sa ville à
« égale distance de Briançon, qui est au
« nord-est, et de Gap, qui est au nord-
« ouest. Ce qui fit que dans ces derniers
« temps orageux, le siége épiscopal du
« département avait été établi à Embrun
« et non à Gap. » . . . .

Hélas! l'influence de cette dernière cité

avait prévalu dans les conseils du Gouvernement, et le cri des fidèles Embrunais ne put être exaucé. Ils durent renoncer pour longtemps à leurs prétentions; mais ils n'oublièrent pas la promesse du Souverain pontife Pie VII, que leur métropole serait rétablie dans des temps plus heureux; ils aiment à se la rappeler encore aujourd'hui, et, sur la foi de ces paroles prophétiques, à espérer contre l'espérance même.

III. L'Eglise d'Embrun, déshéritée de ses gloires, a trouvé constamment dans les prélats de Digne et de Gap de bienveillants consolateurs de ses maux, et si, un jour, il lui est donné de rouvrir les pages sacrées de ses diptyques, elle ne manquera pas, dans sa reconnaissance, d'y inscrire, à la suite de tant de personnages illustres, les noms si respectables de Monseigneur Miolis, évêque de Digne, de Monseigneur Arbaud, de Monseigneur de la Croix-d'Azolette, de Monseigneur Rossat, et de Monseigneur Jean-Irénée Depéry, évêques de Gap.

Tous ces pontifes ont aimé Embrun. Ils

y ont laissé leur Petit-Séminaire en souvenir de l'ancien collége ; ils l'ont embelli ; ils se sont appliqués à le rendre digne de son fameux devancier ; puis ils sont venus souvent dans l'antique basilique de Notre-Dame d'Embrun, donner encore aux Embrunais le spectacle des pompes pontificales. Le dernier surtout, Monseigneur Jean-Irénée Depéry, si renommé par son amour pour les lettres et par son culte pour la vénérable antiquité, laissera des souvenirs ineffaçables dans son Embrun bien-aimée. Aussi, quoique son épiscopat n'appartienne pas encore à l'Histoire, nous voulons, avant de terminer ce livre, rappeler quelques-unes des bienveillantes démarches que n'a cessé d'inspirer au prélat le désir de faire revivre aux yeux des enfants la gloire de leurs pères, et de sauver de la ruine et de l'abaissement des monuments et des traditions qui devraient être impérissables.

Le dix-huit juin 1852, un violent orage fondit sur la ville d'Embrun. Toutes les cataractes du ciel semblèrent s'ouvrir, comme au temps du déluge, pour inonder la terre, et la foudre, atteignant avec un fracas épouvantable le clocher de la métropole, détruisit en un clin d'œil cette flèche majestueuse dont la hauteur semblait le disputer avec les sommets les plus élevés de nos montagnes.

C'était précisément l'époque où Monseigneur Depéry, devenu l'historien des Saints de son diocèse, publiait la vie du grand archevêque qui, après avoir recueilli le don de l'empereur Charlemagne, jeta les fondements de l'église de Notre-Dame d'Embrun. On y lisait ces lignes si propres à faire apprécier au loin l'importance de cette merveille de l'architecture chrétienne : « Puisse un jour un émule
« des Martin et des Cahier (auteurs de la
« magnifique monographie de l'église de
« Bourges), bravant la crainte exagérée
« qu'inspirent nos montagnes, venir étu-
« dier et *illustrer* la métropole d'Embrun!
« Quoique veuve et pauvre aujourd'hui,
« douairière des siècles et de l'art, elle
« est digne encore du regard des artistes
« et des savants. Pour nous, c'est la joie
« de notre cœur de voir ce monument
« encore debout après tant de siècles et
« tant de démolisseurs qui ont passé à ses

« pieds; de savoir à la libéralité de qui
« nous en sommes redevables, et quel
« est le pontife saint qui a reçu, au nom
« de nos ancêtres, le legs pieux à l'aide
« duquel fut élevé cet édifice, l'ornement
« et l'orgueil de notre pays (1). »

Une immense douleur saisit le cœur du pontife en apprenant le désastre du dix-huit juin. Mais, ne se bornant pas à exercer des regrets stériles, il se mit avec une généreuse ardeur à seconder les instances de la population Embrunaise et de son honorable municipalité, pour obtenir la restauration de la célèbre église. L'Empereur et ses ministres savent à quelles nobles importunités l'évêque de Gap n'a cessé de recourir auprès d'eux pour les déterminer à se rendre à des désirs si légitimes. Huit ans de patience et d'efforts ont enfin été couronnés de succès. A l'heure même où nous mettons sous presse ce dernier chapitre de notre *Essai historique*, le marteau et le ciseau de l'ouvrier se préparent pour tailler la pierre qui va servir à cette reconstruction

(1) Histoire Hagiol. du diocèse de Gap, pag. 431.

tant attendue; et bientôt la vieille Notre-Dame d'Embrun, débarrassée de sa poussière et rajeunie, sera digne d'offrir encore un trône à son archevêque, s'il plaisait au Gouvernement de le lui rendre, maintenant que l'annexion de la ville de Nice à la France rappelle invinciblement qu'autrefois Embrun était la métropole de cette illustre cité, et que la suppression de son archevêché n'a jamais été que temporaire dans le vœu de l'auguste pontife Pie VII, qui ne put y consentir que contre le gré de son cœur.

La pensée dominante de Monseigneur Depéry, en entourant la ville d'Embrun et son église d'une sollicitude toute spéciale, a été non-seulement de faire revivre dans sa gloire matérielle cet ancien temple autrefois si célèbre, mais encore de ressusciter la mémoire des grands hommes dont s'honore le pays, et des grandes choses qui sont survenues dans son sein pendant les siècles passés; sa pensée, en un mot, a été d'indiquer aux explorations des amis de la patrie Embrunaise la mine féconde et presque encore inconnue de nos annales. Donnant lui-même l'exemple de ces sortes de recherches, il consacra d'abord ses veilles à la composition de l'histoire Hagiologique du diocèse : monument remarquable de piété et de savoir qui, encore qu'il soit consacré principalement à raconter les actes de vertu des Saints des deux Eglises de Gap et d'Embrun, n'en renferme pas moins l'histoire politique et militaire de cette partie du Dauphiné et de la haute Provence, depuis le premier siècle de notre ère jusqu'au treizième. Quelques années plus tard, il créa sous le nom d'*Académie flosalpine*, une Société scientifique et littéraire, ayant son siége à Embrun, et pour objet principal, outre ce qui entre ordinairement dans le domaine des associations de ce genre, d'étudier plus particulièrement les merveilles de la nature dans nos Alpes, et surtout de fouiller dans les époques les plus obscures du passé, pour parvenir à former d'une manière complète cette histoire de ceux qui sont nos pères et dont il est si intéressant de connaître les vicissitudes et les grandeurs.

Sous l'impulsion du savant prélat, la jeune Société à qui il avait donné pour symbole un oranger chargé de fleurs et de fruits, avec ces devises : *Flores et fructus, In scientia et virtute*, réalisait déjà au bout de quelques mois toutes les espérances et voyait « pousser sur sa tige « robuste des fruits que peuvent lui en- « vier les académies de province les plus « anciennes et les plus renommées (1). » Ainsi, dans sa première séance annuelle du 12 juillet 1859, elle put offrir à l'histoire des Alpes plusieurs mémoires importants, dont quelques-uns causèrent une vive sensation et méritèrent les éloges des hommes les plus considérables et de Son Excellence le ministre de l'instruction publique (2). Peu de temps après, un de ses membres

---

(1) A. Fabre. Une séance académique à Embrun, pag. 11.

(2) 1º *Mémoire sur l'étymologie celtique des noms de montagnes, de rivières et de localités dans les Hautes-Alpes*, par M. l'abbé Chabrand, vicaire général, archidiacre d'Embrun.

2º *Conjectures sur les voies romaines dans la partie de la Gaule correspondant au département des Hautes-Alpes*, par M. l'abbé Vallon, curé de Méreuil;

3º *Dissertation concernant les peuples inscrits sur l'arc triomphal de Suze, et dépendants du roi Cottius*, par M. l'abbé Templier, aumônier de l'Ecole normale de Gap;

les plus distingués (1) dédia au vénérable fondateur ce travail dont nous avons déjà parlé, œuvre vraiment consciencieuse et savante, qui retrace avec tant d'intérêt les nombreux pèlerinages des rois de France à la Vierge du Réal. Enfin notre livre lui-même, quels que soient d'ailleurs ses défauts et son peu de valeur, fut composé aussi dans le dessein de fournir une modeste pierre au grand édifice historique qu'il s'agit d'élever à la gloire de nos ancêtres et de notre cité.

Cependant à toutes ces preuves d'ardente sympathie pour la ville métropolitaine, Monseigneur Depéry voulut en ajouter une autre plus éclatante, plus populaire, vraiment digne d'exciter l'admiration et de toucher les cœurs. Nous

---

4° *Notice historique sur les couvents de Durbon et Berthaud, diocèse de Gap*, par M. Charronnet, archiviste du département des Hautes-Alpes;

5° *Notice sur l'Eglise de Notre-Dame d'Embrun*, par M. l'abbé Pron.

(1) *Recherches historiques sur le pèlerinage des rois de France à Notre-Dame d'Embrun*, par M. Adolphe Fabre, Président du tribunal civil d'Embrun. Avec cette dédicace : *A Monseigneur Jean-Irénée Depéry, évêque de Gap. Hommage respectueux et reconnaissant.*

voulons parler de ce rude pèlerinage au sommet du mont Guillaume, trois fois accompli par le courageux prélat, pour s'associer à une dévotion bien chère à tous les cœurs Embrunais.

Embrun est bâtie au pied d'une montagne majestueuse appelée *Mont Guillaume.* Une tradition peu probable veut qu'un paladin de Charlemagne se soit retiré sur ce sommet pour y faire pénitence. Ce qu'il y a de constant, c'est qu'au 12e siècle, un simple berger vécut et mourut comme un saint, dans les environs de ces lieux. Les Embrunais se mirent à vénérer en lui le protecteur de leurs troupeaux. Ils construisirent une chapelle en son honneur, sur le rocher qui les domine et sur les flancs duquel ce berger, nommé Guillaume, avait souvent conduit les moutons de ses maîtres. Voici sa légende :

Le pâtre Guillaume était venu au monde avec une seule main; il était natif d'Eygliers. Comme il montrait les plus admirables dispositions pour la vertu, les moines du monastère de Calme, situé au-dessus du confluent de la Durance et du Guil, le reçurent chez eux et lui confiè-

rent la garde de leurs troupeaux. Il les menait paître sur les hauteurs appelées *Alpes* ou *Alpages* qui appartenaient au riche monastère. La montagne qui est au-dessus d'Embrun faisait encore partie de ces possessions et Guillaume y gardait souvent. « Simple comme ses agneaux,
« dit Monseigneur Depéry, il recomman-
« dait à Dieu d'en prendre soin, et, ainsi
« qu'à Jacob, tout lui prospérait ; aussi
« ses maîtres, frappés d'étonnement, at-
« tachaient-ils le plus grand prix à le
« conserver à leur service (1). »

Or, un jour il se présenta devant l'abbé et l'invita de la part d'un ange qui lui avait apparu, à quitter le monastère avec tous ses religieux, parce que la Durance allait déborder et ravager la plaine. Par deux fois, l'abbé crut que le pauvre pâtre était l'objet d'une illusion et il le renvoya sans tenir compte de ses avertissements. Alors Guillaume se montra une troisième fois avec une preuve manifeste de sa mission extraordinaire. L'ange lui avait donné la main qui lui manquait. A la vue

(1) Histoire Hagiologique du dioc. de Gap, pag. 506.

de ce prodige, l'abbé ne pouvant plus douter, se hâta de se retirer avec tous ses moines dans le lieu que le pâtre avait indiqué, au pied du roc du Bouchet, aujourd'hui Mont-Dauphin. Ils y construisirent un nouveau monastère et, à l'époque annoncée, une terrible inondation de la Durance envahit celui qu'ils avaient abandonné, l'emporta et transforma la plaine verdoyante en un sol aride et pierreux.

Le berger Guillaume fut ensuite admis au nombre des moines de l'abbaye d'Oulx, de laquelle dépendait le monastère de Calme. Il se livra avec ardeur à l'étude, il devint prêtre, et bientôt après, il fut nommé prieur de cette même communauté de Calme à laquelle se rattachaient pour lui tant de souvenirs, depuis le jour où il avait été recueilli par les bons religieux en qualité de pâtre jusqu'à celui où, devenu l'objet du plus surprenant miracle, il les avait merveilleusement préservés. Il mourut en grande réputation de sainteté au milieu de ses anciens protecteurs devenus ses enfants et ses frères. Le lendemain de ses funérailles, ils virent, en sortant de leur chapelle, une main s'élever au-dessus de son tombeau; c'était sa main droite, celle donnée à saint Guillaume par l'ange. Les moines se contentèrent de la recouvrir. Le jour suivant, le même prodige eut lieu; ils recouvrirent la main comme la première fois. Le troisième jour, le miracle se reproduisit. Alors l'archevêque d'Embrun, consulté, ordonna aux religieux de couper la main, de la conserver et de la transmettre à leurs successeurs comme une sainte et précieuse relique.

Cette *main angélique* est encore vénérée aujourd'hui dans l'église de la paroisse d'Eygliers, et transportée, chaque année, le lundi de Pâques, dans la chapelle de Saint-Guillaume, sous le roc de Mont-Dauphin. Le sévère Charles Brulart de Genlis, prélat peu suspect de crédulité, en reconnut la parfaite authenticité au dix-septième siècle. De nos jours, Monseigneur Jean-Irénée Depéry, qui semble justement suscité de Dieu pour donner plus d'éclat à la gloire de saint Guillaume, a d'abord rendu de nouveau à la dévotion des peuples la main miraculeuse et restauré avec un goût exquis la chapelle sous Mont-Dauphin; puis sont venues de sa part ces manifestations touchantes de 1857, 1858, 1859 qui méritent d'être fidèlement consignées dans les annales et dans les cœurs des Embrunais.

Après la mort du saint berger de Calme, les habitants d'Embrun avaient donc donné son nom à leur montagne et construit sur ce sommet gigantesque qui s'élève à deux mille cinq cents mètres au-dessus du niveau de la mer, une chapelle en son honneur. C'était l'usage, de temps immémorial, que, chaque année, au deuxième dimanche de juillet, une caravane intrépide partait d'Embrun et faisait l'ascension du mont Guillaume. On y accomplissait des cérémonies vénérables et traditionnelles pour obtenir du Saint qu'il étende toujours un regard protecteur sur la ville, et que les eaux du lac voisin, compagnon solitaire de sa chapelle, s'infiltrant dans les veines de la montagne, viennent sans cesse alimenter nos fontaines et nos canaux, nous donner dans la soif, l'onde pure et limpide qui nous désaltère, et procurer à nos prairies et à nos champs la fraîcheur qui les féconde (1). Le soir, une procession pompeuse et reconnaissante venait toujours au-devant de ceux qu'elle regardait comme ses ambassadeurs, et elle les ramenait en triomphe dans Embrun jusqu'au pied des autels de Notre-Dame. Pendant quarante ans consécutifs, le courageux curé de la paroisse (2) s'était mis lui-même à la tête de la députation envoyée par son peuple vers le bienheureux pâtre. Mais, en 1857, on apprit tout à coup que le premier pasteur du diocèse, l'éminent Monseigneur Depéry, voulait aussi se joindre à la troupe des pèlerins, et aller présider, sur ce rocher où l'on est tout près du ciel, les hymnes et les supplications à saint Guillaume.

L'enthousiasme fut grand dans Embrun: des vieillards, des femmes délicates, de débiles enfants, les premiers fonctionnaires de l'arrondissement et de la cité voulurent faire le pèlerinage à la suite du prélat. Il ne resta peut-être pas une seule

(1) Voir les oraisons qui se récitent sur la montagne.

(2) M. l'abbé Rossignol, chanoine honoraire, chevalier de la Légion d'honneur.

famille qui ne fût représentée par un de ses membres dans cette sainte et glorieuse ambassade. Jamais peut-être, dans leurs siècles de foi, nos pères ne contemplèrent ce que nous voyions en ce jour : un illustre et vénérable pontife daignant se joindre lui-même au pieux cortége des pèlerins de la montagne, et ne craignant pas, malgré son âge et les aspérités de la route, d'aller rehausser par sa présence la beauté et la poésie de ces solennités du désert, si supérieures aux vains spectacles que les hommes offrent aux yeux dans les cités tumultueuses. Jamais les archevêques d'Embrun n'avaient songé à accompagner leurs ouailles sur ces hauteurs de si difficile abord du mont Guillaume, d'où leur regard aurait pu s'étendre non-seulement sur la plupart des paroisses de leur diocèse, mais sur toutes les chaînes des montagnes voisines et sur un grand nombre de localités des diocèses environnants.

Les Embrunais reconnaissants nommèrent *Prieurs*, l'évêque et le sous-préfet (1),

---

(1) M. Eugène Millard, chevalier de saint Grégoire le Grand, aujourd'hui secrétaire général de la Préfecture du département de l'Isère.

et le soir, quand ils eurent fait au prélat la plus triomphante entrée dans leur ville, et qu'ils l'eurent reconduit au milieu des acclamations jusqu'à sa résidence, le maire d'Embrun (1), ce courtois gentilhomme à qui revenait la gloire d'avoir ordonné avec la délicatesse et le tact le plus parfait la fête de ce jour, put emporter avec bonheur cette dernière parole du pontife, que la cité de saint Marcellin serait désormais dans son amour à l'égal de la ville épiscopale, et que l'alliance était indissoluble entre ses bons habitants et l'évêque de Gap.

L'année suivante (1858), l'évêque, en qualité de *Prieur*, était obligé de tenter encore le pénible pèlerinage et d'en faire lui-même les honneurs à la religieuse population d'Embrun et des autres lieux. Il n'y manqua pas. De leur côté, les Embrunais ne faillirent point à la reconnaissance et à l'enthousiasme. Il se passa sur la montagne des scènes ineffables où les attentions réciproques du père pour ses enfants et des enfants pour leur père, rem-

(1) M. Laforgue de Bellegarde, ancien représentant du peuple.

plissaient tous les cœurs d'une irrésistible émotion. Puis, comme si ce deuxième pèlerinage eût mérité un triomphe plus pompeux encore que le premier, la procession du soir, celle qui vient au-devant des pèlerins, se trouva présidée aussi par un évêque. Rien ne fut beau et majestueux comme cette rentrée des deux prélats portant crosse et mitre, dans la ville d'Embrun, comme cette véritable ovation religieuse dont les pays de foi et d'enthousiasme seuls savent offrir l'admirable spectacle. Et si, au milieu de toutes ces pompes, quelques-uns voulaient savoir ce que signifiait en ce jour la réunion d'un évêque étranger à l'évêque de Gap dans la cité veuve, hélas! depuis tant d'années, de ses archevêques et de ses princes, voici la réponse qui leur était faite : C'est le pieux évêque de Digne (1) venu dans nos murs pour vénérer sur les débris de nos anciennes gloires, la mémoire du premier archevêque d'Embrun, saint Marcellin, qui envoya ses disciples saint Domnin et saint Vincent fonder son Eglise de Digne. C'est

(1) Monseigneur Julien Meirieu.

la fille qui vient au-devant de la mère. Ce sont deux Églises émues qui s'embrassent d'un baiser d'amour dans la personne de leurs pontifes, parmi ces souvenirs sacrés qui leur sont également précieux.

Les Embrunais ne voulurent pas borner à une pompe éphémère l'expression de leurs sentiments de gratitude envers le prélat qui avait glorifié l'antique pèlerinage de saint Guillaume. Pour perpétuer le souvenir des deux ascensions de 1857 et de 1858, ils s'empressèrent de bâtir une chapelle monumentale dans le vallon des Seyères, dans cette gracieuse oasis qui sert de halte aux pèlerins avant de gravir le rude sommet du mont.

Cette chapelle terminée, l'évêque de Gap voulut la bénir lui-même. Il prit donc une troisième fois son bâton de pèlerin, et se disposa à gravir encore les pentes escarpées du mont Guillaume, désireux de gagner, le premier, la grande Indulgence que, sur son humble requête, le souverain pontife Pie IX, par un bref du 11 mars 1859, venait d'attacher à l'accomplissement d'une ascension si méritoire.

Une lettre pastorale du saint évêque

annonça ces faveurs à ses chers Embrunais. Dans chaque famille on se disputa les exemplaires de cette belle épître où l'élévation des pensées, l'émotion du cœur et les grâces de la poésie se manifestaient à toutes les lignes (1). Puis, le jour indiqué pour le troisième pèlerinage étant venu, ce fut de la part des Embrunais, sur la montagne, le même empressement, la même allégresse, le même enthousiasme, et au retour, la même pompe triomphale que les années précédentes.

Nous ne décrirons pas cette fête. Mais une de ses particularités mérite d'être mentionnée. On était alors au moment de cette guerre d'Italie, qui fut si glorieuse pour la France. De nombreux pèlerins assurèrent au prélat que, peu de jours auparavant, les détonations d'une lointaine canonnade s'étaient fait entendre jusque sur les hauteurs du mont Guillaume, et avaient annoncé, avant le télégraphe électrique, à toute la vallée, l'immortelle bataille qui, sous le nom de Magenta, venait d'être ajoutée à nos

---

(1) Voir aux Pièces justificatives cette lettre pastorale et le Bref du Pape Pie IX, n° XXII.

fastes. Transportés d'un élan de patriotisme et de reconnaissance, l'évêque et son peuple entonnèrent un solennel *Te Deum*. Hymne d'action de grâces au Dieu des armées, toujours émouvant en quelque lieu qu'on le chante, mais qui empruntait en ce jour-là, dans une telle circonstance et sur un tel sommet, un caractère indéfinissable de grandeur et de majesté; car peut-être, comme le faisait remarquer le pontife, le *Te Deum*, pour remercier Dieu à la suite d'une victoire, n'avait jamais été chanté aussi près du ciel !

Et celui qui aurait voulu être un historien moins indigne du glorieux passé de la noble ville d'Embrun, a terminé là son récit, heureux de pouvoir au moins, après avoir raconté tant de ruines, s'arrêter à une fête et en des jours où, par une illusion facile, on se croirait presque ramené aux brillantes splendeurs des anciens temps.

PIÈCES JUSTIFICATIVES.

N° I.

Donation faite par Bertrand, Comte de Forcalquier, en faveur du monastère de Saint-Michel de la Couche.

Novimus, Sacra perdocente Scriptura, quod si quis de rebus temporalibus Sanctorum loca ditaverit, et eos qui ejusdem divina perficiunt sacramenta terrenis stipendiis sustentaverit, in futuro sæculo Dominum nostrum Jesum Christum remuneratorem habebit : Ideo Ego Bertrandus Comes Fontiscalcarii et Montisfortis et Ebredunensii, et Gauffredus et Guillelmus fratres mei, cum consilio matris nostræ Dominæ Alaijris Comitissæ Diensis, ut ipse Dominus nobis in præsenti sæculo et in futuro misericordiam præstare dignetur, Donamus Deo et sancto Michaeli Archangelo qui est præpositus Paradisi, sive ad monasterium quod dicitur Clusa, quod

1027, 5 novemb.

situm est infra marcam Italiæ; ubi Benedictus Abbas præesse videtur, aliquid de hæreditate nostra quæ nobis pertinet, quæ est in Comitatu nostro Ebredunesii in loco quem nominant *Villare Meyffredo*, et de superiore fronte Ecclesias de Sancto Dionysio et de Sancto Gallo, et habent fines vel terminationes desuper, montem quem nominant *Chabrieres* et de ipso monte exit fons, rivulus, torrens qui vadit ad radicem de *Culca* (*la Couche*), et vadit ad fluvium Druentiæ, et de alio latere pervenit ad *Casset*, et vadit per rivam *Claretum* et per Malafossam usque ad fluvium Druentiæ, quantum infra illos fines vel terminationes concludit totum, et ad integrum omnes homines et omnem jurisdictionem donamus Deo et Sancto Michaeli Archangelo, et ad ipsum monasterium superius nominatum cum consilio Ebredunesii Archiepiscopi Rado qui hanc donationem laudavit et Ecclesias supra nominatas donavit cum decimis et suis appendiciis. Et quia Dominus Abbas me recipit in suis et fratrum suorum orationibus promitto ei consilium, auxilium et adjutorium monasterio et favorem; et pono loca supra nominata in speciali gardia nostra. Nolumus autem quod Jacobus Prior de Culca nec homines superius nominati teneantur respondere de cætero Ballivo et Curiæ nostræ de Caturicis. Inhibemus autem fratribus nostris et Baronibus et Officialibus nostris qui modo sunt te pro tempore erunt, sub pœna L librarum auri fini, de cætero in dictis locis vel in eorum mandamentis ullas offensiones faciant. Si quis autem hanc donationem temporibus futuris inquietare voluerit, componat de auro optimo libras XX ad ipsum monasterium Clusæ, et insuper sit æterna maledictione damnatus et excommunicatus et à consortio Sanctorum sit ejectus, et cum Dathan et Abiron et Juda traditore sit mersus in infernum. Et ut hæc eadem donatio maneat inconcussa, de isto dono et laudatione sunt testes Astorgius et Gauffredus Episc. Vapinc. et Nicens. et Domnus Benedictus abbas Clusen., Dromandus et Anthemius canonici sancti Marcellini Ebredun., Gauffredus Comes, Isoardus Vicecomes, Petrus ejus filius, Gaudemarius de Rosano, Ricandus de Monte amato (ou *Manteyerio*), Bertrandus de Sigoerio et ejus filius, Adelelmus et Isoardus de Cordunella, Rodulphus Broque, Pontius Castellanus, Gaudemarius et Rostagnus de Galgage. Facta carta de donatione seu laudatione in ecclesia de Culca coram altari Sancti Michaelis non. novemb. anno D^{ni} MXXVII, Indict. XI^a, regnante Rodulpho Rege in Gallia : Signum D^{ni} Radonis Archiep. Ebredun. †. Signum D^{ni} Bertrandi Comitis †. Ego Petrus presbyter notarius de Cordunella de voluntate D^{ni} archiep. et D^{ni} Bertrandi Comitis hanc cartam scripsi et præsens fui, et signavi †.

N° II.

Bulle du pape Victor II à l'archevêque Viminien.

1057,
7 juillet.

Victor Episcopus, servus servorum Dei, dilecto confratri, et Coëpiscopo Winnimanno, et per eum sanctæ Ebredunensis ecclesiæ in successoribus suis canonice providendis in perpetuum.

Sanctæ Romanæ, et apostolicæ Sedis apicem ideo super gentes, et super regna in Principe Apostolorum suorum Petro constituit universitatis dominus, ut evellat, et destruat, plantet, atque ædificet in nomine ipsius. Siquidem donec sancta eius ecclesia in toto terrarum orbe diffusa temporalitatis mutabilitati subiacebit, variis, et continuis defectuum, et profectuum suorum vicissitudinibus, velut luna suis menstruis alternabitur, ut sine intermissione deprehendatur in ea quod industrius hortulanus debeat evellere, vel plantare, et quod sapiens architectus destruere, vel aedificare. Unde nos, nullo nostro merito, sed solo divinitatis nutu in sanctæ, et universalis ecclesiæ specula præcellentes, et varios eius successus prospectantes, inter alia ipsius discrimina animadvertentes, Ebredunensem ecclesiam, primo quidem incursione, et pervasione Saracenorum, secundo autem receptione, et possessione transfugarum, et indisciplinatorum, deinde longa oppressione pastorum suorum, immo mercenariorum, et quod peius est, simoniaca hæresi, et mutua occisione debacchantum prostratam miserabiliter, et corruptam, quondam religione, et opibus mirabiliter ornatam, et integram. Cuius omnimodæ desolationi, et defectioni præcordialiter compatientes, te karissime frater, et Coëpiscope Winnimanne præfatæ ecclesiæ Archiepiscopum et Rectorem, pro vitæ merito, et sapientiæ doctrina ordinavimus, et consecravimus secundum electionem cleri, et populi, ad petitionem quoque religiosorum Principum, et ad suggestionem venerabilium Primatum adiacentium provinciarum, quorum unanimis sententia extitit, ut, si Ebredunensis ecclesiæ recuperatio aliqua quæreretur, ab illa matre, scilicet ecclesia Romana, quæ prius illo B. Marcellinum prædicatorem, et Pontificem direxerat, prædicator, et Pontifex reposceretur. Itaque, secundum quod tua devotio postulavit sibi privilegium nostræ apostolicæ auctoritatis ad corroborationem sui archiepiscopatus in rudi, et indisciplinata, et ecclesiæ vix nomen ipsum nudum pene retinente, et parietinas suas iam demonstrante, inclinati precibus tuis, de præsentis anni decima indictione hac nostra decretali pagina concedimus, et confirmamus tibi Ebredunensem diocesim in integro, et ad archiepiscopalem sedem, basilicam Dominæ nostræ Dei Genitricis, semperque Virginis Mariæ principalem cum omni sua antiqua, et iusta pertinentia in baptismatibus, ecclesiæ cappellis, monasteriis, cimiteriis, possessionibus, villis, castellis, agris, pascuis, vineis, sylvis, aquis, aquarumque decursibus, piscariis, domibus, mancipiis, colonis, portuliis, et cum omnibus omnino rebus mobilibus, et immobilibus, vel per se moventibus, sibi iuste pertinentibus, tam eas, quas modo legitime, et legaliter .possides, quam illas, quas deinceps collatione fidelium, seu reductione, vel emptione, aut qualibet ratione acquiri poterit. Confirmamus quoque tibi omnium ecclesiarum totius tuæ diocecis, decimas, primitias, et oblationes tam vivorum, quam defunctorum, indicia clericorum, et cuncta ecclesiastica officia, ut ex dispositione tua secundum canonicam sanctionem pendeant. Pariter quoque suffraganeorum tuorum omnium consecrationem, debitam subiectionem, et reverentiam, seu obedientiam, necnon ad concilium agendum convocationem, et auctoritatem, secundum omne ius, quod Metropolitanis sui suffraganei canonice debent; salva in omnibus sanctæ Romanæ, et apostolicæ Sedis, ut dignum est, auctoritate. Præterea hiusmodi nostri privilegii tenore concedimus, et confirmamus tibi usum sacri pallii secundum antiquam consuetudinem prædecessorum tuorum, qua consueverunt eo uti in subscriptis solemnitatibus iuxta privilegia nostrorum antecessorum illis indulta antiquitus; scilicet in die sancto Paschæ, in die Ascensionis Domini, in die sancto Pentecostes, in Nativitate Domini nostri Iesu Christi, in Epiphania Domini, in Cœna Domini, in Assumptione B. Mariæ semper Virginis, in natalitiis omnium Apostolorum, in festo omnium Sanctorum, immo in festivitate S. Marcellini præfatæ civitatis Ebredunensis Archiepiscopi, in dedicatione principalis basilicæ B. Mariæ semper Virginis, in consecratione Episcoporum, in ordinationibus quoque sacris Presbiterorum, et Diaconorum, sabbatis ieiuniorum, et quatuor temporum, et in consecrationibus novarum, et principalium basilicarum. Quin etiam ad supplementum beneficientiæ apostolicæ, atque archiepiscopalis insigne crucis dominicae vexillum, ubicumque iveris in parochia tua, et in parochiis suffraganeorum tuorum concedimus, et sancimus apostolicæ auctoritatis privilegio baiulari ante te. Porro pallio sacro ita te uti volumus, ut diligenter, atque vigilanter perpendas quid tuæ fraternitati innuat agendum usus illius; scilicet inter alia ut carnem tuam crucifigendo cum vitiis, et concupiscentiis stigmata Iesu Christi, cum Paulo Apostolo in corpore tuo portes, et semper mortificationem illius in pectore, et scapulis circumferas, non ad aliquid ostentationis tuæ, et singularis excellentiæ iudicium, sed ad demonstrandum causam commemorationis, et imitationis ovibus tibi commissis Salvatoris nostri venerabile signum, qui ineffabili pietate ovem centesimam in humeris suis reportavit. Demum igitur omnibus suprascriptis apostolicæ Sedis auctoritate per has nostras interdicimus, ne temere obviet, aut contradicat aliquis. Si quis autem, quod non optamus, nefario ausu præsumpserit huic nostro decreto in aliquo contraire, vel refragari, sive sit ecclesiasticus, clericus, aut laicus, servus, aut liber, magna, vel parva persona, sciat se anathematis vinculo innodatum, et cum diabolo eiusque atrocissimis ministris, atque cum Iuda proditore, nisi forte prius resipuerit, æternæ gehennæ suppliciis deputandum. At vero quisquis pio intuitu observator in omnibus extiterit huius nostri apostolici constituti, benedictionis gratiam a misericordiosissimo Domino nostro multipliciter consequatur, et vitæ æternæ possessor efficiatur. Amen.

Suit, avant la conclusion de la bulle, 1° l'élection de Viminien par le clergé et par le peuple d'Embrun, et la confirmation de cette élection par Guillaume Bertrand, comte de Forcalquier, et Geoffroy ou Pontius, comte de Die, frère du précédent; 2° le nom de la ville métropolitaine et de ses cités suffragantes. Mais quelques-unes d'entre elles n'étaient plus évêché en 1057 : Ainsi Castellane et Riez, si ce sont ces noms qu'il faut entendre, avec Honoré Bouche, par *civitas Solingensium*, *civitas Rigomagensium*. Ainsi encore Cemelle, ville romaine, qui fut ruinée dans le VIe siècle par les Goths et par les Vandales et dont le siége épiscopal fut transféré à Nice. Quant à Antibes, *civitas Antipolitana*, elle avait encore son évêque au onzième siècle.

Le pape Innocent IV transporta, dit-on, ce siége à Grasse, en 1249 ou 1250, à cause du mauvais air et des courses continuelles des pirates qui ne laissaient pas le prélat en sûreté à Antibes. On se demande pourquoi la bulle de Victor II donne une description de la province ecclésiastique d'Embrun, non conforme à son état réel en 1057, mais à ce qu'elle était dans des temps bien plus reculés. Selon Honoré Bouche, les secrétaires pontificaux n'étaient peut-être pas bien au courant des diocèses qui dépendaient de la métropole d'Embrun; ils auraient pris l'ancien dénombrement de la notice séculière faite sous l'empire romain, sans se mettre en peine de vérifier s'il n'était pas survenu depuis quelque changement dans la circonscription ou dans le nom des diocèses. Les savants éditeurs du *Monumenta Patriæ* pensent que cette description ainsi que l'élection et la confirmation de Viminien ne se trouvaient pas dans l'original de la bulle. L'une et l'autre de ces pièces auraient été ajoutées dans une copie de la dite bulle, faite par l'archevêque Jacques Gélu, vers l'an 1430. Les voici toutes les deux :

Antiqua auctoritate sanctorum prædecessorum nostrorum clerus, et populus Ebredunensis eligimus, laudamus, et corroboramus Vinnimannum Archiepiscopum in sede archiepiscopali Ebredunensi, præcipiente Summo Pontifice, et universali PP. Victore, confirmante Willelmo Bertrando, et Gaufredo, seu Pontio Diensi Comite, ita ut præsideat, et regat omnes ecclesias supradictæ civitatis, sicut scriptum est in privilegio, quod dominus Papa Victor illius conservator auctoritate Romana sibi contulit, cum decimis, et primitiis, sicut expedit Archiepiscopo tenere, et disponere. Si quis autem hoc decretum infregerit, nisi ad satisfactionem venerit, sciat se damnatum, et anathematizatum. Fiat, fiat. Amen.

   Civitas Ebredunensis metropolis.
   Civitas Dinensium.
   Civitas Rigomagensium.
   Civitas Solingensium.
   Civitas Saniasiensium.
   Civitas Glanatena.
   Civitas Semelenensium.
   Civitas Venciensium.
   Civitas Antipolis.

Datum Ast. non. Iulii per manus Arabelli Diaconi, anno tertio pontificatus domini Papæ Victoris II, indictione decima. Humbertus dictus Cardinalis sanctæ ecclesiæ Silvæ candidæ.

   Fridericus Cardinalis S. Crisogoni.
   Arnaldus Aretinus Episcopus.
   Giraldus Florentinus Episcopus.
   Ludovicus Nucerinus Episcopus.
   Grimannus Castellensis Episcopus.
   Litgrinus Populiensis Episcopus.
   Joannes Senensis Episcopus.
   Gregorius Vercellensis Episcopus.
   Cunibertus Torinensis Episcopus,

Vido Egobinensis Episcopus, cum quibus
Witerensis Episcopus.
Fesulanus Episcopus.
Pisanus Episcopus.
Pistoriensis Episcopus.

Omnes ii interfuerunt, et corroboraverunt hæc suprascripta. Deo gratias, amen.

N° II bis.

Cession faite par l'archevêque Vimiuien à l'abbaye de St-Barnard de Romans (Charte extraite du cartulaire de St-Barnard, publié par M. Giraud de la Drôme).

Convenientia inter Leudegarium archiepiscopum Viennensem et Guinimannum Ebredunensem, de obedientia sua.

Ego in Dei nomine Guinimannus, sancte Ebredunensis ecclesie archiepiscopus, sed Sancti Barnardi alumpnus et canonicus, notum esse volo omnibus futuris et presentibus, qualiter ego et Leudegarius Viennensis archiepiscopus, Romane abbatie Sancti Petri et Sancti Barnardi similiter nutritus atque prepositus, de obedientia mea que est in abbatia, cum aliis canonicis fratribus nostris convenimus. Videns ergo illum locum valde amari Romanis pontificibus, et precipue,

1060, 16 août.

precepto sancte recordationis pape Victoris, mei ordinatoris, reddo in communia fratrum predictorum quicquid predecessores mei Isnardus, Rollannus et VVillelmus, ejusdem ecclesie canonici, quicquid qualicunque modo de eadem ecclesia habuerunt, ut a modo, et deinceps, in potestate et dominio sit in mensa fratrum. Nullaque potestas secularis vel ecclesiastica de supradicta mensa fratrum abstrahere nullo modo possit, sed semper ipsa possessio et census terre ut servitium fratribus jam dictis prelibatum est, deserviant. De domo autem mea, convenientiam illam mihi reservo quam predictus archiepiscopus Leudegarius mihi et aliis canonicis privilegii auctoritate concessit, et sanctus Leo papa confirmavit. Si autem aliqua persona secularis vel ecclesiastica, quod non credimus, extiterit, qui hanc nostram largitionem restitutionis turbaverit, aut de mensa fratrum abstraxerit, Dei omnipotentis Patris et Filii et Spiritus Sancti ac Apostolorum principis Petri et sancti Barnardi maledictionibus feriatur, et ab eis et a nobis excommunicatus, non habeat partem in regno Dei, nisi penituerit, et quod male cepit dimiserit, et ad absolutionem fratrum venerit. Ego Vinimannus archiepiscopus jussi scribere, et manu propria firmo. Ego Leudegarius archiepiscopus ditavi et confirmavi. Data per manus Poncii, ad vicem Domini cancellarii, Romanis, XVII K. septembris, feria IIII, luna XV, domino Nicolao II papa, anno millesimo LX.

Nº III.

Bulle d'or de l'Empereur Conrad II (III) à l'archevêque Guillaume de Champsaur.

Bulla Conradi II (III). Imperatoris quâ concedit Regalia, Monetam, pedaticum in toto Ebredunesio Archiep. Ebredunensi.

In nomine sanctæ et individuæ Trinitatis, Conradus Dei gratiâ Romanorum Rex secundus, Willelmo Urbis Ebredunensis Archiepiscopo ejusque civitatis Clero et populo gratiam suam et bonam voluntatem. Antiqua Regni consuetudo et celebris, et Imperatorum instituta Regum Romanorum discretionem sollicitant quatenùs Ecclesiarum utilitatibus studeant providere, Clericos deffendere, bona illorum ad laudem et gloriam nominis Christi illibata observare; et ne aliquâ impiorum tyrannide affligantur, maximè operam dare; si qua etiam eisdem damna truculenter inferantur, piè et misericorditer reformando, eadem resarcire. Imperialia itaque decreta non deserentes, antecessorum nostrorum clementiam imitando, tibi, venerabilis prætaxatæ urbis Willelme Archiepiscope, et per te Ecclesiæ tuæ, et successoribus tuis Ebredunensis urbis et totius Episcopatûs tui nostra regalia concedimus, justitias, monetam, pedaticum,

1147.

utraque strata telluris et fluminis Durantiæ. Concedimus etiam quæcumque in Regno nostro Prædecessorum nostrorum authoritas, vel quorumlibet pietas Principum Ecclesiæ tuæ et antecessoribus tuis caritatis studio concessit. Verùmtamen ut donatio ista firma et stabilis posteris tuis æternaliter permaneat, paginam præsentem sigillo nostro insigniri jussimus. Si qua verò impiorum temeritas confirmationem istam præsumat inquietare, Banno regali subjaceat. Hujus donationis testes esse volumus Episcopos Ordibum Basiliensem, Burchardum Argentinum, Bucam Garmaciensem, Anselmum Constantiensem, Arnulphum Cancellarium, Elicherum Archidiaconum, Rogerium et alios multos, Anno ab Incarnatione Domini M. CXLVII. Anno verò decimo regni ejus.

N° IV.

Bulle du Pape Eugène III à l'archevêque Guillaume de Champsaur.

Vers 1154. *Eugenius, Episcopus, servus servorum Dei, venerabili fratri Guilelmo Ebredunensi archiepiscopo, ejusque successoribus canonice instituendis in P. P. M.*

In eminenti Sedis apostolicæ specula disponente Domino constituti, ex injuncto nobis officio fratres nostros episcopos, tam vicinos quam longe positos debemus diligere et Ecclesiis in quibus Domino militare noscuntur, suam justitiam conservare. Ea propter, venerabilis frater in Christo Guillelme archiepiscope, tuis justis postulationibus clementer annuimus, et Ecclesiam Ebredunensem cui, Deo auctore, præsides, sub Beati Petri et nostra protectione suscipimus, et præsentis scripti privilegio communimus, statuentes ut quascumque possessiones, quæcumque bona in præsentiarum juste et canonice possides, aut in futurum concessione pontificum, largitione regum vel principum, oblatione fidelium, seu aliis justis modis Deo propitio poteris adipisci, firmius tibi, tuis que successoribus et illibata permaneant; in quibus hæc propriis duximus exprimenda vocabulis, Varcium, Risolum, Gramisonum et totum feudum quod tenebat Allaldus de Berbeno et consortes sui, et villam sancti Clementis, Castrum Rodulphi, Crevolum, quicquid juris Ebredunensis archiepiscopus habet in Caturicis. Porro ad perpetuam sanctæ Ebredunensis Ecclesiæ pacem et tranquillitatem præsentis decreti auctoritate sancimus ut illæ sex civitates videlicet Diniensis, Senecensis, Venciensis, Antipolitana, Glandatensis, Niciensis, in ejus tamquam in propriæ metropolitanæ obedientia et subjectione permaneant, sicut hactenus permansisse noscuntur. Ecclesias quoque sancti Marcellini et Sancti Symphoriani quæ sunt in valle Vinaria, cum omnibus ad eas pertinentibus, sicut per venerabilem fratrem nostrum Hugonem Gratianopolitanum episcopum ex mandato prædecessoris nostri felicis memoriæ Papæ Lucii tibi rationabiliter restitutæ sunt et scripto suo firmatæ, tibi tuisque successoribus præsentis scripti pagina confirmamus. Confirmamus quoque tibi omnium Ecclesiarum totius tuæ diœceseos decimas, primitias et oblationes tam vivorum quam defunctorum, indicia clericorum et cuncta ecclesiastica officia, ut ex dispositione tua secundum canonicam sanctionem pendeant; quicquid etiam per authentica prædecessorum nostrorum privilegia et charissimi filii nostri Conrardi illustris Romanorum regis tibi et Ecclesiæ tuæ concessum est et confirmatum. Nosque authoritate nobis à Deo concessa roboramus, ratum que et inconcussum manere sancimus, ad has decimas menarum tam argenti quam alterius cujuslibet speciei in Ebredunensi Episcopatu nihilominus confirmamus. Decernimus ergo ut nulli omnino hominum liceat præfatam Ecclesiam temere perturbare aut ejus possessiones auferre, vel ablatas retinere, minuere, aut aliquibus vexationibus fatigare, sed omnia integra conserventur eorum pro quorum gubernatione et sustentatione concessa usibus omnibus profutura, salva in omnibus sanctæ Romanæ et apostolicæ Sedis auctoritate. Si qua igitur in futurum Ecclesia, sæcularisve personna hanc nostræ constitutionis paginam sciens, contra eam temere venire tentaverit, secundo tertiove; si non canonica satisfactione congrue emendaverit, potestatis honorisque sui dignitate careat, reamque divino judicio de perpetrata iniquitate cognoscat, et à sanctissimo corpore et sanguine Dei et redemptoris nostri Jesu Christi aliena fiat, atque in extremo examine, etc.

Sequuntur debitæ subscriptiones Papæ et Cardinalium.

N° V.

Transaction entre le Dauphin Guigues André et l'archevêque Raymond III.

In nomine Domini Jesu Christi, anno Incarnationis Dominicæ MCCX, regnante Othone Romanorum imperatore, præsentes noverint et futuri quod Dominus Odo Illustris Dux Burgundiæ, et Dominus Andræas Dalphinus frater ejus, Comes Viennensis, *Donaverit* pura intentione ac bona voluntate domino Remundo Ebredunensi archiepiscopo et successoribus suis in perpetuum quicquid pertinebat ad comitatum Forcalcarii in Ebredunensi diœcesi constitutum, quod quidem donatum fuerat olim à Domino Willemo bonæ memoriæ, Comite Forcalcarii, eidem Dalphino et uxori ejus ; quæ uxor, celebrato divortio inter

1210.

ipsam et Dalphinum, *Donavit* postmodum Dalphino quondam marito suo præmissa omnia, et eamdem donationem sacramento corporaliter præstito confirmavit, et consilio multorum proborum virorum et sapientium irretractabiliter concessit. Dicta autem donatio domino archiepiscopo hoc pacto et hac conventione facta fuit, ut dominus Dalphinus et successores sui haberent à domino archiepiscopo ac suis successoribus in feudum in perpetuum omnia prælibata, et fidelitatem ei facerent, et jurarent, et personam suam, et omnia jura archiepiscopalia ubique salvarent, et defenderent, et jurarent modis omnibus sine fraude, excepta villa Caturicarum cum Turri Cortina, justitiis, pedagiis, albergiis, possessionibus, terris, pratis, vineis, et aliis suis pertinentiis omnibus scilicet Monte Gardino, Rosseto, Spinaciis, Monasterio S^{ti} Michaelis de Culcha, S^{to} Dionysio, et tenementis eorumdem, et si quæ sunt alia, quæ ad villam pertinent Caturicarum, quam villam, ut dictum est, et quæ alia expressim nominata, seu omissa, considerata utilitate tam archiepiscopatus Ebredunensis quam Comitatus Dalphini retinuerant sibi et successoribus suis : Scilicet dictus archiepiscopus et Dalphinus habenda, et jure dominii in perpetuum possidenda ; et fuit expressim actum quod ambo simul concorditer ibi Baiulum instituerent et destituerent secundum beneplacitum eorumdem ; qui Baiulus juraret quod utrique dictorum dominorum pro parte sua fideliter redderet rationem. Insuper etiam additum fuit et expressim actum, ut quicquid in prædicta villa, et ejus pertinentiis quocumque jure acquisitionis, seu titulo, alter eorum acquireret totum eis esset commune, sicut et alia supradicta, pecunia tum restituta et expensis, sive in terris, sive in aliis, quas ille qui acquireret expendisset.

Sane dominus archiepiscopus et successores sui omnia ad jura spiritualia expectantia veluti decimas, pertinentias et alia debuit habere præcipua, ut in villa Caturicarum et ejus pertinentiis : Item de civitate Ebredunensi et ejus territorio taliter convenerunt quod dominus archiepiscopus et omnia quæ ipse habet et tenet, nec non et antecessores sui, sive Justitiis, sive cavalcatis, fidelitatibus, sive aliis omnibus, generaliter habeat, et teneat in perpetuum velut dominus pleno jure, et expressim dominium tam possessionum quam hominum ; Et Dalphinus sibi ea habeat omnia, quæ ibi ad Forcalcarium Comitem pertinebant, salvo eo quod eidem archiepiscopo et successoribus suis in perpetuum idem Dalphinus et successores sui fidelitatem facere debent et *hominium* pro his quæ in territorio habent et in civitate præfata. Item nominatim actum fuit quod idem archiepiscopus et successores sui in perpetuum habeant dominium Castri S^{ti} Crispini, et ut fidelitatem et hominium, tam domini quam milites et homines dicti Castri eidem archiepiscopo et successoribus suis in perpetuum faciant, et personam ejus et terram archiepiscopatus omni tempore contra omnem inquietatorem adjuvent et defendant. De acquisitionibus vero in præfata civitate Ebredunensi et ejus territorio faciendis, idem per omnia statuerunt archiepiscopus et Dalphinus quod in villa Caturicarum statuerunt. Insuper additum fuit quod Dalphinus juvaret archiepiscopum velut dominum suum cum terra, et posse suo contra omnem hominem cumdem archiepiscopum seu terram ejus inquietantem seu inquietare volentem ; Et e converso, ut idem archiepiscopus defenderet et salvaret Dalphinum cum hominibus terræ suæ, velut proprium suum vassallum bona fide. Ut autem hæc omnia eidem archiepiscopo et successoribus suis observarentur in perpetuum illibata, tam idem Dalphinus quam idem Illustris Odo Dux Burgundiæ juraverunt, necnon et pro ipsis juravit Odo Alandamus et W. de Monte S^{ti} Joannis; Et hoc juramentum factum fuit in manu ejusdem archiepiscopi Remundi, eumdem pacis osculo videlicet archiepiscopus propter hoc specialiter recipiendo. Acta sunt hæc in præsentia testium subscriptorum scilicet V. Ulciensis præpositi, Remundi Abbatis et M. Cellarii Boscaudonen. Berardi canonici Galdini, W. Agni monachi, W. Bermundi, Gilberti clerici, Agni militis, Joannis Papiæ, P. Aam, P. Berardi Junioris, J. Gehelini, P. Michaelis, W. Rolandi, W. Cabassolis, W. Brunelli, S^{tæ} Curiæ (Ste Caire), et judicis Burgensis. Hanc autem Cartulam in perpetuum valituram idem Odo Illustris Dux Burgundiæ, et Andræas dictus Dalphinus, necnon et Domina Ducissa jusserunt sigillorum suorum munimine roborari.

Nº VI.

Irᵉ Bulle du pape Innocent IV à l'archevêque Aymar.

Innocentius Episcopus, servus servorum Dei, venerabili fratri archiepiscopo Ebredunensi salutem et apostolicam benedictionem. 1245, 3 janvier.

Apostolicæ Sedis benignitas sincere obsequentium vota fidelium favore benevolo prosequi consuevit, et illorum personas quas in sua devotione promptas invenerit et ferventes quibusdam titulis decentius decorari. Ut igitur ex devotione quam ad nos et Romanam habes Ecclesiam favorem apostolicum tibi sentias accrevisse, tuis devotis supplicationibus inclinati, tibi auctoritate præsentium indulgemus ut nullus delegatus, seu subdelegatus, conservator, vel etiam executor in personam vel terram tuam possit excommunicationis sententiam aut interdicti sententias promulgare absque licentia Sedis apostolicæ, faciente plenam de hac indulgentia mentionem. Nulli ergo hominum liceat hanc paginam nostræ concessionis infringere vel ei ausu temerario contraire. Si quis autem hoc attentare præsumpserit indignationem Omnipotentis Dei et Beatorum Petri et Pauli apostolorum ejus se noverit incursurum. Datum Lugduni, tertio nonas januarii, pontif. nostri anno tertio.

Autre Bulle du même au même.

Innocentius Episcopus etc. ut supra.

1245, 17 janvier.
Paci et tranquillitati tuæ volentes paterna sollicitudine providere, quod per litteras apostolicæ Sedis, vel legatorum ipsius, non facientes de hac indulgentia mentionem, nequeas extra tuam provinciam conveniri auctoritate præsentium indulgemus. Nulli ergo hominum liceat etc.

Datum Lugduni, XV kalend. februarii, pontificatus nostri anno tertio.

N° VII.

Bulle d'Or de l'Empereur Guillaume de Hollande à l'archevêque Henry de Suze.

1251, 14 décem.
Villelmus Dei gratia, Romanorum rex semper Augustus, universis Imperii fidelibus has litteras inspecturis gratiam suam et omne bonum.

Consuevit liberalitas culminis nostri principes

et magnates Imperii gratiis, beneficiis ac dignis honoribus exaltare promotionibus ipsorum favorabiliter insistendo ut ad obsequendum nobis facilius inducantur ; sed et celsitudinis nostræ requirit honestas ut Ecclesiarum Dei exaltationibus desiderabiliter et efficaciter intendere debeamus, earumque libertates extendere, et cum in his optima mensura fit immensitas, de regiæ bonitatis munificentia affluenter et liberaliter elargiri, significandum itaque duximus universis et singulis tam præsentibus quam futuris ut quia *dilectus princeps noster* Henricus sanctæ Ebredunensis Ecclesiæ venerabilis archiepiscopus de mandato domini papæ Innocentii IV, sanctissimi patris nostri, Ecclesiam Ebredunensem ac omnia sua relinquens agenda, in sanctæ matris Ecclesiæ et nostrum Imperii obsequium nuper ad tempus se transtulit in eodem nobis videntibus et audientibus prudenter et fideliter elaborans, civitatem Ebredunensem, castra, villas, oppida, possessiones, feuda, et census, pensiones, laudemia, pedagia, jura, dominia et quasi dominia, et omnia alia bona corporalia et incorporalia cum pertinentiis suis omnibus quæ idem archiepiscopus vel prædecessores sui in Ebredunensi, Vapincensi et Taurinensi diœcesibus, institutionis jure, mortuariorum, legatorum relictorum, donationis, emptionis, permutationis, vel alio quocumque nomine, titulo seu modo, inter vivos seu mortuos hactenus adepti sunt, et idem archiepiscopus et successores sui, dante Domino, poterit in posterum adipisci, de quibus per tres vel duos testes, vel litteras sigillo authentico sigillatas potuerit fides fieri ; sed et illa quæ dictus archiepiscopus vel prædecessores sui vel alii ipsorum nomine tenuerunt de tempore cujus non extat memoria, nec non et privilegia omnia, donationes, et libertates prædictæ Ecclesiæ Ebredunensis prædecessoribus ipsius achiepiscopi à nostris antecessoribus imperatoribus seu regibus vel aliis quibuscumque concessa, vel quibus huc usque usi sunt ; Insuper merum et mixtum imperium et jurisdictionem omnimodam, adempra, quistas, tallias, vel exactiones consuetas, vel quæ de jure fieri possent in eisdem locis, vel per nos, vel de speciali mandato nostro, vel quas dictus archiepiscopus, vel successores sui, necessitate vel utilitate sua vel Ecclesiæ suæ pensata, ibidem facere voluerint ; Demum omnia alia ad prædictas quoquomodo sunt, vel in posterum spectantia eidem archiepiscopo et successoribus tenenda, possidenda, regenda, percipienda, petenda, defendenda, exequenda et exercenda per se vel per alium, seu alios pleno jure et libere et quiete, nulla præscriptione currente vel obstante, aut etiam usu contrario vel non usu, id est, quod hoc privilegio usum non fuerit, sicut melius et plenius ad utilitatem dictorum archiepiscoporum et Ecclesiæ et successorum suorum declarari, exponi, seu intelligi potest de providentia consilii nostri supradicta ponderantes et considerantes liberaliter et motu proprio donamus atque concedimus, et quæ antea habuerant et certa scientia, auctoritate regia confirmamus; nonobstantibus in præmissis, vel infra scriptis, vel ipsorum aliquo, quod consensus dominorum à quibus in feudum, vel emphyteosim, vel aliquo quocumque modo, titulo, seu nomine res vel bona prædicta tenebantur vel tenentur, vel tenebuntur, non fuerit habitus, et etiam requisitus, vel quod provide non fuerit datum laudismum, vel trezenum, vel prætia data seu reddita, quocumque nomine censeantur, vel quod lite pendente seu discordia mota dicatur hoc privilegium impetratum, vel jure dicente quod sine consensu dominorum vel illorum à quibus res tenentur, prædicta alienari, vel in potentiorem transferri non possint, et specialiter illis legibus (rescripta et sacri affatus) et constitutione quæ dicit quod privilegia revocari debeant, et generaliter omni, vel aliquo jure generali, vel speciali, usus consuetudine, seu statuto, indulgentia, libertate, rescripto etiam imperiali seu regali, vel privilegio cuicumque vel quibuscumque concessis, impetratis vel impetrandis, quamvis de ipsis specialem et expressam, etiam de verbo ad verbum in præsentibus oporteat fieri mentionem, et contrariis, vel aliquo alio per quod supradicta vel infra scripta, vel ipsorum aliquod in totum, vel in partem infringi, vel revocari, differri, perturbari, vel impediri possent aliquatenus vel deberent; adeo quod in supradictis, vel infra scriptis, vel ipsorum aliquo, nec nostra, nec successorum nostrorum secunda jussio expectetur; sed incontinenti fides adhibeatur et executioni mandentur cuncta cum effectu et irrevocabiliter plenissimam habeant firmitatem. Ad hoc ex uberiori gratia adjicientur nihilominus supradicto archiepiscopo, et Ecclesiæ suæ, nec non clero, civibus, et habitatoribus dictorum locorum, vel in eis, vel eorum territoriis aliqua bona, seu moventia, mobilia, vel immobilia, corporalia, vel incorporalia, qualitercumque possidentibus, seu quasi universis et singulis et successoribus eorumdem et posteris omnibus in universalibus et singularibus, realibus, personalibus, et mixtis hanc facimus gratiam specialem, concedimus libertatem et perpetuam immunitatem damus, et ab omnibus universis oneribus publicis, communibus, seu privatis civitatum seu provinciarum, sive consistat in angariis, parangariis, sive patrimonialibus, vel aliis quibuscumque, et ex quacumque causa quæ fieri seu exigi contingerent, vel per quamcumque personam, seu personas publicas seu privatas, maximas, medias, vel minimas, vel quascumque alias contra inhibitionem prædicti archiepiscopi vel successorum suorum faciendis, vel requirendis, vel attentandis, sive quoad personas et res, et bona omnia ad supradictum archiepiscopum et Ecclesiam suam vel successores suos qualitercumque nunc et in posterum pertinentia in perpetuum liberi et immunes penitus et exempti. Ipse tamen archiepiscopus et successores sui possint sicut nos possemus supradicta et infra scripta omnia et singula facere, exercere, et exigere plene et libere sine quolibet obstaculo, quandocumque vel quotiescumque eis videbitur expedire. Con-, cedimus etiam eidem archiepiscopo et successoribus quod possint facere et constituere tabelliones publicos et solemnes quorum instrumentis per totum Imperium fides plenissima exhibeatur. Instrumenta etiam bulla seu sigillo ejusdem archiepiscopi vel successorum suorum, vel curiæ suæ, vel Capituli sui sede vaccante, vel etiam instituta in contractibus vel negotiis archiepiscopum et Ecclesiam vel successores suos tangentibus munita, fidem plenissimam ac probationem faciant, ac si confecta essent per manum publicam ; Districtius inhibentes ne quis de civitate Ebredunensi, vel castris vel locis dictorum archiepiscopi et Ecclesiæ habitis, vel habendis utantur aliis instrumentis; quod si fecit, nullam habeant firmitatem. Insuper sæpedicto archiepiscopo et successoribus suis concedimus per totum regnum Arelatense et Viennense per se vel per alium, seu alios, jurisdictionem voluntariam possint etiam in modum arrogationis vel legitimationis plenissime ac libere exercere. Errorem etiam seu defectum, si quis est vel fuerit in prædictorum acquisitione vel retentione vel in præsenti nostro privilegio, vel aliqua parte sui, seu etiam de facto vel de jure notari vel inveniri posset ab aliquo, sicut ad utilitatem dictorum archiepiscopi et Ecclesiæ et successorum suorum ab alliquo melius et plenius et utilius interpretari, specificari, exprimi, declarari posset, vel intelligi, motu proprio et ex certa scientia de plenitudine potestatis supplemus et interpretari et intelligi volumus et mandamus, nonobstantibus supradictis, vel eorum aliquo, aut quolibet alio quod in contrarium allegari, seu dici posset vel etiam cogitari. Mandamus igitur sub interminatione gratiæ nostræ...... districte præcipientes ut omnes et singuli universa et singula supradicta curent sine diminutione aliqua integraliter observare et efficaciter ad unguem explere, et nullus sit qui contra prædicta, vel aliquod prædictorum à nostra serenitate eis tam liberaliter concessa audeat infringere, vel ea, vel ipsorum aliquorum in eorum læsionem vel jacturam seu præjudicium retorquere, si vellet eodem jure uti etiam contra ipsos, vel eis in parte, vel in toto alterius ingenii vel cavillationis scrupulo, vel juris seu facti dubio contraire, vel in bonis, possessionibus, aut rebus eorumdem damnum aliquod, vel injuriam irrogare; Quod qui facere præsumpserit, gravem offensam nostræ celsitudinis et majestatis indignationem se noverit incursurum; insuper etiam pro solo conatu in reatus sui pœnam centum librarum auri solvat, medietatem cameræ nostræ, reliquas injuriam passis prout est hactenus Imperio consuetum.

Datum Coloniæ in domo præpositi ecclesiæ

sancti Georgii, anno Incarnationis Domini MCCLI, indictione IX, XVIII kal. januarii per manum Henrici venerabilis electi Spirensis, sacri Imperii cancellarii, anno regni nostri IV°. Testes qui interfuerunt sunt hi : Jacobus Ecclesiæ Laudunensis archidiaconus, Eberhardus præpositus Fuldensis, notarius noster, Emicho Sylistriensis, Henricus de Villenova, Emetho Delingensis, Otto de Nassouia Comites, Gothefridus de Eppensen, Wernerus de Belanda et quamplures alii clerici et laici. Ad harum autem gratiarum, donationum, concessionum et libertatum nostrarum...... memoriam ac robur in posterum valiturum hoc præsens privilegium conscribi et sigillo nostræ celsitudinis jussimus communiri.

N° VIII.

Bulle d'Or de l'Empereur Rodolphe de Hapsbourg à l'archevêque Jacques de Sérène.

Bulla Rudolphi Imperatoris, qua confirmat jura et privilegia Archiepiscopatûs Ebredunensis.   1276, 31 janvier.

Rudolfus Dei gratia Romanorum Rex semper Augustus, venerabili Jacobo Ebredunensi Archiepiscopo, Principi et Triscamerario suo carissimo, gratiam suam et omne bonum. Præclara tuorum præstantia meritorum, qua etiam Romani Imperii cultum ut Apis argumentuosa deserviens, fructuosus et sedulus dignosceris, nos inducit ut te et tuam Ecclesiam specialis benivolentiæ munimine prosequentes eamdem Ecclesiam in tuâ, et in successorum tuorum personis condignè complectamur honoribus, et præsignibus titulis augeamus. Sanè cùm ab olim per inclitæ recordationis Imperatores et Reges Romanos prædecessores nostros, Regalia in civitate et Diocesi Ebredun., Pedagia utriusque stratæ, telluris videlicet et fluminis, ac monetæ cudendæ autoritas, jurisdictio plenaria, merum et mixtum Imperium, plena quoad se et subditos suos tam in personis quam rebus, quas tenet ipsa Ecclesia, vel alii sub ipsa, libertas et exemptio perpetua, potestas etiam creandi tabelliones, cum pluribus aliis prærogativis, gratiis et libertatibus ac immunitatibus specialibus., et juribus, prædecessoribus tuis et eorum successoribus data fuerint. Nos attendentes integræ fidei puritatem quâ tu, nos et Imperium Romanum amplecteris incessanter, prout lucidis claret indiciis et notoriis patuit argumentis; universas et singulas libertates et gratias in eorum privilegiis comprehensas ex certa scientia confirmamus, approbamus et de novo ad majoris roboris firmitatem tibi tuisque successoribus denuò ex mera liberalitate concedimus, atque damus una cum Dominio majori sancti Clementis Ebredunensis Diocesis, ad ejusdem Ecclesiæ tuæ Capitulum pertinentis de quo idem Capitulum nullum alium a nobis in Dominum recognoscit. Sub interminatione gratiæ nostræ universis Imperii fidelibus tenore præsentium firmiter inhibentes, ne ulla personna cujuscumque gradûs, præheminentiæ, conditionis vel status existat, in te, vassalis aut hominibus vel possessionibus, quas hodiè tenes, vel in futurum per te, vel tuos rite poteris adipisci, quicquam directè vel indirectè sibi vindicare aut usurpare præsumat. Nam te et tuos successores, vassallos et homines cum his quæ tenes, aut acquirere te vel illos contigerit in futurum ad obsequium Coronæ Imperialis, volumus specialiter nulla unquam persona interposita retinere. Sicque validum omni tempore, firmum et stabile volumus illud esse perpetuo, nullo unquam privilegio seu rescripto concesso forsitan vel imposterum concedendo contra hoc vel privilegiorum continentias valituro. Demum ad plenæ perpetuæque libertatis et exemptionis indicium statuimus, et volumus, te et quomodolibet tuum successorem nostrum esse Triscamerarium et Imperii Principem carissimum ac secretarium, et palatii nostri sive Imperialis aulæ Consiliarium specialem. Nulli ergo omnino hominum etc.

Datum apud Nuremberg secundo kalend. februarii, anno millesimo ducentesimo septuagesimo sexto, regni vero nostri anno tertio.

N° IX.

Extrait du cartulaire de l'Eglise d'Embrun sur l'archevêque Guillaume de Mandagot.

1295. *Excerpta ex cartulario Ecclesiæ Ebredunensis, intitulato Mandagot, in quo multa de Guillelmo Mandagot Archiepiscopo, continentur.*

Hoc est cartularium statutorum et ordinationum Capituli Ebredunensis incœptum tempore Reverendi Patris D. Guillelmi de Mandagoto Ebredunensis Archiepiscopi, qui prius canonicus Ecclesiæ Nemausensis Ordinis sancti Augustini, et in Ecclesia illa multos successive Prioratus obtinens, et post Archidiaconus major factus est in Ecclesiâ ipsâ, et deinde factus Archidiaconus in Ecclesiâ Uticensi, et postmodum D. papæ Notarius in Romanâ Curia factus, ubi temporibus Martini papæ quarti, Honorii papæ quarti, Nicolai papæ quinti, Cælestini papæ quinti, in diversis officiis moram traxerat. Demum per D. Bonifacium Papam octavum ex merâ provisione Apostolicæ Sedis anno Domini M.CCXCV. mense martii, die lunæ in crastinum Ramis palmarum scilicet die vicesima octavâ Romæ apud Lateranum fuit in Archiepiscopum Ebredunensem primitus, et ibìdem Dominica sequenti post Pascha per eumdem D. Papam in Ecclesiâ

Lateranensi extitit consecratus, die Mercurii sequenti, ibi Pallio sibi tradito, ut est moris, et paulò post D. Bertrandus Planterii, Vicarius ejus factus et Raymundus Seguini, Correarius, Ebredunum primâ die maii subsequentis venientis possessionem domus archiepiscopalis et Ecclesiæ nomine D. archiepiscopi intraverunt. Et non multo post de eodem mense maii dict. D. Archiepiscopus Curiam Romanam exiens, die dominica ante festum Beati Johannis Baptistæ, quæ fuerat decima nona mensis junii, civitatem Ebredunensem, et suam Ecclesiam Ebredunensem personaliter introivit et festo sui ingressus solemniter, prout decuit, celebrato, et fidelitatibus suis, prout est moris receptis ibîdem, convenit dict. D. archiepiscopus cum Capitulo suo die sabatti sequenti et faciendum statutum Ecclesiæ suæ, et ad expediendum aliqua quæ habebant in suâ novitate insimul expedire. Quo sabatto, scilicet die vicesima quinta mensis Junii convenerunt in Camerâ Crosseria præd. D. Archiepiscopus ac venerabiles viri D. Guillelmus Pellizonis Præpositus, Johannes Fraxeneriæ Archidiaconus, Oto de Vintimiliis, Bonifacius de Verneto, Durandus Fraxeneriæ et Guillelmus Abrivati Iunior, Ebredunus Martini, Petrus Chalveti et Guillelmus Abrivati Prior de Salice, canonici Ebredunenses.

Et inter cætera, fuit propositum in ipso Capitulo per D. Ebredunum Martini de injuria quàm fecerant Prædicatores de Sistarico super capellis, multis libris Vincentii Belvacensis et aliis libris diversis, calicibus, vayssella argentea et anulis pretiosis, mitris, baculo pastorali, et aliis rebus pluribus, quas ipsi Prædicatores bonæ memoriæ D. Raymundo de Medullione Ebredunensi Archiepiscopo anno præterito apud Buxum in die Apostolorum Petri et Pauli de mense Julii defuncto, quæ res omnes ad Ebredunensem Ecclesiam pertinebant, apud Sistaricum deportarunt non sine juris injuria et Ebredunensis Ecclesiæ præjudicio manifesto.

Præterea fuit propositum in eodem Capitulo de injuriâ, quam faciebat Bonifacius de Ebreduno Domicellus Capitulo in facto de Podio, super eo quod omnes Mossotos de Podio dicebat esse homines suos, Capitulo in contrarium asserente.

Proposuit etiam ibidem Bonifacius de Verneto de quæstione, quæ sibi movebatur super præbenda Castri Rodulphi. Item de quæstione decimarum de Sabina fuit propositum, quod expediret Capitulo ibi bonum remedium adhiberi, cum homines illius loci, et homines sui in quæstione illa sint plurimùm rebelles.

Item de pluribus aliis negotiis fuit propositum in Capitulo illo, sed quia D. Archiepiscopus de speciali mandato D. Papæ cum Reverendo Patre D. Guillelmo de Ferreriis Præsbitero Cardinali, et cum Domino Carolo Siciliæ Rege illustri versus Cataloniam, pro pace inter ipsum Regem et Regem Aragoniæ reformanda, erat iturus; idcirco expeditis quibusdam negotiis quæ expedire Ebreduni habebat, die penultima Julii ad villam Caturicarum accessit et fidelitatibus suis ibidem receptis, die prima Augusti, versus dict. Cardinalem et Regem direxit de Caturicis gressus suos et, non longe post, dict. Cardinali Perpiniani defuncto, dict. D. Archiepiscopus unà cum D. Rostagno Archiepiscopo Arelatensi, qui præsens erat, usquè in Cataloniam cum dict. Rege Carolo procedentes, pacem illam, traditâ D. Blancha filia dict. Regis Caroli dict. Regi Aragonum in uxorem autoritate et mandato Sedis apostolicæ, non sine multa auri et argenti copia dict. Regi Aragonum per dict Regem Carolum tradita, firmaverunt. Quibus peractis dict. D. Guillelmus una cum Rege et Arelatensi archiepiscopo de Catalonia rediens, visitavit Ecclesiam Nemausensem ubi fuit primo canonicus, ut est dictum, et deinde D. Guillelmum Episcopum Uticensem fratrem Dominæ matris suæ, ubi cum eo diebus aliquibus traxit moram.

Post hæc, anno Domini M.CC.XCVI, de mense septembri, dùm D. Guillelmus archiepiscopus visitaret Diocesim suam Ebredunensem, quam in æstate illa pro magna parte, incipiendo ab Ebreduno versus partes superiores versus Sanctum Crispinum, et deinde per valles et Brianconesium, et Quadratium, et deinde per Castrum Varcii usque in vallem Mucii, visitaret, et esset apud Jauserium vallis Mucii pro visitandâ pastorali more Ecclesia loci ejusdem, ecce quod recepit ibi litteras Sanctissimi Patris D. Bonifacii Papæ octavi, ut infra festum omnium sanctorum proximum, cum libris juris et voluminibus suis, pro sexto libro Decretalium faciendo se suo conspectui præsentaret. Qui D. Archiepiscopus Ebredunum veniens, diebus aliquibus traxit moram ibidem, et disponens Domui suæ ac Vicariis ordinatis, parum ante recessum suum, visitavit ibidem D. Guillelmum Pellizonis, Præpositum Ebredunensem in lecto ægritudinis in suâ præpositruæ camera discumbentem, in cujus præsentia legavit ducentas libras antiquorum Vienn. idem Præpositus, pro unâ capellania pro animâ suâ in Ecclesia Ebredunensi facienda, præter unum anniversarium viginti quinque solidorum quod dicebat perpetuum se fecisse ibidem. Et deinde in vigilia festi beati Michaelis dict. D. Archiepiscopus de Ebreduno iter arripiens versus terram suam ultra Rodanum gressus suos direxit, pro visitandis amicis, quo facto, continuatis dictis, fecit inde versus Romanam Curiam viam suam, ita quod in vigilia omnium sanctorum Romam Deo præduce introivit.

X.

Bulle d'or de l'Empereur Charles IV à l'archevêque Guillaume des Bordes.

In nomine sanctæ et individuæ Trinitatis feliciter. Amen. Karolus divina favente clementia, Romanorum Imperator semper Augustus, et Bohemiæ Rex ad perpetuam rei memoriam. Inter gloriosas Reipublicæ curas quibus Imperialis eminentia pro suorum quiete fidelium assidue se dignatur exponere, inter illa sollicitudinum imperialium quotidiana studia quibus noster animus frequenter distrahitur, illa nobis est cura præcipua, ad illud sedulum destinamus affectum qualiter sanctam matrem nostram veneremur Ecclesiam, et dignis piæ devotionis favoribus complectamur. Hoc autem tunc nos exequi rite perpendimus dum singularum quidem Ecclesiarum et ecclesiasticarum personarum libertates et jura intacta servamus, et liberalibus Imperialis magnificentiæ gratiis gratiosius adaugemus. Hinc etenim et Regem supremum per quem Regnum nobis et Imperium orbis est creditum devote recognoscimus, et sacri Imperii gloriam virtutum operibus præcipuo quodam reddimus præconio gloriosam. Sane pro parte venerabilis Guillelmi Ebredunensis archiepiscopi nostri et sacri Imperii Romani Triscamerarii, Principis et devoti

1357,
16 février.

dilecti, Majestati nostræ fuit humiliter supplicatum, ut cum sua Ebredunensis Ecclesia nobis et sacro Imperio in temporalibus sit subjecta, et ab omnibus temporalibus dominis per claræ memoriæ quondam Imperatorum et Regum prædecessorum nostrorum litteras, privilegia et gratiosa indulta sit in totum exempta, cumque temporalia seu tota temporalitas ejusdem Ecclesiæ reputetur et sit in veritate insignis sacri Romani Imperii Principatus, exemptionem et Principatum hujusmodi innovare approbare et de novo conferre et concedere de Imperiali majestate dignaremur. Nos igitur ipsius archiepiscopi justis et devotis precibus tanto dignati sumus benignius favorabilem adhibere consensum quanto evidentia ipsius merita, fides eximia, et intemerata sinceræ devotionis constantia quibus ipse Celsitudinem nostram et sacrum Imperium jugi studio veneratur, uberius promereri noscuntur. Decernimus et hoc præsenti Imperiali edicto perpetuis temporibus ex scientia certa statuimus de plenitudine Imperatoriæ potestatis ut prædictus archiepiscopus Ebredunensis suique successores perpetuo archiepiscopi Ebredunenses reputentur, censeantur et sint realiter sicut in veritate sunt nostri et sacri Imperii *Principes speciales;* temporalitas quoque eorum, seu quævis temporalia ejusdem Ecclesiæ reputentur, censeantur et sint realiter prout sunt et fuerunt hactenus specialis noster et ipsius Imperii Principatus. Nos quidem archiepiscopum Ebredu-

nensem qui nunc est, et qui fuerit pro tempore,
nec non prædictam Ebredunensem Ecclesiam,
utpote *insignes Principem et Principatum nostrum* et sacri Imperii, ab universis et singulis dominis temporalibus cujuscumque præheminentiæ, dignitatis, conditionis aut status existant, et
eorum jurisdictione, potestate, ex certa scientia
auctoritate Imperiali liberavimus, et in omnibus
ac per omnia liberamus, exemptosque liberos
censeri et esse volumus, et in nullo prorsus
haberi obnoxios aut adstrictos. Hujusmodi denique salvagardiæ et protectionis nostræ Imperialis
executores et conservatores perpetuos venerabiles Taurinensem, Diniensem et Carpentoractensem episcopos, Principes et devotos nostros dilectos, et eorum quemlibet dictis archiepiscopo et Ecclesiæ damus, et auctoritate qua
supra cum plena potestate transgressores, invasores et turbatores dictorum archiepiscopi et
Ecclesiæ suorumque hominum, bonorum, libertatum possessionum et jurium, per se vel alium
seu alios puniendi et coercendi, pœnas exigendi
atque levandi, alia que omnia et singula faciendi et exequendi quæ in talibus sunt vel fuerunt
opportuna tenore præsentium deputamus; Volentes insuper et eadem auctoritate de Imperialis
etiam potestatis plenitudine statuentes ut in terris
et jurisdictionibus quæ ab Ebredunensi Ecclesia
pendent, a quibuscumque infra sacrum tenentur
et recognoscunt Imperium ad archiepiscopum
prædictum recursum prompte fuerit, tanquam

ad superiores proprios, per viam appellationis et alia legitima juris remedia, liber possit haberi recursus. Et archiepiscopus ipse qui est et qui pro tempore fuerit, pro defensione Ecclesiæ suæ, ac bonorum, possessionum, jurium et libertatum earumdem, ac ipsorum recuperatione ex justis et legitimis causis quoties opus fuerit *Bellum indicere et prosequi*, ac in toto Imperio arma portare valeat atque possit, et jurisdictionem temporalem ubicumque ipsum et dictam Ebredunensem Ecclesiam illam constat habere, ac etiam justo titulo in posterum obtinebit, criminaliter et cuilibet libere exequi per se, vel alium seu alios, quos ad hoc duxerit statuendos, contradictione vel impedimento cujuspiam nonobstante etc. (ubi remittit feudi aperturam). Statuimus insuper et sancimus ut archiepiscopus Ebredunensis prædictus videlicet qui est, et qui pro tempore fuerit, tanquam immediatus noster et sacri Imperii *Princeps* atque vassallus ratione temporalium Ebredunensis Ecclesiæ non possit nec debeat coram quovis alio quam coram nobis seu successoribus nostris Imperatoribus et Regibus Romanorum, seu Imperiali eorum judicio trahi, conveniri, vel quomodolibet judicari; quidquid contra hoc factum fuerit eo ipso carere viribus decernentes. Nulli ergo etc. (Hic pœnam centum marcorum auri violatoribus imponit). Signum Serenissimi Principis et Domini Caroli IV Romanorum Imperatoris, invictissimi et gloriosissimi Bohemiæ Regis. Testes hujus rei sunt

Armestus archiepiscopus Pragensis, Joannes
Glomacensis, Theodoricus Mindensis episcopi,
illustres Barnym Stetinensis, Henricus Magnopo-
lensis, Balro Fallrembergensis, Bolro Epolyen-
sis, Joannes et Drymulst Testchinensis Duces,
necnon spectabiles Bouchargus Burgravius Mag-
deburgensis, magister Curiæ Imperialis, Joannes
Dorets, Albertus de Anhalt, et Jacobus de Fus-
temberg Comites, et alii quamplures præsentium, sub Imperialis nostræ Majestatis sigillo
testimonio litterarum. Datum Pragæ anno Domini M.CCCLVII, VII^a Indic. XIIII. Kal. Martii
Regnorum nostrorum anno XI° Imperii vero II°.

XI.

Bulle d'Or de l'Empereur Sigismond à l'archevêque Jacques Gélu.

Sigismundus Dei gratia Romanorum Rex sem- 1432.
per Augustus, et Hungariæ Bohemiæ, Dalmatiæ,
Croatiæ etc. Rex, ad perpetuam rei memoriam
etc. Sane venerabilis Jacobus Ebredunensis archiepiscopus et Princeps, Triscamerarius sacri
Imperii ac Consiliarius Palatii seu aulæ Imperialis, devotus, fidelis et dilectus noster, ad Sere-
nitatem nostram accessit in præsentia amici nos-

tri cardinalis Placentini episcopi Baiocensis, Comitum, Principum, et Baronum, ac nobilium plurimorum nostrorum et sacri Imperii, precatur humiliter et requirit quatenus ipsum ad homagium ad quod nobis, ratione Principatus Ebredunensis et totius suæ diœcesis, et fidelitatis adjunctæ vellemus juramentum accipere et ipsum de prædictis investire, ac etiam ipsum Triscamerarium et Consiliarium Sacri Imperii et nostrum, præfato juramento solito recipere. Unde devotionis prædicti venerabilis Jacobi ab experto multimode erga nos et sacrum Imperium cognoscentes; consideratis etiam litteraturæ profunditate, experientia et virtutum fama vulgatis, ipsum ad omnia per eumdem petita gratiose admisimus, receptis juramentis solitis, de dicto Principatu et regaliis investimus etc. Anno Domini 1432.

N° XII.

Lettres de Jacques Gélu au Dauphin Charles et aux barons de Bretagne.

« Mon souverain seigneur. Vous reconnoitrez,
« par la relation de ce papier, que ie suis des-
« cendu en Bretagne devers monsieur le Duc que
« ie rencontré en la ville de Redon. Nos pour-

« parlers n'ont esté autres que les plaintes occa-
« sionnées par le bruit commun quy porte qu'il
« a dessein de tourner ses voiles du costé, non
« de la iustice, mais du bon vent ; et que vous
« laissant en vostre plus forte nécessité, il a
« promis de traduire les hommages quy vous
« sont deus par droit, à vostre adversaire par
« iniustice ; qu'il ne faut pas d'autre procedure
« pour vous desheriter, ny d'autre voix quy vous
« publie décheu, quoyque sans raison, de vos-
« tre propre et légitime succession. Je n'obmis
« rien de ce quy pouvoit estre de plus forçant
« et capable de persuader avec effet, ou de gai-
« gner un esprit susceptible de raison pour le
« resoudre à rompre le traité qu'il a conclu avec
« l'Anglois. Je remarquay que ie semois sur un
« champ occuppé d'un autre grain, et que le dez
« en estoit iesté. Sa défaite estoit qu'il n'estoit
« plus à son pouvoir de rappeler sa parolle, et
« de révoquer la résolution et la conclusion quy
« avait estée approuvée, et quy estoit sur le
« point d'estre signée et scellée par tous les
« Barons. Il iustifie sa perfidie, premièrement
« sur ce qu'on ne luy a pas tenu parole de ce
« qu'on luy avoit promis ; en second lieu, qu'il
« n'avoit plus assez de forces pour supporter le
« faiz de tant de guerres, à cause du voisinage
« des Anglois quy estoient deià à ses portes, et
« que d'ailleurs il estoit destitué de provisions
« et de munitions de guerre et de bouche. Com-
« me ie m'apperceuz qu'en cet estat son esprit

« romproit plustôt toute sorte d'alliance avec la
« Iustice, et le respect qu'il devoit à tout le
« droit divin et humain, que le traité qu'il avoit
« résoleu avec l'Anglois, je luy offris, s'il le
« vouloit agréer, d'aller à Renes, et là, en pré-
« sence des Anglois quy y sont, me faire voir aux
« Seigneurs et aux Barons de la Bretagne pour
« les ramener à la Iustice, et pour les persuader
« de donner entrée au droit et à la raison dans
« les esprits. Il est roide et inflexible à toutes
« mes remontrances. C'est pourquoy i'écris à
« son insceu aux Barons une lettre en ces ter-
« mes, dont ie vous ay voulu envoyer la
« coppie.

« *A très nobles, et puissants, et honorez Seigneurs, Nosseigneurs les Barons de Bretagne.*

« Très nobles, puissans et honorez Seigneurs.
« l'ay bien deu considérer les honneurs et les
« courtoisies que i'ay receu tant de monsieur le
« Duc de Bretagne, que celles dont ie me sens
« sy étroitement obligé par messire Gilles de
« Bretagne, et de monsieur le Connestable, quy
« est à présent au service de monsieur de Guiè-
« ne. I'ay deu considérer encore les devoirs quy
« sont attachez à ma crosse et à l'office pastoral
« que ie possède, et quy me donne des soins et
« une affection très particulière pour la très
« noble et très renommée nation de Bretagne,
« quy est enfermée dans ma Province. Ie suis

« party de mon hostel pour avoir le moyen de
« vous exposer certains chefs que ie tiens estre
« merveilleusement importans et à l'honneur et
« à la gloire de vostre très honnorable nation,
« me souvenant de l'advis du plus sage des
« Hébreux : *Da sapienti occasionem, et sapien-*
« *tior erit :* Donnez occasion au sage, et il de-
« viendra plus sage et plus avisé. Comme ie fais
« à vos sagesses pour devenir touiours plus cir-
« conspect. L'honneur a des charmes si doux et
« des attraits si puissants que les choses mesme
« les plus honteuses n'ont pas de plus grande
« envie que d'enlever le manteau à l'honneur
« pour s'en couvrir et pour paroitre plus honno-
« rables. Et comme l'honneur ne se peut pas
« trouver hors des suiets vertueux et honestes,
« quy sont ainsy appellez, comme estant le
« mesme qu'honnorables, aussy toute sorte de
« profit et de satisfaction sans vertu et sans
« l'honneste, ne peut prétendre nulle part à
« l'honneur que par larcin, et par une usurpa-
« tion iniuste et tyrannique. Touiours il faut
« suivre cette règle que tous les sages ont receue,
« que quy ne règle l'utile et le délectable à l'ho-
« neste, ou ce quy est le mesme à l'honneur, il
« fait un chaos en ce beau monde, et il n'arrive
« de désordre dans les Estats que par la trans-
« gression de cette maxime. Ravir, Messei-
« gneurs, le bien d'autruy, bastir sa fortune sur
« la ruine des pupiles ou des mineurs peut bien
« donner quelque avantage, mais que cela ne

« soit pas honnorable, mesme que ce soit la
« chose du monde la plus honteuse, l'on n'en
« doute non plus que de la clarté de la lumiaire
« d'un iour clair et serain en plain midy, et de
« la noirceur des ténèbres au milieu d'une nuit
« obscure.

« Comme quoy donque pourroit approcher
« de l'honneur, et estre mis au rang des cho-
« ses honnorables et vertueuses ce que i'entends
« que Monsieur le Duc de Bretagne a pensé
« de lever les hommages, dont il est redeva-
« ble au Roy de France de toute ancienneté, et
« les rendre au Roy de l'Angleterre quand il
« sera en âge, et qu'il a promis, dez l'heure et
« dez l'occasion présente, de luy prester tel
« serment que fit monsieur de Bourgogne à
« Paris. Ie vous demande, Messeigneurs, ce
« serment ne contient-il point un formel des'he-
« ritement, un désapointement, et un dépouil-
« lement du légitime héritier et successeur de
« la Couronne; et ce désapointement et dépouil-
« lement de son légitime héritage fait sans som-
« mation, sans advis, et clandestinement peut-il
« passer pour iuste, pour honeste, et pour
« honnorable? Celuy que les droits divins, natu-
« rels, humains, civils, et canoniques avouent
« et reçoivent pour unique héritier de la Cou-
« ronne Françoise peut-il, ou doit-il estre
« exploité par aucune apparence des droits de
« sa légitime possession. Et Monsieur le Duc
« peut-il entreprendre toutes ces iniustices avec

« honneur? Et vous, messieurs, pouvez-vous
« prendre quelque prétexte d'honneur en luy
« conseillant, ou en consentant et supportant
« toutes ces entreprises?

« Vous pourriez estre à couvert de tout blâme
« avec Monsieur le Duc de Bretagne sy luy et
« vous avec luy ne l'eussiez publiquement re-
« connu pour vostre naturel Seigneur et Roy; s'il
« n'eut fait des traitez avec vous en qualité de
« Roy, que Monsieur vostre Duc, et ses frères,
« et vous presque tous avez approuvé et iuré !
« Vous seriez irréprochables sy vous faisiez pa-
« roître que le Roy eut enfraint de son costé
« quelqu'un des articles de ces traitez, et plustot
« sy ceux de vostre nation n'estoient pas coupa-
« bles pour une infraction de cette manière !
« Vous auriez agy sans soupçon de félonie sy
« vous aviez requis le Roy de sa Iustice sur
« quelque tort quy vous auroit esté fait ! Ie ne
« scay pas autrement de quel nom pourroit estre
« appellée cette action quy vous a fait départir
« de l'obéissance de vostre Prince sy soudaine-
« ment, pour rendre vos soumissions à l'ennemy
« iuré de nostre souverain, et prendre ce quy
« n'est ny à Monsieur vostre Duc, ny à vous,
« et attribuer un hommage quy n'est pas à vostre
« disposition à un autre sans le consentement de
« celuy à quy ce droit appartient; et cela fur-
« tivement, clandestinement, et par surprise !

« Telle action pourra-t-elle estre appellée une
« action de vertu, d'équité et d'honneur; d'é-

« quité, dis-ie, et d'honneur sy vous considerez
« les alliances et la proximité entre le Roy et
« M^r vostre Duc, quy ne doit iamais voir son
« épouse qu'il ne se doive souvenir qu'elle est la
« sœur du Roy, ny ses enfans qu'il ne les con-
« sidère comme les neveux de celuy auquel il
« s'est soustrait; d'honneur et d'équité sy vous
« considérez les biens dont sa Royale libéralité
« l'a obligé ? Ne luy a-t-il pas délivré la ville de
« St-Malô, qui doit estre perpétuellement annexée
« à la Couronne ? Ne luy a-t-il pas fait quantité
« de présens et de largesses qu'il seroit trop long
« de décrire ? N'a-t-il pas honnoré vostre nation
« des charges, des offices, des dignités, et des
« faveurs très signalées ? Quel amour n'ont eu
« les Roys ses ancestres vers vos prédécesseurs
« qu'ils ont tenu proche d'eux ; ce que nostre
« bon Prince desire continüer pourveu qu'il ne
« tienne pas à vous ?

« Le cœur des Bretons n'est pas sy marbré,
« ny tant insensible, qu'il puisse oublyer tant
« de bienfaits, ny se retirer de l'obeyssance
« de son souverain, secourir son ennemy,
« contre son frère, son protecteur et son sei-
« gneur ! Très fameuse nation des Bretons quy
« avez touiours porté la teste par dessus les
« provinces de beaucoup moins glorieuses en
« leur mérite et en leur fidélité que vous, don-
« nez-vous bien de garde de laisser enlever à
« une autre Province cet honneur que vous pos-
« sedez *(non des alienis honorem tuum)*, et ne

« permettez pas qu'un autre mette le pied au
« lieu que vostre lascheté aura quitté ! Que vos-
« tre postérité ne vous accuse pas d'avoir trans-
« mis avec vostre sang dans leur âge la rougeur
« et la honte sur le front, et l'opprobre dont
« l'histoire conservera le souvenir ! Que vos
« descendans puissent loüer en vous la compas-
« sion que vous aurez pour l'affligé, et nulle-
« ment de ce que vous aurez opprimé celuy quy
« estoit abandonné; qu'ils puissent tirer un
« suiet de gloire d'avoir eu des pères humains,
« et nullement cruels, tygres, ingrats et inhu-
« mains ; qu'ils ne puissent pas accuser dans
« leurs ancestres leur manque de courage à def-
« fendre la Iustice, et à maintenir leur honneur
« en soutenant leur fidélité ; qu'ils reconnaissent
« en leurs devanciers cette force quy tient ferme
« dans l'ébranlement de tous les appuis pour la
« iustice, pour la piété, et pour l'honneur. Il
« vaut mieux mourir pour la vertu, que de
« mener une vie malheureuse parmy les repro-
« ches et les bonheurs. Les biens temporels
« qu'on peut prétandre dans cette lascheté ; la
« fuite de quelques périls, est de peu de durée,
« briève et trompeuse : mais la beauté de la
« vertu est eternelle. Ie vous ai bien voulou en-
« voyer ces mouvemans à considérer, ayant
« esté empêché pour certaines causes d'aller
« traiter en personne avec vous. I'ay creu d'es-
« tre obligé de tâcher par mes parolles d'arrester
« vos courses quy tendent au précipice, et

« prier, tres nobles et puissans et honorez
« Seigneurs, le Roy immortel des siècles, auquel
« seul est deu cet honneur et cette gloire, qu'il
« vous ayt en sa garde, et qu'il prolonge vos
« iours et vos années. »

N° XIII.

Præheminentiæ spirituales et temporales Archiepiscopi Ebredunensis.

Dom. Archiepiscopus habet septem civitates, et totidem Dioceses sibi subjectas ; videlicet Metropolim Ebredunensem, Digniensem, Senacensem, Grassensem dictam Antipolis, Venciensem, Nicensem, et Glandatensem.

Item Archiepiscopus præd. potest uti pallio in omnibus Ecclesiis suæ Provinciæ, in festivitatibus magnis Apostolorum et aliis consuetis, consecrationibus Episcoporum, Virginum, Ecclesiarum, ac collatione sacrorum ordinum.

Item potest Archiepiscopus concilia provincialia celebrare, ad ipsa suffraganeos convocare, et etiam sinodum facere, in quibus potest statuta et constitutiones edere, et easdem observari facere.

Item Ebredunensis Archiepiscopus habet omnimodam jurisdictionem, punitionem et correctionem in præpositum, Capitulum, et dignitates ac, personatus in dictâ Ecclesiâ obtinentes, et etiam in canonicos, chorearios, clericos, et quascumque personas Ecclesiæ Ebredunensis.

Item Archiepiscopus Ebredunensis tres consuevit Officiales habere, unum principalem in civitate Ebredunensi sedem tenentem, et alios duos foraneos, unum in Sedena in Provincia, et alium pro valle Montium in Barchinonia.

Item Archiepiscopus habet unam vocem in Capitulo.

Item Præpositus post Archiepiscopum habet primam vocem in Capitulo.

Archiepiscopus Ebredunensis est Princeps specialis sacri Imperii, et temporalitas sua est Principatus.

Item est Triscamerarius Imperialis, Secretarius, et aulæ Imperialis Consiliarius.

Item temporalitas Archiepiscopi est Principatus Imperii specialis, itaquod dicta temporalitas fuit erecta in Principatum, quare ea quæ sunt de domanio suo pertinent ad dictum Principatum,

Principatus Ebredunensis continet loca quæ sequuntur : videlicet : Castrum cum Villa de Salice, Villagium de Bello-Forti, Villagium de Rochebrune, Castrum de Crevolis cum Villa, cujus sunt foresta Prevoral.

Item la Ville, Item le Chalz.

Continet etiam Castrum et Villam Castri Rodulphi cujus sunt foresta de Sancto Albino, de

Sancto Stephano, de Sanctâ Cruce, de Sancta Catharinâ.

Item Castrum et Villam Sancti Clementis cujus sunt foresta de Grosso, de Villario, de Combellis, de Chantaluppa, de Rupe quod est Parrochia, de Chancelata, de Eigleriis.

Item Castrum cum Villa de Guillestra cujus sunt foresta de Bramocia, de Pero, de Costis-Chame.

Item Granusonum montem ubi erat Turris et sunt prata, vineæ et possessiones quæ vocantur de Granusone.

Item Castrum et Villam de Risolis cujus sunt foresta les Traverses, Chalvet, Langnidor, Gaudichard, Alcolet et la Combe.

Item est mons in quo erat Castrum, vocatus de Berberio.

Item continet Villagium de Celiaco cujus sunt foresta de Melleseto, de Rollefanto, de Chioro, de Villario, de Claperia, de Valle, de Cuguleto.

Item Castrum de Varcio sub quo sunt duæ Parochiæ, una dicta Sancti Marcellini, alia dicta de Nostre Done.

Item in Valle Montium jurisdictionem, homines, terras, census, redditus, pasqueria, servitia, et jura, ac emolumenta quæ habet in Joserio.

Item in Falcone ubi erat Castrum, et Bajulus qui tenet Curiam.

Item in Barchinonia in qua habet jus ponendi de duobus annis in duos annos unum consulem.

Item jus recipiendi ibidem sextam partem omnium condemnationum consulatûs. Item jus quod mediante Correrius aut alius Officiarius Dom. Archiepiscopi potest in signum jurisdictionis quam habet ibidem equitare in Nundinis de Barchinonia cum aliis officiariis dictæ Villæ. Item census, servitia, laudimia, redditus, pasqueragium Auceris alieni. Item quartam partem in pedagio Leydis et pedagio communi. Item condemnationes. Item latas et Banna, et generaliter omnia quæ habet in dictis Villis, et forestis eorumdem sive Villagiis quæ sunt Drulium, Theolas. Item sancti Pontii de furnis.

Item illud quod habet dictus Archiepiscopus tanquam proprium in civitate, territorio et districtu Ebredunensi, sive sint vineæ, domus, terræ, prata, casalia, aut alii redditus.

Item Civitatem Ebredunensem cum omnibus juribus suis pro parte Archiepiscopi, quia communis est sibi et Dalphino Comiti, sub qua sunt foresta, Parrochiæ sancti Andreæ, sancti Salvatoris, Item Chalvet Parrochiæ sancti Marcellini, Item le Puy de Sallon, Item Caliere quæ duo loca sunt Parrochiæ sancti Hilarii.

Item locum de Caturicis communem in aliquibus cum Domino Dalphino. Item montem Gardinum, Espinatias, Roussetum quæ sunt Communia Archiepiscopo cum Dom. Dalphino Comite et quibusdam Nobilibus.

Item jus recipiendi super homines sancti Michaelis de Culca medietatem sexaginta solidorum qui solvuntur una simul Officiariis Archiepiscopi et Dalphini de Caturicis.

Item pro prædictis debet homagium et fidelitatem Imperatori dictus Archiepiscopus.

Item habet Regalia Imperalia in Civitate et totâ Diocesi Ebredunensi, justitias, monetam, pedagium utramque stratam telluris et fluminis Durantiæ.

Item potest Archiepiscopus monetam cudere.

Item potest menas omnium metallorum aperire et etiam salinas facere, et utilitatem ex eisdem recipere. Item potest legitimare per totum Regnum Viennense et etiam per Regnum Arelatense et alia exercere quæ sunt jurisdictionis voluntariæ ut coram eo potest fieri arrogatio et adoptio.

Item potest notarios creare, quorum instrumentis per totum Imperium statur.

Item illi de Ebreduno tenentur facere Cavalgatas per quadraginta dies cum expensis suis Archiepiscopo, videlicet infra Diocesim et per terram suam.

Item Præpositus Ebredunensis Ecclesiæ debet homagium et fidelitatis juramentum Domino Archiepiscopo pro Præpositura sua, rebus et juribus ejusdem.

N° XIV.

Litteræ datæ per Archiepiscopum Ebredunensem quibusdam Magistris, ad operandum Argenti Fodinam usque ad decem annos in Territorio Castri-Rodulphi.

Noverint universi et singuli, quòd nos Frater R. de Medullione, divinâ patientiâ sanctæ Ebredunensis Ecclesiæ Archiepiscopus, concedimus Bonino Meynerii et Johanni Boni de Bergamo, ad fodiendum et operandum quandam argenti fodinam quæ est in territorio Castri-Rodulphi, usque ad decem annos proximos et continue completos ; ut Menam quam exindè extraxerint possint et debeant ducere in terram nostram et non alibi, et facere fornellum, molendinum, et etiam facinam suam in territorio Ciliaci, loco ubi dicitur ad Veyarium ultra aquam Guillestræ versus Ciliacum, et operari et affinare ipsam menam et fundere et probare expensis suis propriis ; et quod duodecimam partem argenti quod indè consequi poterint et habere, et nihil amplius solvere teneantur et contribuere in talliis, adempris vel aliis quibuscumque exactionibus, nisi hoc fieret pro defensione terræ nostræ per tempus superius nominatum. In cujus rei testimonium hiis præsentibus nostrum sigillum jussimus apponendum. Datum Ebreduni, die secundâ mensis Maii, anno Domini M.CCXC. tertiâ indictione.

1290, 2 mai.

N° XV.

Lettre de Charles II, roi de Sicile à Jean II, Comte d'Ambrunois.

1298, 28 mars.

Carolus II Dei Gratia Rex Hierusalem et Siciliæ, Ducatus Apuliæ et Principatus Capuæ, Provinciæ et Forcalquerii Comes, nobili viro Joanni Primogenito egregii viri Humberti Dalphini Viennensis et Albonensis Comitis. Dominique de Turre, dilecti Consiliarii et fidelis nostri, Comiti Vapincensi et Ebrodunensi, nepoti carissimo, salutem et devotionis affectum. Intentionis nostræ non extitit, nec existit, quod prætextu homagii facti claræ memoriæ Domino patri nostro et nobis, tam per quondam Guigonem Dalphinum quam te, homagio consueto et debito per Dalphinos Viennenses et te Archiepiscopo et Ecclesiæ Ebredunensi aliquod debeat præjudicium generari ; Ea propter Nobilitati tuæ mandamus quatenus, præfato homagio facto dicto Domino patri nostro et nobis per dictum Guigonem et te, ut præmittitur, non obstante, prænominatis Archiepiscopo et Ecclesiæ Ebredunensi, consuetum et debitum homagium facias ut teneris et debes. Datum Aquis, anno Domini MCCXCVIII, die XXVIII martii, XI^{mæ} Indictionis, Regnorum nostrorum anno quarto decimo.

N° XV bis.

Protestatio Bernardi de Valle-Bona, Vicarii Archiepiscopi Ebredunensis, super denegatione fidelitatis præstandæ præd. Archiepiscopo à Joanne Comite Ebredunesii.

In nomine Domini Amen. Anno incarnationis ejusdem M.CC XCVII. indictione X. die XV. mensis Martii, Reverendo in Christo Patre D. G. Dei gratiâ Ebredunensi Archiepiscopo Præsidente, cùm ad audientiam venerabilis viri D. Bernardi de Valle-Bona Decretorum Doctoris, Vicarii generalis præd. D. Ebredunensis Archiepiscopi apud sedem Apostolicam constituti et ad eam per Summum Pontificem evocati, ex relatione plurium pervenerit, quod nobilis Vir Johannes Dalphini magnifici Viri D. Humberti Dalphini, et D. Annæ Dalphinæ Vienn. filius communis, cui ab eis, ut dicebatur, Terra quam habebant in Vapincesio et Ebredunesio data erat, veniret ad Villam de Caturicis et ad Civitatem Ebredunensem, pro fidelitatibus recipiendis ibidem. Tandem dict. D. Vicarius una cum discreto Viro D. Petro Duranti Conreario et Judice terræ dict. D. Archiepiscopi, et me Notario infrascripto, ad Villam de Caturicis personaliter se conferens, præd. Johannem Dalphini in mei Notarii et testium infrascriptorum præsentia rogavit instanter, et solemniter sæpe et sæpius requisivit, ut ipse

1297
15 mars.

nobilis homagium et fidelitatem, quod et quam Dalphini Vienn. prædecessores ejusdem Johannis fecerant et præstaverant olim pluribus Archiepiscopis Ebredunensibus prædecessoribus dict. D. Archiepiscopi et Ecclesiæ Ebredunensi, pro hiis quæ habebant, tenebant et possidebant ad feudum ab Ecclesia Ebredunensi in Civitate et Diocesi Ebredunensi à Pertuso Rostagno inferius, faceret et præstaret ipsi D. Vicario dict. D. Archiepiscopi, prout tenetur et debet, tam ex causis præmissis quam ex conventionibus olim initis et juratis inter Ebredunenses Archiepiscopos et Vienn. Dalphinos, qui Dalphini ad præmissa se et suos successores efficaciter obligarunt, offerens se paratum dict. D. Vicarius incontinenti facere fidem eidem nobili et ejus consilio de conventionibus, homagiis et fidelitatibus præd. præstitis per prædecessores suos pluribus Archiepiscopis, qui ab olim Ecclesiæ Ebredunensi præfuerunt, ad quæ nobilis ipse respondit, quod nec faceret dict. homagium nec præstaret fidelitatem petitam per dict. Vicarium. Et propterea idem D. Vicarius videns, quod dict. nobilis dict. homagium facere, et fidelitatem præstare totaliter denegabat eidem, et quod præmissis, precibus et requisitionibus non obstantibus parabat se ad fidelitates recipiendas ab hominibus Villæ de Caturicis suprad., eidem nobili expresse inhibuit, et quantum potuit contradixit, nomine Archiepiscopi et Ecclesiæ suprad. ne procederet **ad receptionem fidelitatum et homagiorum præd,** in Villa præd., donec nobilis ipse homagium fecisset et fidelitatem præstitisset ipsi D. Vicario, nomine quo suprà, prout superius est petitum; rogans nihilominùs idem D. Vicarius dict. nobilem et requirens, quod si nunc non velit facere et præstare quod tenetur et debet facere Domino Archiepiscopo et Ecclesiæ suprad., ob reverentiam saltem Romanæ Ecclesiæ, cujus obsequiis, pro utilitate rei publicæ nunc dict. D. Archiepiscopus immoratur, et quia etiam D. Archiepiscopi vicinus ad Ebredunensem Ecclesiam speratur adventus, supersederet ad præsens accipiendis hominiis et fidelitatibus suprad., quod expressim dict. nobilis facere denegavit. Cumque idem D. Vicarius videret quod nec per preces seu requisitiones præd., nec etiam propter reverentiam sedis Apostolicæ idem nobilis vellet desistere à prædictis, protestatus fuit solemniter coram eo, quod per ea quæ in Villa diceret vel faceret, dicere vel facere intendebat in præsenti vel etiam in futuro super recipiendis homagiis vel fidelitatibus vel aliis quibuscumque actibus exercendis, quibus omnibus nomine præfati D. Archiepiscopi non consentit, imò quantum potuit expressiùs contradixit, quod nullum eidem D. Archiepiscopo et Ebredunensi Ecclesiæ possit seu debeat nunc seu in posterum præjudicium generari, nec aliquod jus præd. Johanni acquiri. Imo voluit et expresse prædixit, quod jus præfati D. Archiepiscopi et Ebredunensis Ecclesiæ, non obstantibus hiis quæ fient per D. nobilem in dict. Ecclesiæ præjudicium, semper salvum remaneat et illesum etc. Acta fuerunt hæc in Villa de Caturicis, in Domo Archiepiscopali, præsentibus testibus vocatis venerabili P. D. Gaufrido Dei gratiâ Episcopo Vapincensi, D. Petro Gauterio Præposito Vapencensi. D. Johanne de sancto Savino Milite, D. Benevenuto de Campesio, D. Petro de Casalorcio, D. Petro Radulfi, D. Petro Jurisperitis, Riperto de Broseriis, Johanne Tornayre Notario de Osasicha.

N° XVI.

Donation d'un bréviaire par Esprit Claret à l'Eglise de l'Arche.

1496, 1er Août.

Anno MCCCCLXXXXVJ et die prima mensis Augusti Ego Spus Clareti Curatus loci de Archa diocesis Ebredunen do pnte brevarium in pagameno impum dicte cure, ad honorem omnipotentis Dei et Virginis Marie ac beati Petri appli et omnium Sanctorum et pro servitio cappellanorum, in loco dicto existen. ac etiam pauperum transientium. Volo que semper incathenatum in dicta ecclesia de Archa ad voluntatem Dnorum consulum et universitatis dicti loci. Et qui horas dixerit in dicto breviario dicat unum pater noster et ave maria pro anima dicti Dni curati. Amen.

Spus CLARETI.

N° XVII.

Bulle du Pape Sixte IV créant le roi de France, premier chanoine de Notre-Dame d'Embrun.

Sixtus Episcopus, servus servorum Dei, ad perpetuam rei memoriam.

Sollicitudo pastoralis officii mentem nostram continua pulsat instantia, ut nostræ provisionis ope, singulæ Ecclesiæ præsertim metropolitanæ, dignis Deo personis honorentur; et Reges Francorum qui velut christianæ religionis protectores, sacra unctione liniuntur, ut ad benefaciendum ipsis Ecclesiis reddantur in dies promptiores, titulis ecclesiasticis prout ipsorum Regum excellentia ac innata devotio expostulat, decorentur; et his quæ propterea provide facta sunt, ut effectum habeant stabilem, libenter Apostolici muniminis adjicimus firmitatem. Sane, sicut accepimus nuper, Canonicatu et Præbenda Ecclesiæ Ebredunensis, in qua nonnullæ minores Præbendæ fore noscuntur, quas quondam Mondonus David, ipsius Ecclesiæ canonicus dum vivebat, per obitum ejusdem Mondoni, qui extra Romanam curiam diem clausit, vacantibus; dilecti filii, Capitulum dictæ Ecclesiæ, cum ad illud Capitulum collatio, provisio, et omnimoda dispositio Canonicatuum et Præbendarum ejusdem Ecclesiæ, dum vacant, de antiqua et approbata hactenus que pacifice observata consuetudine pertineant, Canonicatum et Præbendam prædictos, ut præmittitur, vacantes, Charissimo in Christo filio nostro Ludovico, Francorum Regi illustri, ordinaria auctoritate contulerunt, et de illis etiam providerunt; ipseque Ludovicus, collationis et provisionis prædictarum vigore, Canonicatum et Præbendam prædictos extitit assecutus. Nos itaque motu proprio, non ad ipsius Regis, vel alicujus alterius pro eo nobis super hoc oblatæ petitionis instantiam, sed de nostra mera liberalitate, et ex certa nostra scientia, collationem et provisionem de Canonicatu et Præbenda quorum fructus, redditus et proventus XXIV librarum Turonensium parvarum, secundum communem affirmationem, valorem annuum, ut etiam accepimus, non excedit, eidem Regi factas hujusmodi, ac prout illas concernunt omnia et singula in litteris ipsius Capituli desuper confectis, quarum tenores ac si de verbo ad verbum præsentibus insererentur, haberi volumus pro sufficienter expressis, contenta et inde secuta quæcumque, auctoritate Apostolica, tenore præsentium, approbamus et confirmamus, ac præsentis scripti patrocinio communimus, supplentes omnes et singulos tam juris quam facti defectus, si qui intervenerint in eisdem. Ut nihilominus de cætero præfata Ecclesia habeat per amplius, ut dictum est, honorari, ad ipsius Ludovici successores, Francorum Reges pro tempore existentes, statim post sceptri regalis adeptionem absque alia creatione, seu collatione, seu provisione per nos vel successores nostros Romanos

Pontifices, aut Capitulum dictæ Ecclesiæ seu quosvis alios desuper facienda, cum plenitudine juris canonici sint et esse censeantur *ipsius Ecclesiæ Canonici et Protocanonici* nuncupentur, ac Canonicatum et Præbendam, quos nunc dictus Ludovicus Rex obtinet, obtinere, illorumque possessionem per se vel alium, seu alios propria et libera auctoritate apprehendere, diœcesani loci ac Capituli prædictorum et cujusvis alterius licentia super hoc minime requisita; quodque Ludovicus et successores prædicti, quotiens ad eamdem Ecclesiam accesserint, *Superpellicium*, *Cappam*, *Almutiam* atque alia Canonicalia indumenta et insignia deferre ad instar aliorum dictæ Ecclesiæ Canonicorum, ac primum stallum in choro post Archiepiscopum Ebredunensem pro tempore existentem, et locum in Capitulo etiam supra et ante *Præpositum* (le prévot) ipsius Ecclesiæ habere possint et debeant, motu, scientia et tenore prædictis statuimus, decernimus pariter et ordinamus. Decernentes optiones de Præbenda prædicta sicut nunc præsertim vacante, et in posterum vacatura, factas forsan hactenus et faciendas in futurum, nullas et invalidas esse, ac censeri debere, nec cuiquam suffragari ; et dictam Præbendam sub dictis optionibus nullatenus potuisse aut posse comprehendi; irritum quoque et inane si secus super his à quocumque quavis auctoritate scienter vel ignoranter attentatum forsan est hactenus, vel in posterum contigerit attentari, nonobstantibus præmissis ac constitutionibus vel ordinationibus Apostolicis, statutis quoque et consuetudinibus dictæ Ecclesiæ, juramento, confirmatione Apostolica, vel quavis firmitate alia roboratis, cæterisque contrariis quibuscumque. Nulli ergo omnino hominum liceat hanc paginam nostram approbationis, confirmationis, communitionis, suppletionis statuti, constitutionis, ordinationis et decreti infringere, vel ei ausu temerario contraire; si quis autem hoc attentare præsumpserit, indignationem omnipotentis Dei, ac Beatorum Petri et Pauli Apostolorum ejus se noverit incursurum.

Datum Romæ apud s^{tum} Petrum anno Incarnationis Dominicæ MCCCCLXXXII decimo Kal. Feb., Pontificatus nostri anno XII°.

N° XVIII.

Pièce de vers récitée à Charles VIII passant à Embrun.

Charles Roy de France très excellant,
Des Roys anciens claire lignée,
Par ses biens faits le ciel quérant,
Pour bien regner en toute ioie ;

Lequel Empereurs, Roys, Ducs et Comtes
Craignent sur terre, mer à la ronde,
Chrestiens, mescréans et Turcs nomez :
Car à ly au monde n'a persone seconde.

Au Roy de Macédoine, dit Roy Alexandre,
En prouësses et mœurs comparer ie le doy,
Lequel en sa ioynesse le Roy Dary fit rendre,
Come disent histoires, fût-il du monde Roy.

Du fin profond de France, Ambrun haute cité,
Est venu sans attendre pour accomplir ses vœux,
A ton temple, Royne de haute dignité,
Par devant ta figure s'est mis à deux genoux.

Est-il vuray que les avis du Roy,
Si le Grand Charlemagne fit fer le fondement,
De ton temple, ô Royne, et Louys le bon Roy
Vivant en toute ioye, le dotte richement.

O temple bienheureux, cela le peus ie dire,
Lequel ont visité deux les plus grands du monde
Le père et le fils, ie ne scaray mal dire :
Car ou somes compter c'est le plus hault du monde.

Tant que tous les ruysseaux tomberont en la mer,
Et de soleil luisant des planetes plus clair,
La terre et la mer seront illuminez,
Ta haulte renomee ne cessera regner.

N° XIX.

Bulle du pape Léon X accordant des Indulgences en faveur de l'église de Notre-Dame d'Embrun.

Leo Episcopus, servus servorum Dei, universis Christi fidelibus, præsentes litteras inspecturis salutem et Apostolicam benedictionem.

1514,
28 déc.

Dum præclara meritorum insignia quibus Regina cœlorum Genitrix gloriosa Maria cœlorum prælata sidereis quasi stella matutina præruliat, devotæ considerationis indagine perscrutamur, dum que intra pectoris nostri arcana revolvimus, quod ipsa utpote Mater gratiæ et misericordiæ, pro salute Christi fidelium qui delictorum onere prægravantur, apud Deum quem genuit Jesum Christum Dominum nostrum assidue intercedit, dignum et debitum esse putamus ut in honore sui nominis dedicatas ecclesias, præsertim in locis ubi miraculorum claritate coruscat, gratiosis remissionum prosequamur impendiis, et Indulgentiarum muneribus decoremus. Cupientes igitur ut ecclesia Ebredunensis, quæ sub invocatione Virginis gloriosæ Mariæ dedicata existit, reparetur, et capella in honorem ipsius gloriosæ Virginis et trium Regum ibi structura insigni et illustri ædificio de novo fabricetur, et ad cultum divinum ampliandum, ad quam Christi fideles diversarum nationum, et etiam Francorum Reges, tum propter devotionem quam ibi gerunt, tum etiam propter diversa miracula quæ omnipotens Deus meritis et intercessionibus prælibatæ Virginis gloriosæ retroactis temporibus hactenus operatus est et operatur in dies, magnus populi concursus habeatur; nosque charissimi in Christo filii Ludovici, Francorum regis illustris, et dilecti filii nostri Nicolaï, tit. S^{tæ} Priscæ præbyteri cardinalis, ipsius ecclesiæ archiepiscopi, qui singularem devotionem ad illam ecclesiam gerunt, supplicationibus inclinati ; et ut congruis honoribus frequentetur à Christi fidelibus, eo libentius devotionis causa ad illam confluant quod tandem precibus et meritis præfatæ Virginis adjuti, et per alia bona opera quæ fecerint animarum suarum salutem speraverint adipisci ; et capella de novo, ut præfertur, ædificanda, ac ecclesia et campanila, quod, ut accepimus, ruinam minatur, in suis structuris ædificiisque, reparationibus et aliis rebus et ornamentis divino cultui necessariis, honestius commodiusque ædificentur et reparentur ; et Christi fideles tanto religiosius et sanctius ad eam confluant, quod ibi dono gratiæ uberius conspexerint se refectos ; de omnipotentis Dei misericordia, ac BB. Petri et Pauli Apostolorum ejus auctoritate confisi, omnibus et singulis utriusque sexus Christi fidelibus vere pœnitentibus et confessis, qui præfatam Ecclesiam in Nativitatis et Annunciationis ejusdem Virginis Gloriosæ Mariæ festivitatibus annuatim à meridie diei præcedentis usque ad occasum solis ipsarum festivitatum inclusive, devote visitaverint, et pias eleemosynas ad ædificiorum reparationem, manutentionem, conservationem et decorem, ac augmentum divini cultus hujusmodi erogaverint, manusque quomodolibet porrexerint adjutrices, seu senes et valetudinarii, seu infirmi ac mulieres prægnantes et alii legitimo impedimento detenti, qui commode visitare prædictam ecclesiam non poterunt, eleemosynas pro præmissis miserint, plenariam omnium peccatorum suorum de quibus corde contriti, et ore confessi fuerint, Indulgentiam et remissionem concedimus, et elargimur. Quodque, si contingat ipsa festa ejusdem Virginis vel alterum ipsorum die sabbati celebrari, tunc extendatur et continuetur prædicta Indulgentia per totam diem dominicam sequentem, etc.

« Après ce, ajoute le P. Fournier au lieu de
« donner la continuation du texte, Léon X, or-
« donne par cette Bulle qu'une partie des ces
« aumônes soit réservée pour les réparations de
« l'église de St Pierre et de St Paul de Rome ;
« qu'il y aura trois clefs, dont l'une sera gardée
« par le grand vicaire de l'archevesque, l'autre
« par le Chapitre, et la troisième par les syndics
« ou consuls de la ville ; et finalement, que cette
« Indulgence pleniaire durera iusques à soixante
« ans, nonobstant toutes les reservations faites
« par les Bulles appelées *cruciates* ou *croisées* en
« cour de Rome. Cette Bulle fut donnée le 4^e
« iour avant les calendes de janvier. L'an MDXIV
« le 2e du pontificat de ce pape. »

N° XX.

Sentence du Concile d'Embrun contre Soanen, évêque de Senez.

1727, 20 sept.

. . . . Audita iterata relatione facta à Reverendissimo Domino Episcopo Grassensi, eorum quæ in dicto Mandato Pastorali continentur. Et insuper audita relatione facta totius præsentis Processus, à Reverendissimis Dominis Episcopis Glandavensi et Vivariensi Commissariis ad hoc deputatis. Visis denique diffinitivis conclusionibus Promotoris. Omnibus diligenter perpensis, Sanctissimoque Dei nomine invocato, *Concilium*, nonobstantibus suprà dictis appellationibus, damnavit, et damnat prædictam Instructionem Pastoralem cui Titulus, (Instruction Pastorale de Monseigneur l'Evêque de Senez, dans laquelle, à l'occasion des bruits, qui se sont répandus de sa mort, il rend son Clergé et son Peuple, dépositaires de ses derniers sentimens, sur les Cotestations qui agitent l'Eglise, du vingt-huitième août mil sept cent vingt-six) Tamquam temerariam, scandalosam, Ecclesiæ, Episcopis, et auctoritati Regiæ injuriosam, Schismaticam, hæretico spiritu plenam, erroribus refertam, et hæreses foventem ; in his præcipuè, quibus adversatur puræ et simplici summi

Pontificis Alexandri VII Formularii signaturæ, cui vexationis nomen adscribit; in his, quæ falsò et injuriosè profert in Constitutionem *Unigenitus*, et in ejus factam acceptationem, affirmando dictam Constitutionem Ecclesiæ Dogma, mores, disciplinam et Hierarchiam evertere; in his, quæ ad damnati Libri Moralium Quesnellii considerationum commendationem affert, cujus Libri Lectionem permittit et suadet, tanquam alendæ pietati maxime idonei; in his etiam, quibus Reverendissimus Dominus Episcopus Senecensis eos ex suis, qui occasione supra dictorum post mortem suam possent inquietari, hortatur, ut à principiis dictæ suæ Instructionis Pastoralis non discedant. Quos omnes errores denuò affirmavit dictus Reverendissimus Dominus Episcopus Senecensis, tum in scripto per modum litterarum omnibus visuris directo, tam suo quam sibi adhærentium nomine, dato mensibus Junio et Julio præsentis anni, quod scriptum ipsemet recitavit in pleno Consessu, ejusque exemplar sua manu subscriptum deposuit; tum in actis suis omnibus adversus Promotoris expostulationem allatis : minime tamen intendente Concilio, his singularibus designationibus cætera quæ in dicta Instructione Pastorali enuntiantur approbare ; in quibus alia multa notavit, justâ reprehensione maxime digna. Vetat ac prohibet sancta Synodus, ne quis fidelis utriusque sexus, sive exemptus, sive non exemptus tam Diœcesis Senecensis, quam hujus Ecclesiasticæ Provinciæ doceat aut sectetur pravam dictæ Instructionis Pastoralis Doctrinam, aut cujuscumque alterius Libri in favorem dictæ Instructionis conscripti; ne quis etiam hujusmodi Libros legat, imprimat, vendat aut spargat in vulgus; præcipiens omnibus, aliquod horum exemplar sive typis mandatum, sive manuscriptum apud se habentibus, ut continuò reponant illud apud Ecclesiasticum Tabularium suæ Diœcesis : Supra dicta omnia, sub pœna excommunicationis ipso facto incurrendæ, Ordinario reservatæ. Statuit sancta Synodus, ut dictus Reverendissimus Dominus Joannes de Soanen Episcopus Senecensis, qui dictam Instructionem Pastoralem subscripto proprio nomine suam declaravit et adoptavit, et qui, nonobstantibus Monitionibus Canonicis eidem factis ut dictos excessus suos retractaret, pervicaciter in eis perseveravit, sit et maneat suspensus ab omni Officio et Jurisdictione Episcopali, et ab omni exercitio Ordinis tum Episcopalis tum Sacerdotalis; donec satisfecerit debite retractando, et rite condemnando, tam dictam Instructionem Pastoralem, quam quæcunque alia, ab eo ad eam defendendam conscripta. Quo casu retractationis Concilium potestatem facit Reverendissimo Domino Archiepiscopo Ebredunensi Metropolitano suo, et, vacante Sede Metropolitana, antiquiori Provinciæ Suffraganeo, ad hoc requisitam absolutionem, dicto Reverendissimo Domino Joanni de Soanen Episcopo Senecensi, concedendi et impertiendi. Vetat et prohibet

Concilium, ne quis interim sive Vicarius Generalis, sive Officialis, Promotor, Decanus Ruralis, Vicarius Foraneus, et quivis alter Officiarius Ecclesiasticus à dicto Reverendissimo Domino Episcopo Senecensi constitutus aut delegatus, durante prædicta suspensione, ullam exerceat muneris sui prædicti functionem. Conciliumque eligit ac constituit in tota Diœcesi Senecensi Vicarium Generalem simul et Officialem, quandiu durabit prædicta Censura, Reverendum Dominum Joannem d'Yze de Saleon Presbyterum, capacem, idoneum, pietate, zelo, doctrinaque conspicuum, cui in hunc effectum tradentur, nomine Concilii, Litteræ Vicarii Generalis et Officialis à Reverendissimo Domino Archiepiscopo Ebredunensi : qui quidem Vicarius Generalis simul ut Senetium advenerit, Synodum convocabit Diœcesanam, Inibique signaturam exiget puram et simplicem Formularii Alexandri VII ab iis omnibus qui nondum illam præstiterint : Exiget etiam in posterùm ab iis omnibus, qui sive erunt promovendi ad Ordines, sive per *Visa*, aut alia quavis ratione Canonica ad Beneficia erunt instituendi. Præstereà dictus Vicarius Generalis jubebit, è Codice Actorum Episcopatûs auferri, si possit, Instructionem Pastoralem supradictam, discindendam ; simulque alia quæcumque Acta potuissent ibi inseri, eamdem dictæ Instructionis Pastoralis Doctrinam continentia, pariter discindenda. Si verò extrahi non possint, ex dicto Codice expungenda et delenda curabit, adhibitâ ad marginem præsentis Judicii mentione : Et insuper prospiciet iis quæ ad sanæ Doctrinæ Disciplinæque Ecclesiasticæ, sive restitutionem, sive firmamentum conducere aut necessaria fore judicabit. Quoniam vero præfata Constitutio *Unigenitus* nondum in dicta Diœcesi Senecensi fuit promulgata, curabit sinè mora juxta formam solitam promulgari. Concilium item, toto supradictæ Censuræ tempore, Promotorem constituit ac delegat in dicta Diœcesi Senecensi, Reverendum Dominum Joannem Allard Presbyterum, capacem, idoneum, et tali munere dignum : Isque in hunc finem, nomine Concilii, Litteras à Reverendissimo Domino, Archiepiscopo Ebredunensi traditas recipiet. Qui quidem, sive Vicarius Generalis et Officialis, sive Promotor, erunt revocabiles à Reverendissimo Domino Archiepiscopo Ebredunensi, aut vacante Sede Archiepiscopali, ab antiquiori Provinciæ Suffraganeo, qui alium vel alios in præcedentium locum sufficient, prout è re Ecclesiæ fore judicabunt. Et ex fructibus Episcopatus Senecensis assumetur tertia pars, necessariis administrandæ Diœcesis Senecensis sumptibus impendenda, ac proptereà reponenda in manibus præfati Vicarii Generalis et Officialis, qui supra dictæ tertiæ partis fructuum, simul et totius administrationis suæ, quemadmodum et ipse Promotor muneris sui, Reverendissimo Domino Archiepiscopo Ebredunensi, aut vacante Sede Archiepiscopali, antiquiori Provinciæ Suffraganeo, singulis Trimestribus, aut sæpius etiam, si ab iis requisitum fuerit, rationem reddent. Insuper Christianissimo Regi humillime supplicabitur, ut præsens Judicium authoritate sua firmare, ejusque executionem promovere velit. Statuit ac decrevit Concilium, præsens suum Judicium hac in Urbe notificandum ac denuntiandum, dicto Reverendissimo Domino Joanni de Soanen Episcopo Senecensi, exemplumque illius illi relinquendum, et insuper in Urbe Senecensi legendum, ac promulgandum, et ubivis jus postulat, ne quis ignorantiam ejus possit prætendere. Datum in Concilio Provinciali Ebredunensi, die vigesima Septembris anni millesimi septingentesimi vigesimi septimi.

Sic subsignatum in Autographo.

† Ego Petrus Archiepiscopus et Princeps Ebredunensis definiens subscripsi.
† Ego Franciscus Episcopus et Comes Vapincensis definiens subscripsi.
† Ego Joannes Episcopus et Dominus Bellicensis definiens subscripsi.
† Ego Petrus Josephus de Castellane Episcopus Forojuliensis definiens subscripsi.
† Ego Flodoardus Episcopus Venciensis definiens subscripsi.
† Ego Petrus Fransciscus Episcopus Sistaricensis definiens subscripsi.
† Ego Dominicus Episcopus Glandavensis definiens subscripsi.

† Ego Antonius Franciscus Episcopus Æduensis definiens subscripsi.

† Ego Fransciscus Reginaldus Episcopus Vivariensis definiens subscripsi.

† Ego Joannes-Baptista Episcopus Aptensis definiens subscripsi.

† Ego Alexander Episcopus et Comes Valentinensis definiens subscripsi.

† Ego Joannes Episcopus et Princeps Gratianopolitanus definiens subscripsi.

† Ego Carolus Octavianus Episcopus Grassensis definiens subscripsi.

Die vigesimâ primâ mensis Septembris anni millesimi septingentesimi vigesimi septimi in quarta Sessione Concilii Ebredunensis, post Promulgationem Decretorum *de Constitutionibus Apostoltcis*, prædicta sententia promulgata fuit, quo facto, à Patribus Concilii exquisita sunt vota, et iis relatis Reverendissimo Archiepiscopo, ipse Reverendissimus Archiepiscopus pronuntiavit : *Placuit Patribus Sententia.*

† Petrus Arch. P. Ebred.

N° XXI.

Lettre de M. de Senez à un chanoine de sa Cathédrale datée d'Embrun le 23 septembre.

Ne vous affligés point, mon cher chanoine, car si vôtre peine étoit trop vive, vous mettriés le comble à la mienne ; et au lieu de m'aider à soutenir la fidélité que je dois à Dieu, vous m'affligeriés par mon affection pour vous. La sentence du Concile vient enfin de paroître. (*Suit l'extrait de la sentence.*)

Les choses étant dans cet état, vous jugés bien que mon cœur est déchiré dans toutes ses veines; car après Dieu, j'aime mon Troupeau, mes Filles *(les Religieuses de la visitation de Castellane)*, et mes Pauvres ; et vous sçavés la part que vous avés dans mon cœur. Mais Dieu veut que je préfère à mes enfans, à mes amis, à mon honneur, et à ma propre vie, sa volonté, sa grâce, son amour. C'est à ces trois devoirs qu'on livre la guerre ; et M. l'archevêque m'a avoué deux ou trois fois, que si j'acceptois la constitution, je serois blanc comme la neige.

Consolés mes Amis, mes Filles, en leur faisant sentir que la persécution auroit été de même après ma mort ; représentés leur que je donnerois volontiers ma vie pour eux, si on s'en contentoit. Mais je ne puis, sans apostasie, ni trahir ma conscience par un horrible serment, en jurant, malgré ma conviction, sur un fait non révélé et contesté, comme l'attribution des cinq propositions au livre de Jansenius, ni trahir vainement la doctrine de l'Eglise, l'efficace de la grâce de Jésus-Christ, et la nécessité de l'amour de Dieu dans le Sacrement de la Pénitence, et cent autres vérités en recevant la Constitution.

On raisonne ici beaucoup sur mon exil : les uns disent Embrun, d'autres le Mont-Dauphin, et d'autres Gap. Dieu est partout, et s'il me rend fidèle partout, je serai content. J'ai déclaré un appel en forme, au nom de M. de Montpellier et au mien, au Parlement de Paris, comme d'abus ; mais un dernier arrêt du Conseil me ferme cette porte. Dieu se montrera quand son tems sera venu ; attendons en paix ses momens, et soumettons-nous à sa volonté. Ne vous laissés point vaincre à vôtre douleur. Dieu nous met tous à une grande épreuve. Il y a mis avant moi tant de grands saints, dont je ne suis qu'une ombre; les Athanases, les Chrysostomes, les Eusèbes de Verceil, et les Hilaires de Poitiers, aimoient bien leurs diocèses, et ils les ont quittés et sacrifiés pour garder leur foi. Je suis tout à vous, jusqu'au dernier soûpir.

† Jean, Evêque de Senez.

N° XXIII.

Mandement de Mgr l'Evêque de Gap, relatif au pèlerinage du mont Guillaume, au-dessus d'Embrun.

1859,
20 mai.

Jean-Irénée Depéry, par la miséricorde de Dieu et la grâce du Saint-Siége apostolique, Evêque de Gap, Prélat assistant au trône pontifical, au clergé et aux fidèles des Archiprêtrés d'Embrun, de Guillestre et de Savines, Salut et bédédiction en N. S. J. C.

Nos très-chers Frères,

Dans nos montagnes catholiques, la foi revêt toujours un noble caractère. Mais que sa physionomie est bien plus solennelle, bien mieux accentuée lorsqu'elle appelle et convoque les peuples sur les sommets gigantesques que l'on n'aborde qu'après de longues marches, à travers des sentiers à peine frayés, par des chemins qui déchirent et ensanglantent les pieds du pèlerin! A mesure que l'on s'élève, s'abaissent les mille préoccupations de la terre; l'âme en harmonie avec toutes les choses de la création se dégage, pour ainsi dire, de cette lourde enveloppe qu'elle traîne après elle; l'air raréfié fait battre le cœur plus vite et plus fort; le spectacle de l'infini grandit la pensée, et les pures et saintes aspirations montent naturellement, avec la voix de la prière, au-dessus des dernières cimes et vont se perdre en Dieu.

Voilà pourquoi, N. T. C. F., nous avons toujours aimé les pèlerinages de nos Alpes et en particulier, ce pèlerinage célèbre qui, chaque année, a le privilége d'attirer sur les sommets du mont Guillaume les populations de la ville d'Embrun et des paroisses environnantes. Naïve et simple comme le berger qui en fut l'origine, cette dévotion nous a laissé les plus doux souvenirs, et nous ne remontons jamais par la pensée, vers ces régions couronnées de neiges éternelles, sans que notre cœur soit ému et nos yeux mouillés de larmes.

C'est que, N. T. C. F., ce culte rendu à un enfant de ces mêmes montagnes, pauvre comme la plupart d'entre vous, vivant de cette vie des champs que vous menez vous-mêmes, a quelque chose en soit qui séduit et qui captive. Ce berger qu'on honore au mont Guillaume, et qui de ce trône élevé, bénit et protége nos vallées, a connu vos pères, il a conversé avec eux, et leur a communiqué des paroles d'édification et de vie, il a respiré cet air pur qui dilate et fortifie vos poitrines; ses yeux ont parcouru souvent ce magnifique horizon qui se développe du haut de ces monts, ses pieds ont foulé cette terre, sa main a porté la houlette de vos bergers, sa tête a reposé sous l'humble toit de chaume, et aujourd'hui sa voix puissante vous crie à tous que le chemin du Ciel n'est pas si rude qu'on veut se le faire et qu'on se sanctifie dans l'obscure condition de pâtre plus facilement que sous la pourpre des rois.

Oui, elle a retenti à l'oreille de chaque pèlerin votre voix, ô bienheureux Guillaume, car si, depuis longtemps, vous avez au ciel votre couronne, votre esprit habite encore ces lieux sanctifiés par vous. Vous êtes l'ange de ces hautes solitudes; vous nous apprenez comment, l'âme pure et libre de toute attache aux biens mortels, on peut s'isoler du monde pour être tout à Dieu; comment on soustrait son corps aux voluptés de la terre, son esprit à la vaine curiosité, son cœur aux ravages des violentes passions. Vous compatissez à nos peines, vous comprenez nos besoins, vous écoutez nos vœux, vous veillez sur nos champs pour les préserver des intempéries et des inondations, sur nos maisons pour les protéger contre l'incendie, sur nos troupeaux pour en écarter la maladie, et, ce qui est bien plus précieux encore, vous pouvez nous inspirer les sages résolutions que votre voix charitable indiquait jadis à ceux vers qui le ciel vous députait!

Vous aurez donc facilement compris, Nos très-chers Frères, dans quel but et sous quelle inspiration nous avons voulu rendre au culte délaissé de saint Guillaume son antique éclat et ses fêtes séculaires.

Dès les premières années de notre Episcopat, nous avions eu à cœur de réparer et d'orner son antique chapelle en la paroisse d'Eygliers, et de la doter d'une châsse digne de la *main angélique* qu'elle renferme aujourd'hui, relique précieuse exposée à la vénération et à la reconnaissance des populations voisines, heureuses de posséder ce riche trésor.

Plus tard, lors de notre pèlerinage *ad Limina apostolorum*, en 1854, nous avons obtenu de Rome l'approbation de l'office de saint Guillaume et l'autorisation pour tout l'archiprêtré de Guillestre d'en faire publiquement et solennellement la fête (1).

Il nous restait encore, chers Embrunais, à organiser votre pèlerinage au mont Guillaume et à lui rendre, plus resplendissant et plus général, son vrai caractère religieux et populaire. Nous avons donc tenu à honneur d'assister nous-même, déjà deux fois, à votre procession et de faire partie de la confrérie qui la préside. Enfin nous avons obtenu que de riches indulgences fussent attachées à la visite de l'antique chapelle de Saint-Guillaume. Mais nous n'avons pas oublié une autre chapelle que, à notre instigation, votre piété généreuse vient à peine d'élever sur le charmant plateau des Seyères (2) et que nous aurons bientôt le bonheur de bénir nous-même, si Dieu nous donne la force de gravir encore une

(1) Décret de la S. Congrégation des rites, du 11 mai 1854.

(2) Seyères (en patois du pays *Cheyères, Chaises*), dérive du latin *Sedilia*, qui a la même signification. Dans ce vallon en effet, se trouvent un grand nombre de petits rochers qui ressemblent à des bancs qu'on dirait placés là pour la commodité des visiteurs.

fois avec vous la sainte montagne. Là, désormais, les pèlerins dont les forces auront trahi la piété et le courage pourront s'arrêter, sans craindre, comme autrefois, de manquer au grand précepte de l'audition de la sainte messe; là, au bord d'une source abondante, fraîche et limpide, sur des gazons émaillés de mille couleurs, entourés de ces élégants arbustes dont les fleurs éclatantes, tressées en couronnes, orneront la tête des pèlerins (1), ils pourront, à l'ombre de la chapelle de Notre-Dame, patiemment attendre le retour de leurs frères, de leurs époux, de leurs pères, qui, plus heureux, auront gravi les sommets escarpés du mont pour visiter l'antique chapelle et assister à la bénédiction du lac voisin auquel se rattachent tant d'édifiantes traditions. Ce sera comme un pieux rendez-vous, comme une halte sainte, comme une oasis rafraîchissante au milieu du désert.

Nous nous empressons donc, N. T. C. F., de porter à votre connaissance le Bref par lequel N. S. le Pape accorde une indulgence plénière à tous les pèlerins qui, contrits et confessés et ayant communié (2), visiteront le deuxième dimanche de juillet, l'une ou l'autre chapelle de Saint-Guillaume ou de Notre-Dame des Seyères, et y prieront pour la concorde des

(1) Ces couronnes sont conservées comme un pieux souvenir.

(2) Cette communion peut être faite la veille.

Princes chrétiens, l'extirpation des hérésies et pour l'exaltation de notre sainte mère l'Eglise ; laquelle indulgence peut être appliquée aux âmes du purgatoire.

Cette faveur insigne, N. T. C. F., sera accueillie, nous n'en doutons pas, avec une vive reconnaissance, et votre religieuse population, ô ville bien-aimée d'Embrun, si zélée observatrice des traditions antiques, saura mettre à profit ce trésor spirituel.

Pour cela faire, votre procession au mont Guillaume marchera, sous l'œil de Dieu, dans le recueillement et la prière. En gravissant, au milieu des ombres de la nuit, les côtes rapides de la montagne, vos jeunes hommes et vos jeunes filles, animés des pensées de la foi, n'oublieront pas que cet acte n'est un acte religieux et profitable pour leur âme, qu'à la seule condition qu'il sera rempli avec cette décence, cette modestie, ces intentions droites et pures que Dieu aime et qu'il bénit dans les cœurs ; que la dissipation, la vanité, des rendez-vous coupables, peut-être, le désir de l'occasion du mal, ne sauraient attirer sur eux et sur la ville dont ils sont les députés, que les malédictions célestes. Mais il n'en sera pas ainsi, N. T. C. F., aucun désordre n'aura lieu ; et les regards du saint berger pourront se reposer avec une douce assurance sur tous les pèlerins de la montagne : c'est là notre ardent désir pour la glorification du culte de saint Guillaume et la sanctification de vos âmes.

A CES CAUSES :

Nous avons statué et statuons ce qui suit :

Art. 1er. L'indulgence accordée par notre Saint-Père le Pape Pie IX, en date du 11 mars 1859, en faveur du pèlerinage de Saint-Guillaume, est et demeure publiée dans notre diocèse.

Art. 2. Les chapelles de Saint-Guillaume et de Notre-Dame des Seyères sont placées sous la garde du Curé-Archiprêtre d'Embrun et confiées aux soins des Prieurs de la pieuse confrérie de Saint-Guillaume.

Art. 3. Chaque année, l'Archiprêtre d'Embrun avisera aux moyens de faire célébrer une messe dans l'une et l'autre chapelle, le jour du pèlerinage.

. . . .

Art. 6. La confrérie de Saint-Guillaume, dont nous nous honorons d'avoir été Prieur en 1857, est placée sous notre protection et sous l'autorité du Curé-Archiprêtre d'Embrun, qui, conformément aux Constitutions du diocèse, en est, à vie, le premier Recteur.

. . . .

Art. 10. L'élection annuelle des Prieurs et des Prieuresses se fera au vallon des Seyères après les vêpres, le jour du pèlerinage, sous la présidence de M. le Curé d'Embrun ou de son représentant.

Art. 11. Les Prieurs et Prieuresses ne pourront

jamais être pris hors de la ville et des hameaux d'Embrun.

Art. 12. Au retour de la montagne, la procession se formera au village de Chalvet et se rendra, en bon ordre, au chant du *Te Deum* et autres cantiques, à l'Eglise métropolitaine où sera donnée solennellement la bénédiction du saint Sacrement.

Donné à Gap, en notre palais épiscopal, sous notre seing, le sceau de nos armes et le contre-seing du chancelier de l'Evêché, le 20 mai 1859.

† Irénée, Evêque de Gap.

BREF DE SA SAINTETÉ

Le Pape Pie IX à Mgr l'Evêque de Gap.

PIUS PP. IX.

Ad futuram rei memoriam. — Exponendum Nobis curavit Venerabilis Frater hodiernus Episcopus Vapincensis, Dominicâ secundâ Mensis Julii, Christi fideles civitatis Ebredunensis finitimarumque parœciarum ejusdem Diœcesis Vapincensis, singulis annis, in sacellum, quod in satis excelso Alpium monte in honorem S. Gulielmi monasterii Calmensis, propè Ebredunum, Abbatis, fuit ædificatum, se frequentissimos conferri ; interque viam, in alio sacello, sub titulo Visitationis B. M. V., sito in valle vulgò *Seyères* nuncupatâ, consistere ; in utroque verò

1859, 11 mars,

sacello à memoratis Christi fidelibus nonnulla pietatis opera perfici. Quarè ad augendam hujusmodi Christi fidelium devotionem, Nobis Idem Venerabilis Frater humiles et enixas preces admovit, ut bono fidelium spirituali cœlestes Ecclesiæ thesauros de Apostolicâ benignitate reserare dignaremur.

Nos igitur, piis hisce votis quantùm cum Domino possumus obsecundare volentes, de omnipotentis Dei misericordiâ, ac BB. Petri et Pauli Apostolorum ejus auctoritate confisi, omnibus et singulis utriusque sexûs Christi fidelibus verè pœnitentibus et confessis, ac sacrâ communione refectis, qui, Dominicâ secundâ mensis Julii, alterutrum ex memoratis sacellis devotè visitaverint, et ibi pro Christianorum principum concordiâ, hæresum extirpatione ac Sanctæ Matris Ecclesiæ exaltatione, pias ad Deum preces effuderint, Plenariam omnium peccatorum suorum Indulgentiam et remissionem, quam etiam animabus Christi fidelium quæ Deo in charitate conjunctæ ab hâc luce migraverint, per modum suffragii applicare possint, misericorditer in Domino concedimus. — Præsentibus ad decennium valituris.

Datum Romæ, apud S. Petrum, sub annulo Piscatoris, die 11ª Martii 1859, Pontificatus nostri anno decimo tertio.

Pro Domino Cardinali MACCHI.

Jo. B. Brancaleoni Castellani, Substitutus.

NOTE A.

Détail inédit sur Jacques Gélu ou Geluz.

L'impression de cet ouvrage était presque achevée lorsque nous avons reçu, par l'intermédiaire de M. Fabre, une communication importante de M. Giraud de la Drôme sur le grand archevêque Jacques Gélu. L'amour de la vérité et la reconnaissance nous font un devoir de reproduire cette note.

« Jacques Gélu, nous dit M. Giraud de la Drôme, figure comme chanoine précenteur de Saint-Maurice de Vienne en l'année 1412. » (registres capitulaires mss. de l'église de Saint-Maurice de Vienne folio LXX au verso). Deux folios plus bas, on lit ce qui suit :

« Sequuntur divisiones terrarum vacantium
« quæ fuerunt venerabilium virorum domino-
« rum Jacobi Geluz olim Sanctæ Viennensis
« Ecclesiæ præcentoris, nunc vero gratia Dei
« Turonensis archiepiscopi, et Aymonis Arden-
« chii canonici quondam in ea. »

Albert dit de Gélu : « En 1408, poussé par
« une inspiration divine de quitter le monde,
« il écrivit à l'archevêque d'Embrun et aux cha-
« noines pour les prier de le nommer au pre-
« mier canonicat qui viendrait à vaquer dans
« leur Eglise ; ce qui lui fut promis. »

Il paraît que l'Eglise de Vienne a acquitté la promesse de celle d'Embrun. Gélu, qui a écrit les principaux actes de sa vie, ne parle pas de son admission dans le Chapitre de Saint-Maurice en qualité de chanoine précenteur, admission cependant *incontestable*, puisqu'elle est *consignée* dans le registre original du temps. Sans doute Gélu n'attachait pas à ce fait une grande importance. De Vienne il passa à Tours.

Chaque fois qu'un canonicat à Vienne vaquait par décès ou autrement, la prébende des chanoines manquants se divisait entre les autres ; c'est là l'explication de la phrase relative à Gélu et à un autre chanoine. Gélu jouissait comme membre du Chapitre de la terre de Reventin près de Vienne, *Repentinis*. »

M. Giraud de la Drôme nous apprend encore que le registre capitulaire où il a puisé ces intéressants détails a été retrouvé dans une maison privée à Romans ; il provient de la succession d'un abbé Tuiliers, official et capiscol de l'Eglise de Vienne avant 1789. En rapprochant ce fait de celui de la découverte faite par M. Fabre à Vienne, du coin qui servait à frapper la médaille de Notre-Dame d'Embrun, nous n'avons pu nous défendre d'une réflexion bien amère : L'orage violent des révolutions a donc dispersé au loin les débris des archives de nos cités avec plus de fureur et de désordre que ne faisaient autrefois les vents, lorsqu'ils emportaient en mille endroits les feuilles légères auxquelles les dieux avaient confié leurs oracles. Heureuse au moins la ville de Vienne, dont des savants riches et infatigables (MM. Giraud de la Drôme et de Terrebasse) ont entrepris de recueillir, pièce par pièce, les annales éparses et de reconstituer le glorieux cartulaire ! Mais, hélas ! la sainte Eglise d'Embrun n'aura peut-être jamais une pareille fortune, elle cependant aussi digne d'exciter l'intérêt des artistes et des savants que la célèbre métropole de Saint-Maurice qu'elle égale par l'illustration des grands souvenirs et par la communauté du malheur.

NOTE B.

Sur le P. Marcellin Fournier ou Fornier.

Nous avons cité bien souvent le P. Fournier, dans le cours de cet *Essai historique*. Le P. Fournier était de la compagnie de Jésus. Il naquit, non pas à Ceillac, comme on le croit généralement sur la foi du docteur Albert de Chantemerle, mais à Tournon en Vivarais, vers 1580 ; il mourut à Bourg en Bresse, avant 1660. On ne sait pas d'une manière plus précise à quelle époque il vint à Embrun, ni en quelle année il quitta cette ville. Il y était en 1628 où nous le voyons accompagner un condamné au supplice ; en 1642, il y exerçait encore ce charitable ministère.

Il composa d'abord en français une grande histoire des Alpes Maritimes et ensuite un abrégé latin du même livre, intitulé : *Annales Ecclesiastici sanctæ metropolitanæ Ecclesiæ Ebredunensis*. Ni l'un ni l'autre de ces deux ouvrages n'a été imprimé. C'est à la grande histoire que nous avons fait la plupart de nos emprunts. Le manuscrit dont nous nous sommes servi est écrit en entier de la main de Raymond Juvénis, procureur du roi au bailliage de Gap. Ce Raymond Juvénis n'est pas un simple copiste; il a fait des corrections au style de Fournier, sous prétexte que ce style était méchant et diffus. On doit lui savoir peu de gré de la peine qu'il s'est donnée pour « *habiller*, selon son expression, *Fournier d'une autre manière et l'accommoder à sa façon*, » car on ne remarque pas qu'il ait lui-même plus d'élégance et de clarté. Il s'est acquis un mérite plus réel en continuant jusqu'à la fin du dix-septième siècle l'Histoire des Alpes Maritimes, qui se terminait en 1642, et en ajoutant dans le corps de l'ouvrage « *plu-*
« *sieurs choses que l'autheur avoit obmises, nom-*
« *breuses et considérables.* »

Notons encore que le créateur des annales Embrunaises, écrivait son nom *Fornier* et non pas *Fournier*. C'est ce qui résulte *d'un examen attentif* de ses manuscrits. Quoique cette orthographe nouvelle présente *peu* de différence avec celle que nous avions adoptée et qui était en usage depuis plus d'un siècle dans la contrée, nous nous rangeons volontiers à l'avis de M. Fabre demandant qu'on écrive désormais le nom du jésuite Tournonois comme il le faisait lui-même. Dans une notice publiée en tête de la 2e édition des *Recherches historiques sur les Pèlerinages des Rois de France à Notre-Dame d'Embrun*, le savant magistrat vient de restituer à *Fornier* non-seulement son véritable nom et sa patrie, mais il a encore dégagé ses ouvrages de l'espèce de confusion qui régnait sur eux, il en a relevé le prix trop méconnu, et enfin il a placé sur le même piédestal de gloire que ses deux contemporains Chorier et Guichenon, réputés les plus utiles historiens du Dauphiné, l'humble religieux à qui le pays d'Embrun doit d'avoir conservé le souvenir de ses grands hommes et la plupart des titres qui attestent son ancienne splendeur.

ERRATA.

Page 20, ligne 12, tenu en 404, *lisez* vers 401. C'est la date qui nous paraît la plus probable.

— 186, ligne 17 du sommaire, Embrun est un des quatre, *lisez* des quatre siéges du bailliage *es-montaignes*.

— 202, ligne 17, de point passer outre, *lisez* de ne point

— 351, ligne 23, continuels services qui avoit rendus, *lisez* qu'il avoit rendus.

— 440, ligne 1, grade du général de génie, *lisez* de général du génie.

— id., ligne 10, Fantin des Odoards était un fils de la cité Embrunaise, *lisez* était un fils au moins adoptif de la cité Embrunaise. Quelques auteurs, nous ne savons sur quel fondement, le font naître au Pont-de-Beauvoisin. Il est certain toutefois que sa famille originaire, dit-on, du Queyras, habita longtemps Embrun. Son père y eut l'emploi de subdélégué de l'Embrunais ; une de ses sœurs y épousa un membre de la famille Guerin-Long ; un de ses frères y devint commissaire des guerres. Le fils de ce dernier, devenu général, vit encore ; mais il n'a point fixé sa résidence dans le pays. Il y a plus de vingt ans qu'il a vendu à l'honorable M. Victor Bayle, directeur des contributions indirectes, sa maison paternelle d'Embrun et sa propriété des Odoards, située dans le territoire de Baratier. C'est ce qui explique pourquoi le nom Embrunais de Fantin, quoique porté encore par un guerrier octogénaire, n'existe déjà plus parmi nous que dans les souvenirs de quelques rares vieillards.

— 501, ligne 5, venientis, *lisez* venientes.

TABLE.

Epitre dédicatoire............................ 5

Chapitre premier. — Antiquité et origine d'Embrun. — Embrun sous les Romains. — Inscription tumulaire trouvée à Embrun. — Prospérité et tranquillité de la ville d'Embrun. — Saint Nazaire et saint Celse, premiers apôtres des Alpes. — Saint Marcellin, saint Vincent et saint Domnin à Embrun. — Miracles de saint Marcellin. — Saint Albin. — Embrun assiégée par les Vandales............................ Pag. 7

Chapitre II. — Armentaire. — Sa déposition par le concile de Riez. — L'évêque d'Embrun a toujours été métropolitain. — Ingénuus. — Chute de l'empire romain. — Les Bourguignons règnent dans nos contrées. — Rois ariens. — L'archevêque Catulin et le jeune Pélade. — Saint Galican I. — Saint Pélade. — Saint Donat. — Saint Véran et le dragon...... 18

Chapitre III. — Salonius, archevêque d'Embrun, et Sagittaire, évêque de Gap. — Invasion des Lombards. — Le patrice Mummol. — Bataille de Musties-Calmes. — Invasion des Saxons. — Nouvelle invasion des Lombards. — Bataille d'Embrun. — Origine de Tour-Brune............................. 28

Chapitre IV. — Confusion dans la succession chronologique des archevêques d'Embrun au VIIe et au VIIIe siècles. — Malheurs de ces temps. — Charlemagne et l'archevêque saint Marcel. — Le pape Léon III passe à Embrun et va consacrer l'église d'Aniane. — Saint Marcel chez les Saxons. — Il est envoyé en ambassade à Constantinople. — Testament de Charlemagne. — Saint Bernard Ier. — Construction de l'église de Notre-Dame d'Embrun.......................... 37

CHAPITRE V. — Nouvelles incertitudes dans la succession des archevêques d'Embrun. — Bertemond prend le titre d'archevêque. — Fondation du royaume de Bourgogne cisjurane. — Les Sarrasins dans les Alpes. — La trahison les rend maîtres d'Embrun. — L'archevêque saint Benoît et l'évêque de Maurienne, saint Odilard, martyrisés. — Cruautés des Sarrasins. — Etat déplorable de l'Eglise d'Embrun. — L'archevêque saint Libéral. — Douloureuses épreuves de son pontificat. — La captivité de saint Mayeul devient le signal de la délivrance. — Exploits de Bérald de Saxe. — Les populations des Alpes lui décernent le titre de *Père de la Patrie*. — Amédée et Humbert *aux blanches mains*. — Radon. — Donation faite par Bertrand, Comte de Forcalquier au monastère de la Couche.......... 45

CHAPITRE VI. — Saint Ismide succède à Radon. — Fin du second royaume de Bourgogne. — La souveraineté de l'Embrunais passe aux comtes de Forcalquier sous la suzeraineté des Empereurs d'Allemagne. — Origine des prérogatives temporelles des archevêques d'Embrun. — Saint Ismide ou le Néhémie d'Embrun. — Mort de Renaud, évêque d'Angers. — L'archevêque Hugues et le légat Hildebrand. — La bulle du pape Victor II, et l'archevêque Viminien. — Saint Guillaume II, fondateur de l'abbaye de Boscodon. — Son zèle contre les Pétrobrusiens. — Ses relations avec Pierre le Vénérable. — Il est maltraité au retour du concile de Pise et meurt de ses blessures............................. 66

CHAPITRE VII. — Guillaume III de Champsaur. — L'archevêque d'Embrun obtient presque tous les pouvoirs d'un prince temporel. — Raymond II, légat du Saint-Siège. — Pierre III *Romain*. — Guillaume IV de Bénévent. — Raymond III. — Guigues André, Dauphin de Viennois, acquiert l'Embrunais du chef de son épouse Béatrix de Sabran. — Il promet de rendre hommage à l'archevêque. — Episcopat de saint Bernard II *Chabert*. — Concile de Montpellier. — Bernard à Rome et au Concile œcuménique de Latran. — Fondation de la ville de Barcelonnette. — Liens touchants qui ont toujours existé entre la métropole et la colonie. — Mariage d'Amaury de Montfort avec la fille de Guigues André. — Formule de l'hommage rendu par les Dauphins aux archevêques d'Embrun.... 79

CHAPITRE VIII. — L'Embrunais revient au Dauphiné pour n'en être plus distrait. — Ligue entre Embrun et Savines. — Régence de Béatrix de Montferrat. — Episcopat d'Aimar. — Fréquentes insurrections des Embrunais au treizième siècle. — Explication qu'en donne un historien moderne. — Une Epitaphe. — Episcopat du cardinal Henry de Suze. — Eclatante renommée de ce prélat. — Le château de Crévoux. — Missions diplomatiques de Henry de Suze. — Guillaume de Hollande augmente encore les privilèges de nos archevêques. — Révolte dans Embrun. — Injustice de Chorier. — Attachement du cardinal pour son diocèse d'Embrun. — Concile de Seyne. — Les Guelfes et les Gibelins. — Mort de Conradin. — Lettre de Henry de Suze à l'archevêque Melchior, son successeur. — Désaccord entre les archevêques d'Embrun et les Dauphins.......... 95

CHAPITRE. IX. - Jacques de Serène. — Titres honorifiques accordés par Rodolphe de Hapsbourg à cet archevêque et à ses successeurs. — Fin de la deuxième race des Dauphins. — La Dauphine Anne et Humbert Ier,

— Jean II, *comte d'Ambrunois*. — Episcopat de Raymond de Mévolhon. — Le *Speculum majus* de Vincent de Beauvais. — Etranges vicissitudes de la fortune. — Guillaume de Mandagot. — Ses relations avec Boniface VIII. — Ses missions diplomatiques. — Extrait d'un ancien cartulaire de l'Eglise d'Embrun. — Le sixième livre des Décrétales. — Concile œcuménique de Vienne. — Mandagot défend noblement la mémoire de Boniface VIII. — La tombe elle-même venge ce grand pontife. — Mandagot, cardinal............ 113

CHAPITRE. X. — Jean de Gascogne. — Raymond Robaud. — Guigues VIII. — Bertrand de Deux. — François de Bardonnèche. — Les pensées et les cœurs se détachent de l'empire pour se tourner vers la France. — Rôle politique de Bertrand de Deux sous Jean XXII, Benoît XII et Clément VI. — Sa mission à Naples après l'assassinat du roi André. — Il donne asile aux princesses fugitives. — Bertrand de Deux en face du tribun Rienzi. — La révolution vaincue. — Touchants témoignages de l'affection que le cardinal Bertrand de Deux conserva toujours pour l'Eglise d'Embrun. — Le cardinal Pasteur d'Aubenas. — Ses pieuses prodigalités. — Ses relations avec le Dauphin Humbert II. — Le Dauphiné cédé à la France. — La peste noire. 124

CHAPITRE. XI. — Guillaume des Bordes, apôtre des vaudois. — Désordres de conduite que ces hérétiques mêlent aux erreurs de doctrine. — François Borelli, grand inquisiteur de la foi. — Zèle admirable de saint Vincent Ferrier pour la conversion des vaudois. — Les vaudois détruits. — Aymar de Poitou, gouverneur du Dauphiné, rend hommage à l'archevêque d'Embrun au nom du premier Dauphin de France. — L'Empereur Charles VI, en reconnaissance d'un dîner, cède aux princes français ses droits sur l'ancien royaume de Bourgogne — Grande inondation de la Durance. —

Episcopat de Pierre IV Amélie de Sarcenas. — Nouvel et dernier hommage rendu par le roi de France à l'archevêque d'Embrun. — Les *Provinciaux* assiégent la ville. — Générosité et bravoure de Pierre de Sarcenas. — Ingratitude dont il est l'objet. — Concile national d'Embrun. — Le bienheureux cardinal Pierre de Luxembourg. — Pierre de Sarcenas appelé aux honneurs du cardinalat...................... 142

CHAPITRE. XII. — Michel d'Estienne. — Tristes résultats de sa faiblesse. — Jean d'Ambrun ou d'Ambroniaco. — Concile de Constance. — Jean de Poligny et Jacques d'Albert, députés de l'Eglise d'Embrun. — Jacques Gélu. — Ses commencements. — Il est orateur et avocat de Charles VI au concile de Constance. — Il est à la tête des légats envoyés avec l'Empereur Sigismond auprès de l'antique pape Benoît XIII. — Ses efforts pour gagner l'opiniâtre pontife. — L'Apologie pour l'Empereur Sigismond, etc. — Michel d'Estienne fait encore rendre hommage à l'Empereur. — Ambassade de Gélu en Espagne. — Il fait partie du conclave de Constance. — Nouvelle ambassade en Espagne, — à Naples. — Patriotisme de Gélu. — Il devient archevêque d'Embrun............................... 157

CHAPITRE XIII. — Importance du siége d'Embrun. — Priviléges spirituels des archevêques. — Priviléges temporels. — Possessions. — Droit de faire battre monnaie. — Différents ouvrages de Gélu. — Curieux exemplaire de ses mémoires. — Sa dissertation sur Jeanne d'Arc. — Les ruines du château de Guillestre.................................. 172

CHAPITRE. XIV — Un Embrunais, archevêque. — Par qui fut nommé Jean de Girard. — Lettre de Jean de Girard aux chanoines d'Embrun. — Accusation que Chorier fait peser sur ce prélat, démentie par toute sa conduite. — Les droits souverains de l'archevêque sont attaqués. — Règlements judiciaires. — Organisation de la justice à Embrun. — Juge de la Cour commune. — Clavaire. — Formule du serment prêté par ces deux officiers. — Courrier. — Pierre Duranti. — Official. — Châtelain ou Vibailli. — Commissaire spécial. — Bailli ou Juge Mage. — Curies ou Cour. — Assises. — Droit des Consuls d'Embrun d'être assesseurs aux Assises. — Organisation régulière d'un conseil de douze assesseurs. — Noms des conseillers de la première création. — Epoque de la tenue des Assises. — Début religieux et solennel de toutes les sentences. — Les bailliages du Dauphiné réduits à deux par Louis XI. — Embrun est un des quatre siéges du bailliage *es-montaignes*.................... 186

CHAPITRE XV. — Episcopat de Jean-Bayle. — Son père exilé par Louis XI. - L'archevêque poursuivi pour dettes par les chanoines. — Livres liturgiques de Jean-Bayle. — Le bréviaire du curé de l'Arche. — Notre-Dame d'Embrun. — Hommage d'un roi d'Angleterre. — Merveilles opérées sous le cardinal *Pasteur d'Aubenas*. — Notaires publics chargés d'enregistrer les miracles. — Dévotion des princes à Notre-Dame d'Embrun, dite Notre-Dame des Rois. — Louis XI. — Chabassol. — Résurrection de Martin Rame. — Louis XI à Embrun. — Antienne à Notre-Dame d'Embrun. — Générosité de Louis XI envers le sanctuaire. — Le roi de France est créé premier chanoine de Notre-Dame d'Embrun. — Rois qui ont paru dans leur stalle revêtus des insignes du canonicat. — Louis XI n'est pas venu à Embrun étant roi. — Points qui restent acquis à l'Histoire. — Médaille de Notre-Dame d'Embrun. — Charles VIII passe plusieurs fois à Embrun. — La cause de son premier pèlerinage. — Rostan d'Ancezune succède à Jean Bayle. — Lettres de Charles VIII et du sénéchal de Beaucaire. — Louis XII se reconnaît tenu à l'hommage envers l'archevêque d'Embrun. —

TABLE. 567

Louis XII à Embrun. — Rostan d'Ancezune est appelé à Rome.................................. 212

Chapitre XVI. — Jules de Médicis, archevêque d'Embrun. — Il devient pape sous le nom de Clément VII. — Son portrait par Audin. — Calamités de son règne. — Prise de Rhodes par les infidèles. — Le Pape assiégé dans le Château-St-Ange par les Colonne. — Sac de Rome. — Le pape est réduit aux plus dures extrémités dans le château St-Ange. — Horrible cruauté de ses ennemis envers une pauvre femme qui avait voulu lui porter quelques laitues. — Clément VII à Orviète. Schisme d'Angleterre. — Mort de Clément VII. — Le cardinal Nicolas de Fiesque, archevêque d'Embrun. — Les chanoines lui opposent vainement Claude d'Arces. — Illustration de la maison de Fiesque. — Grandeur du cardinal refusant les honneurs de la Papauté. — Bulle de Léon X en faveur de l'église de Notre-Dame d'Embrun. — François Ier à Embrun. — Son armée passe les Alpes.... 248

Chapitre XVII. — Episcopat de François de Tournon. — Les dignités accumulées sur sa tête. — Il conclut avec Charles-Quint le traité de Madrid. — Nouvelle mission diplomatique en Espagne. — Ambassade de Rome. — François de Tournon empêche que Mélanchton ne vienne en France. — Colloque de Poissy. — Antoine de Lévi, archevêque d'Embrun. — Antoine Pascal, évêque de Rose *in partibus*, administre le diocèse à sa place. — Eloquent plaidoyer d'Antoine de Lévi en faveur des prérogatives temporelles de son siége. — Antoine de Lévi réclame le droit du consulat. — Ce que c'était que le consulat. — Revue rétrospective. — Révolte des habitants d'Embrun contre Henry de Suze. — Les consuls recouvrent leurs priviléges. — Ils sont assesseurs aux Assises. — Ils ont la garde des clefs de la ville. — Ils ont le pas sur les officiers archiépiscopaux et delphinaux.—Honneurs qui leur sont rendus au chœur. Ils prennent la qualité de nobles. — Extrait d'un mémoire présenté à l'intendant du roi, pour prouver leurs droits à cette qualité. — Nombre des consuls. — Comment ils étaient nommés.................... 267

Chapitre XVIII. — Fondation d'un collége royal-delphinal dans la ville de Valence. — La ville d'Embrun a le droit d'y envoyer un écolier. — Jean Morel. — Son étroite amitié avec Erasme. — Il est chargé de l'éducation de Henri d'Angoulème. — Portrait de ce dernier. — Les trois filles de Morel. — Sa maison devenue le séjour des Muses. — Jean Marquis et le *Royal-Mausolée*. — Productions littéraires de Camille Morel. — Antoine de Lévi permute son siége avec Balthazard-Hercule de Jarente, évêque de Saint-Flour. — Vertus du nouvel archevêque. — Il fait construire le Dôme du grand Réal et la chapelle Sainte-Anne. — Le roi Henri II à Embrun. — Détails de son entrée. — Dernier déploiement de toutes les pompes de l'ancien temple. — Louis de Laval de Bois-Dauphin nommé archevêque d'Embrun. — Robert de Lenoncourt cardinal. — Il possède plusieurs évêchés à la fois. — Il facilite au connétable de Montmorency la conquête des Trois-Evêchés. — Monnaie de Robert de Lenoncourt. — Tombeau de Saint-Remi. — Mort du bon cardinal. — Sa tombe profanée par les protestants............................. 287

Chapitre XIX. — Episcopat de Guillaume VII de Saint Marcel d'Avançon. — Malheurs du temps. — Noblesse de la famille d'Avançon. — Confiance des Embrunais en leur archevêque. — Guillaume d'Avançon au colloque de Poissy. — Les consuls lui font donner une assignation pour l'empêcher de se rendre au concile de Trente. — Guillaume d'Avançon à Trente. — Progrès des protestants pendant son absence. — Trahison et supplice de Château-Redon. — Henri III préside les Etats généraux du Dauphiné. — Discours de Guillaume d'Avançon. — Nouveaux Etats présidés par Guillaume d'Avançon. — Etats de Blois. — Contestation au sujet de la préséance entre l'archevêque d'Embrun et celui de Vienne. — Ces deux prélats disputent à l'évêque de Grenoble la présidence des Etats du Dauphiné.— Concile provincial à Embrun. — Lesdiguières. — Prestige qui entoure son nom. — Il se rend maître d'Embrun. — Légende de la mule de Lesdiguières. — La métropole est profanée. — Détails désolants. — Martyrs Embrunais. — Acte par lequel Lesdiguières prend la ville d'Embrun sous sa protection. — La persécution continue. — Retour de Guillaume d'Avançon. — Seconds Etats de Blois. — Guillaume d'Avançon est chargé d'annoncer à Henri de Navarre sa déchéance. — Estime de ce prince pour Guillaume d'Avançon. — L'Eglise de Notre-Dame d'Embrun rendue au culte. — Guillaume d'Avançon cardinal............................. 304

Chapitre XX. — Honoré du Laurens. — Merveilles et Sainteté. — Eloquence du prélat. — Carême prêché à Embrun. — Oraison funèbre de Marguerite d'Autriche. — Du Laurens assiste Henri IV mourant. — Il meurt lui-même après un dernier triomphe oratoire. — Honoré du Laurens exécute l'idée féconde que son prédécesseur avait rapportée du concile de Trente, de fonder un collége à Embrun et d'en confier la direction aux Jésuites. — Lettres-patentes de Henri IV pour autoriser cette création. — Episcopat de Guillaume d'Hugues.— Il est chargé des négociations politiques et matrimoniales les plus délicates.— Il administre publiquement le sacrement de Confirmation en Angleterre. — Embellissements de l'archevêché. — Louis XIII dernier pèlerin royal de Notre-Dame d'Embrun. — Eclat de sa réception. — Certificat concernant les clefs de la ville présentées au roi. — Charles-Salomon du Serre, évêque de Gap, conduit sa confrérie de Pénitents blancs en pèlerinage à Notre-Dame d'Embrun. — Inscription de l'église de Boscodon. — Conversion du maréchal de Lesdiguières. — Guillaume d'Hugues marie le maréchal avec la marquise de Treffort. — Il reçoit son abjuration. — Détails de la cérémonie par Videl. — Lesdiguières Connétable. — Il reçoit les insignes de l'Ordre du Saint-Esprit. — Il communie des mains de l'Archevêque d'Embrun. — Hôpital du Saint-Esprit. — Bonnes œuvres de Guillaume d'Hugues........ 334

Chapitre XXI. — Georges d'Aubusson, archevêque. — Benoîte Rencurel et le Laus. — L'archevêque constate par un monument que la vertu du grand Réal a passé au Laus. — D'Aubusson ambassadeur en Espagne. — Evénement célèbre qu'il procure. — Il est transféré à Metz. — Charles Brulart de Genlis. — Son zèle pastoral. — Il prend part aux actes de la fameuse assemblée du clergé de France de 1682. — Déclaration d'orthodoxie. — Siége d'Embrun par le duc de Savoie. — Belle conduite du marquis de Larré, commandant de la place. — Charles de Genlis se présente en manteau d'écarlate devant le vainqueur. — Les Allemands veulent se venger de l'incendie du Palatinat. — Le duc de Savoie est atteint de la petite-vérole. — Exactions commises dans Embrun. — Le métal des cloches de Notre-Dame est transporté à Turin. — Les quarts de lires.— Patriotisme du docteur Giraud. — Création d'un séminaire à Embrun. — Bonnes œuvres de Charles de Genlis.— Deuil universel à sa mort. — Son épitaphe. 355

Chapitre XXII. — François Elie de Voyer d'Argenson. — Jean-François-Gabriel de Hennin Liétard.—Episcopat de Pierre Guerin de Tencin.—10e concile d'Embrun.—Dernier éclat de cette illustre Eglise.— Jean Soanen, évêque de Senez.—Son éloquence.—Sa fameuse instruction pastorale en forme de Testament. — Noms des évêques suffragants d'Embrun qui furent appelés au concile. —

Incident touchant de l'arrivée de l'évêque de Nice. — Noms des évêques étrangers à la province, qui furent aussi convoqués. — Soanen récuse la plupart de ses juges. — Son animosité contre l'archevêque et contre le grand Belzunce, évêque de Marseille. — Larmes de Soanen. — Les jansénistes se plaisent à comparer le concile d'Embrun aux assemblées les plus factieuses. — Lettre de Soanen pour demander des prières publiques à l'occasion du concile. — Ses deux théologiens ne sont pas admis. — Soanen a souvent recours au ministère des huissiers. - Noble conduite de l'archevêque. — Te Deum du 7 septembre. — Citations canoniques faites à Soanen. — Il paraît à la barre du concile pour y donner lecture du plus scandaleux de tous les écrits. — Monitions canoniques. — Session du 20 septembre. — Condamnation de Soanen. — Pourquoi Belzunce n'apposa pas sa signature au bas de la sentence. — Soanen est exilé à Lachaise-Dieu en Auvergne. — Lettre écrite de Grenoble à l'archevêque. — Confirmation du concile par le Pape. — Condamnation des doctrines du P. Le Courrayer. — Pierre de Tencin continue à montrer le plus grand zèle en faveur des doctrines orthodoxes. — Il est élevé aux plus hautes dignités à la Cour. — Il devient cardinal. — Fêtes dans Embrun à cette occasion. — Le cardinal est transféré à Lyon. — Anecdotes. — Conclave qui précède l'élection de Benoît XIV. — De Tencin, ministre d'Etat. — Projet de descente en Angleterre. — Fin du crédit du cardinal.................. 369

CHAPITRE XXIII. — Bernardin François de Fouquet. — Sa charité. — Le maître-autel de la cathédrale. — Retraite du vénérable archevêque — Touchante affection qu'il conserve à ses anciens diocésains. — Pierre-Louis de Leyssin, dernier archevêque d'Embrun. — Portrait de ce prélat. — Etablissement d'un Mont-de-Piété à Embrun et à Guillestre. — Suppression de l'abbaye de

Boscodon. — Suppression de l'ordre des jésuites. — Le célèbre collége d'Embrun ne perd rien de sa renommée. —Lettre d'un vieillard, ancien élève de ce collége, à Monseigneur Depéry, évêque de Gap. — Dernier privilége accordé à l'archevêque d'Embrun. — Talent oratoire de M. de Leyssin. — Révolution française. — Ignace de Cazeneuve est nommé évêque constitutionnel des Hautes-Alpes. — L'archevêque d'Embrun et l'évêque de Gap excommunient l'intrus. — Libelles contre eux. — Belle lettre de l'évêque de Gap à Ignace de Cazeneuve. — L'intrus à Embrun. — Les deux pontifes légitimes partent pour l'exil.................. 401

CHAPITRE XXIV. — L'abbé Rous de la Mazelière administre le diocèse d'Embrun au nom de l'archevêque légitime. — Sa noble conduite. — Retour au devoir de la plupart des prêtres assermentés. — Combien la foi demeure vive dans Embrun. — Solitude qui se fait autour du clergé constitutionnel. — La métropole profanée. — Pie VI est traîné captif à travers les Alpes.— Belle page de l'abbé Baldassari à l'honneur de la ville d'Embrun. — Touchants témoignages de respect et d'affection donnés au pape par les habitants des Alpes. Un *presbytère* ou conseil de prêtres gouverne l'Eglise constitutionnelle. — Un nouvel intrus s'assied sur le trône de saint Marcellin. — Sa lettre pastorale de prise de possession. — Sa pénitence. — Charles de la Font de Savines, évêque de Viviers, vient pleurer ses fautes dans son pays natal. — La mère de M. de Savines. — La procession du saint Sacrement à Aix et la folle. 416

CHAPITRE XXV. - Ce qu'il convient de mentionner encore pour compléter le but de cet ouvrage.

1. Hommes remarquables des deux derniers siècles. — Jean Comiers, Claude Comiers, dit l'*Aveugle royal*. — Le chanoine Jacques Jacques. — Ses poésies burlesques. — Le général de la Peyrouse. — L'historien

TABLE. 573

Fantin des Odoards. — Ses principaux ouvrages. — Le baron Anthoine de Saint-Joseph.

II. Suppression de l'archevêché d'Embrun. — Les Embrunais n'ont pas préféré une maison centrale de détention à l'archevêché. — Leurs fréquentes réclamations auprès du Gouvernement et du Saint-Siége. — Précaution de Pie VII pour conserver la mémoire de l'illustre métropole. — Lettre de son secrétaire d'Etat aux Embrunais. — Extrait d'une supplique adressée par ceux-ci au pape, toujours à l'effet d'obtenir le rétablissement de l'archevêché.

III. Egards des évêques de Gap pour Embrun. — L'église de Notre-Dame d'Embrun est foudroyée. — Instances des Embrunais et de l'évêque de Gap pour obtenir la restauration de cet admirable monument. — Monseigneur Depéry écrit la vie des Saints de Gap et d'Embrun. — Société littéraire à Embrun. — Pèlerinage du mont Guillaume. — Deux traditions sur son origine. — Histoire de saint Guillaume, abbé de Calme. — Miracle de *la Main angélique*. — La montagne qui domine Embrun prend le nom du berger Saint-Guillaume. — Pèlerinage de 1857. — Beauté de cette fête. — L'évêque de Gap et le sous-préfet d'Embrun acceptent la dignité de *prieur*. — Pèlerinage de 1858. — L'évêque *prieur* en fait les honneurs. — Rentrée triomphante dans Embrun. — Ce que signifiait la présence de l'évêque de Digne en ce jour. — Souscription pour l'érection d'une chapelle commémorative des pèlerinages de 1857 et de 1858. — Indulgence plénière accordée par le pape Pie IX à ceux qui feront le pèlerinage du mont Guillaume. — Mandement de Monseigneur l'évêque de Gap relatif à ce pèlerinage.—Pèlerinage de 1859. 436

PIÈCES JUSTIFICATIVES.

N° I. — Donation faite par Bertrand, Comte de Forcalquier, en faveur du monastère de Saint-Michel de la Couche.................................... 469

N° II. — Bulle du pape Victor II à l'archevêque Viminien..................................... 472

N° II bis. — Cession faite par l'archevêque Viminien à l'abbaye de St-Barnard de Romans (Charte extraite du cartulaire de St-Barnard, publié par M. Giraud de la Drôme)..................................... 479

N° III. — Bulle d'or de l'Empereur Conrad II (III) à l'archevêque Guillaume de Champsaur............ 481

N° IV. — Bulle du Pape Eugène III à l'archevêque Guillaume de Champsaur....................... 482

N° V. — Transaction entre le Dauphin Guigues André et l'archevêque Raymond III.................. 485

N° VI. — Ire Bulle du pape Innocent IV à l'archevêque Aymar.................................... 489

Autre Bulle du même au même................... 490

N° VII. — Bulle d'Or de l'Empereur Guillaume de Hollande à l'archevêque Henry de Suze............ 490

N° VIII. — Bulle d'Or de l'Empereur Rodolphe de Hapsbourg à l'archevêque Jacques de Sérène........ 497

TABLE.

No IX. — Extrait du cartulaire de l'Eglise d'Embrun sur l'archevêque Guillaume de Mandagot.......... 500

No X. — Bulle d'or de l'Empereur Charles IV à l'archevêque Guillaume des Bordes................ 505

No XI. — Bulle d'Or de l'Empereur Sigismond à l'archevêque Jacques Gélu...................... 509

No XII. — Lettres de Jacques Gélu au Dauphin Charles et aux barons de Bretagne.................. 510

No XIII. — Præheminentiæ spirituales et temporales Archiepiscopi Ebredunensis................. 518

No XIV. — Litteræ datæ per Archiepiscopum Ebredunensem quibusdam Magistris, ad operandum Argenti Fodinam usque ad decem annos in Territorio Castri-Rodulphi................................ 523

No XV. — Lettre de Charles II, roi de Sicile à Jean II, Comte d'Ambrunois........................ 524

No XV bis. — Protestatio Bernardi de Valle-Bona, Vicarii Archiepiscopi Ebredunensis, super denegatione fidelitatis præstandæ præd. Archiepiscopo à Joanne Comite Ebredunesii.............................. 525

No XVI. — Donation d'un bréviaire par Esprit Claret à l'église de l'Arche......................... 528

No XVII. — Bulle du Pape Sixte IV créant le roi de France, premier chanoine de Notre-Dame d'Embrun. 529

No XVIII — Pièce de vers récitée à Charles VIII, passant à Embrun............................... 532

No XIX. — Bulle du pape Léon X accordant des Indulgences en faveur de l'église de Notre-Dame d'Embrun................................... 533

N° XX. — Sentence du Concile d'Embrun contre Soanen, évêque de Senez.......................... 537

N° XXI. — Lettre de M. de Senez à un chanoine de sa Cathédrale datée d'Embrun le 23 septembre.... 544

Mandement de Mgr l'Evêque de Gap, relatif au pèlerinage du mont Guillaume, au-dessus d'Embrun....... 546

Note A. — Détail inédit sur Jacques Gélu ou Geluz. 555

Note B. — Sur le P. Marcellin Fournier ou Fornier. 557

Gap. — Typographie DELAPLACE.

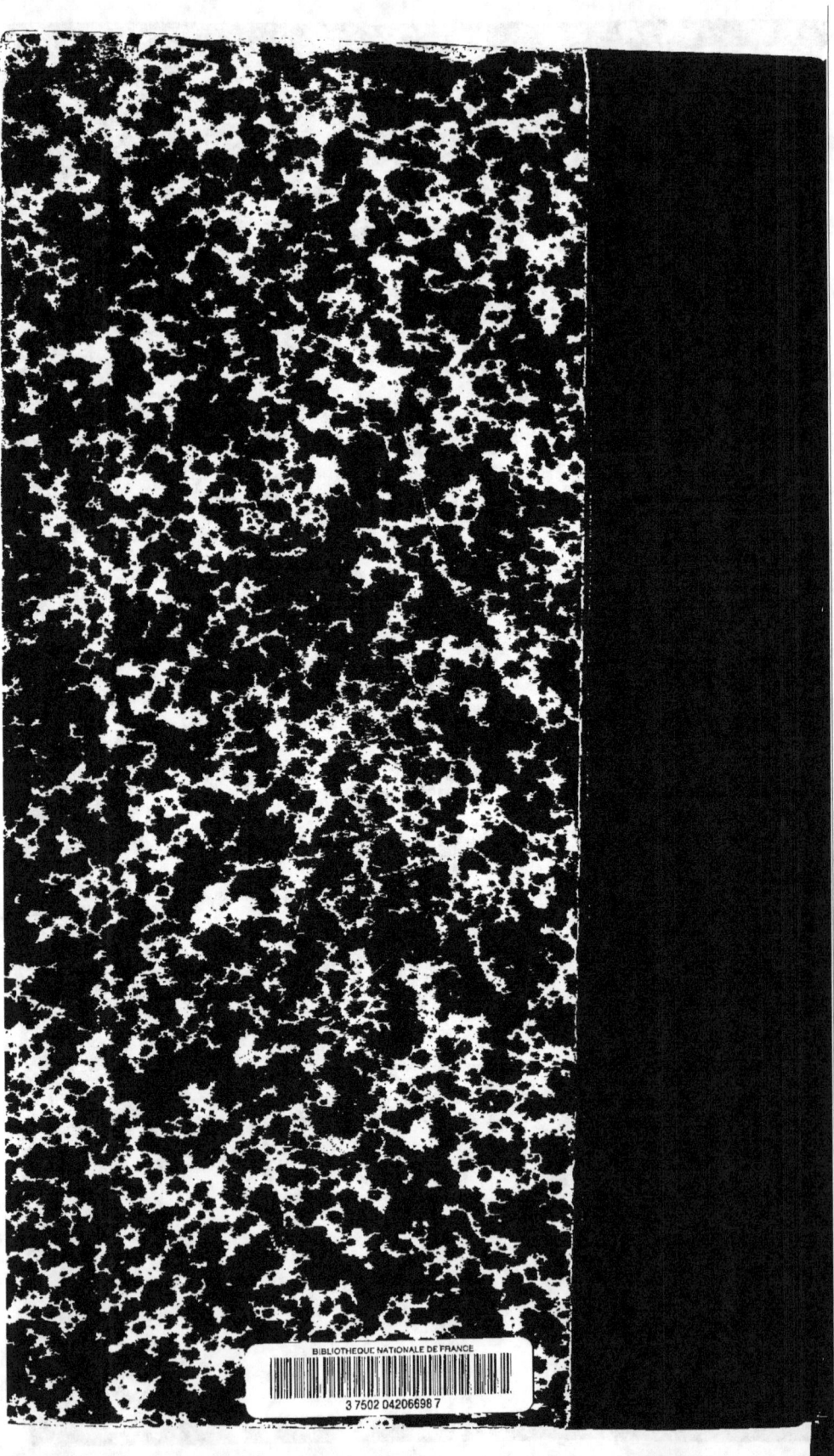

www.ingramcontent.com/pod-product-compliance
Lightning Source LLC
Chambersburg PA
CBHW070405230426
43665CB00012B/1252